Gisela Vits

Joseph Effners Palais Preysing

Ein Beitrag zur Münchener Profanarchitektur
des Spätbarock

Kieler Kunsthistorische Studien

Herausgegeben von Erich Hubala
Kunsthistorisches Institut der Universität Kiel

Bd. 5

Herbert Lang Bern
Peter Lang Frankfurt/M.
1973

Joseph Effners Palais Preysing

Ein Beitrag zur Münchener Profanarchitektur
des Spätbarock

von
Gisela Vits

Herbert Lang Bern
Peter Lang Frankfurt/M.
1973

ISBN 3 261 00859 8

©

Peter Lang GmbH, Frankfurt/M. (BRD)
Herbert Lang & Cie AG, Bern (Schweiz)
1973. Alle Rechte vorbehalten.

Nachdruck oder Vervielfältigung, auch auszugsweise, in allen Formen
wie Mikrofilm, Xerographie, Mikrofiche, Mikrocard, Offset verboten.

Druck: Lang Druck AG, Liebefeld/Bern (Schweiz)

INHALTSVERZEICHNIS

VORWORT 9

A) DER BAUHERR 12
   I.   Die Linie Preysing-Hohenaschau 12
   II. Johann Maximilian IV. 17
        1. Politische Laufbahn 17
        2. Politische Bedeutung 19
        3. Reisen 20
        4. Familie und Besitz........................... 22

B) DIE BAUGESCHICHTE 23
   I.   Quellenübersicht 23
   II. Die Lage 24
   III. Der Bauplatz.................................... 25
   IV. Das Palais...................................... 26
        1. Übernommene Bauteile 27
        2. Der Umbau................................... 32
        3. Spätere Veränderungen 37

C) BESCHREIBUNG UND ANALYSE 41
   I.   Die Quellen..................................... 41
   II. Die Situation 41
   III. Der Außenbau 43
        1. Material und Mauerstruktur................... 43
        2. Die Ostfassade 44
        3. Die Westfassade 52
        4. Die Südfassade 55
        5. Der Hof...................................... 56
   IV. Der Innenbau................................... 58
        1. Das Erdgeschoß 58
        2. Das 1. Obergeschoß......................... 59
        3. Das 2. Obergeschoß......................... 62

	4. Der Mezzanin	62
	5. Die Hauskapelle	63
	6. Das Treppenhaus	66
	7. Verzeichnis der Innenräume	70
D) KUNSTHISTORISCHE BEURTEILUNG		72
I.	Das Preysing-Palais und die lokale Überlieferung ...	72
	1. Die Forschungsunterlagen	72
	2. Vorbemerkungen zum Münchner Palastbau des Spätbarock	73
	3. Die Palastbaukunst Enrico Zuccallis	76
	a) Komposition	78
	b) Formensprache	79
	c) Verhältnis zu Italien	81
II.	Joseph Effner und Johann Bapt. Zimmermann	85
	1. Außenarchitekturen Effners ohne Beteiligung Zimmermanns	85
	2. Außenstuckaturen Zimmermanns unter anderer Leitung: Cuvilliés' Palais Piosasque de Non	92
	3. Innendekorationen Effners mit und ohne Beteiligung Zimmermanns	96
	a) Dachau	97
	b) Badenburg	99
	c) Schleißheim	100
	d) Hohlkehlen	109
III.	Effners Stellung in der Architekturgeschichte Europas	112
	1. Zusammenfassung des Effnerschen Entwicklungsgangs	112
	2. Effner und der style régence	116
	3. Effner und Italien	121
	4. Das Preysing-Palais und die österreichische Barock-Baukunst	122
	a) Johann Bernhard Fischer von Erlachs Palais Batthyány-Schönborn	123

b) Johann Lukas von Hildebrandts Palais Daun-Kinsky   125

Anmerkungen   131

Katalog der Entwürfe für das Palais Preysing   151

Kontrakt Effner - Zimmermann............................   153

Literaturverzeichnis   155

Abbildungsverzeichnis   160

VORWORT

Im Mittelpunkt dieser Arbeit steht der architekturgeschichtlich bedeutendste Münchner Stadtpalast des 18. Jahrhunderts, das Hauptwerk des bayrischen Hofarchitekten Joseph Effner. Im letzten Krieg zerstört, aber bald wieder aufgebaut, gehört das Palais des Grafen Maximilian IV. von Preysing-Hohenaschau heute zu den wenigen Zeugnissen der regen Bautätigkeit des Münchner Adels, die im Barock und Rokoko das Gesicht der Stadt erheblich veränderte.

Von der kunsthistorischen Forschung wurde die Münchner Profanarchitektur bisher stark vernachlässigt. Das Interesse richtete sich hier - gerade in den letzten Jahren verstärkt - vornehmlich auf das 19. Jahrhundert, während selbst über die Münchner Residenz noch immer keine adäquate Publikation vorliegt. Die Münchner Adels- und Bürgerhäuser sind architekturgeschichtlich fast völlig unerfaßt und von der modernen Kunstwissenschaft überhaupt noch nicht beachtet worden. Im vorliegenden Fall bietet die Monographie Max Hauttmanns über Effner (1913) zwar eine große Hilfe; als Künstlermonographie hat sie jedoch eine andere Zielsetzung als eine Arbeit, die sich am Einzelwerk orientiert. Wenn hier daher erstmals der Versuch unternommen wird, einen Münchner Stadtpalast des 18. Jahrhunderts eingehender zu behandeln, müssen damit zugleich Vorarbeiten nachgeholt werden, die über den Rahmen einer Einzeluntersuchung hinausgehen, aber für die Beurteilung des Palastes unerläßlich sind.

Da ein Wohngebäude in besonderem Maße mit der Person seines Besitzers verbunden ist und die Preysings zudem in Bayern eine bedeutende Stellung einnahmen, stehen die Familie des Bauherrn und der Bauherr selbst am Anfang unserer Arbeit.

Das zweite Kapitel schildert die Entstehung des Palastes. Dabei ergeben sich nicht nur nähere Einsichten über den Bauvorgang - vor allem, daß es sich um einen Umbau handelt -, sondern auch über die Autorschaft, die mit Joseph Effner als Architekt und Joh. Bapt. Zimmermann als Stuckator nun gesichert ist. Da ein Bauwerk weitaus mehr als Werke anderer Kunstgattungen historischen Prozessen ausgeliefert ist, haben wir die Geschichte des Palastes auch nach seiner Vollendung weiterverfolgt.

Das dritte Kapitel bringt die Beschreibung und Analyse der Bauteile, die heute wieder annähernd dem ursprünglichen Zustand entsprechen, also des Außenbaus und des Treppenhauses, und die Rekonstruktion des übrigen Innenbaus.

Anschließend folgt - im letzten Kapitel - die kunsthistorische Beurteilung. Hier muß zuerst nach dem Verhältnis des Palastes zur lokalen Überlieferung gefragt werden. Nach einem kurzen Überblick über die Situation, die Effner in München vorfand, ist daher ein eigener Abschnitt der Palastbaukunst Enrico Zuccallis gewidmet, die die Phase vor Effner repräsentiert. Dabei zeigt sich, daß das Preysing-Palais zwar durchaus der lokalen Tradition verhaftet ist, sich in seiner Fassadengestaltung jedoch von den vorhergehenden Palästen erheblich unterscheidet. Die Merkmale aber, auf denen die Andersartigkeit beruht, rücken die Stuckdekoration als gewichtigen Faktor in den Vordergrund.

Damit stellt sich das Problem des entwerferischen Anteils. Um die Rolle des Architekten auf der einen, des Stuckators auf der anderen Seite möglichst klar zu definieren, werden zunächst Bauten herangezogen, an denen Effner und Zimmermann nicht gemeinsam arbeiteten: die frühen Außenarchitekturen Effners und für Zimmermann das von Cuvilliés gebaute Palais Piosasque de Non. Daraus kann gefolgert werden, daß Zimmermann am Entwurf der Preysingschen Fassaden nicht beteiligt war. Die Analyse der frühen Außenarchitekturen Effners ergibt aber weiterhin, daß sich von hier zum Preysing-Palais nur eine Brücke schlagen läßt, wenn bei der Verfolgung des Effnerschen Entwicklungsgangs auch die Innenarchitekturen, und zwar insbesondere die Schleißheimer, einbezogen werden. Die Frage nach dem Verhältnis Architekt - Stuckator stellt sich dabei erneut und muß nun differenzierter beantwortet werden.

Im letzten Teil des Kapitels soll versucht werden, Effner in die europäische Architekturgeschichte einzuordnen. Durch die biographischen Fakten nahegelegt, steht das Verhältnis Effners zur französischen Kunst hier an erster Stelle. Als besonderes Problem erweist sich in diesem Zusammenhang die Verwendung von Stilbegriffen, die sich, wie gezeigt werden soll, von der französischen Kunst nicht ohne weiteres auf die deutsche übertragen lassen.

Während die Ausbildung Effners in Frankreich in seinem Frühwerk noch nachwirkt, bleibt die kurze Italienreise für seine künstlerische Entwicklung fast ohne Folgen. Stattdessen - und das aufzuzeigen ist ein wichtiges Ziel dieser Arbeit - tritt die österreichische Baukunst immer mehr in den Mittelpunkt der künstlerischen Auseinandersetzung. Unter den Wiener Barockarchitekten, deren Ausstrahlung auf die süddeutsche Baukunst bisher fast ausnahmslos übersehen wurde, ist es vor allem Lukas von Hildebrandt, dem Effner entscheidende Anregungen verdankt. Mit der Übernahme und Weiterentwicklung des dekorativen Gestaltungsprinzips, das Hildebrandts Werke auszeichnet, verhilft Effner in der Münchner Palastbaukunst einer Richtung zum Durchbruch, die das München des 18. Jahrhunderts am nachhaltigsten geprägt hat.

Die vorliegende Untersuchung wurde im Februar 1971 von der Philosophischen Fakultät der Ludwig-Maximilians-Universität München als Inaugural-Dissertation angenommen. Bei der Bearbeitung meines Themas wurde mir von vielen Seiten Hilfe entgegengebracht, für die ich zu großem Dank verpflichtet bin. Allen voran ist hier mein Lehrer, Prof. Dr. Erich Hubala, zu nennen, der meine Arbeit stets mit Rat und Kritik richtungsweisend überwachte und immer wieder durch wertvolle Hinweise förderte. Seine Vorlesungen, Übungen und Exkursionen haben meinen Studiengang am nachhaltigsten beeinflußt.

Bei der Materialsammlung war mir vor allem Dr. Peter von Bomhard behilflich, der mir in großzügiger Weise viele Ergebnisse seiner eigenen archivalischen Forschungen zur Verfügung stellte. Angaben zur Preysingschen Familiengeschichte verdanke ich auch dem inzwischen verstorbenen Grafen August von Preysing, an dessen freundlichen Empfang in Vilshofen ich mich gerne erinnere. Zu danken habe ich schließlich für die Unterstützung durch die Mitarbeiter folgender Institutionen: des Bayerischen Hauptstaatsarchivs, des Stadtarchivs München, des

Stadtarchivs für Oberbayern, des Geheimen Staatsarchivs München, des Bayerischen Landesamtes für Denkmalpflege, der Bayerischen Verwaltung der Staatlichen Schlösser, Gärten und Seen und der Archives Nationales Paris.

A) DER BAUHERR

1 Johann Maximilian IV. Emanuel Franz Xaver Pankraz, Graf von Preysing-Hohenaschau, Freiherr zu Altenpreysing gen. Kronwinkel, war eine der führenden Persönlichkeiten am bayrischen Hof des 18. Jahrhunderts. Im Laufe seines langen Lebens - er starb 1784 im Alter von 77 Jahren - stand er in den Diensten dreier Kurfürsten, an deren politischem Schicksal er regen Anteil nahm. Zeit seines Lebens war er aufs engste mit den Ereignissen am Münchner Hof verbunden; die Umgebung, in der er sich bewegte, waren die höfischen Kreise.

Obwohl er höchste politische Ämter bekleidete, ist Max IV., ebenso wie die anderen höfischen Beamten, mit denen er zusammen arbeitete, als Persönlichkeit bisher schwer faßbar. In historischen Abhandlungen wird er gelegentlich am Rande erwähnt; das Urteil über ihn ist jedoch uneinheitlich und erscheint meist wenig fundiert. Auch über seine Familie, die zu den ältesten Adelsgeschlechtern Bayerns gehört und weite Teile des Landes mit ihrem Namen in Verbindung gebracht hat, gibt es bisher keine zusammenfassende Untersuchung. Die Abhandlung von J. Sturm (1) und J. E. von Koch-Sternfeld (2) liegen lange zurück und befassen sich in erster Linie mit Zeitabschnitten, die weit vor Max IV. liegen oder erst nach seinem Tod beginnen. Da zudem das Hohenaschauer Archiv als wichtigste Quelle für die Preysingsche Familienforschung erst in den letzten Jahren der Öffentlichkeit zugänglich geworden ist, mußten viele Fakten unbekannt bleiben.

Die Stellung der Familie Preysing in Bayern und ihre Bedeutung für die Position Max' IV. aber lassen es auch im Rahmen einer kunsthistorischen Arbeit gerechtfertigt erscheinen, die Entwicklung dieses Adelsgeschlechtes zu verfolgen.

I. Die Linie Preysing-Hohenaschau

Die eigenhändige Ahnenaufstellung Max' IV. von 1728 (3) nennt als letzten der männlichen Stammesglieder (Nr. 17) "Herr Andreas von Preysing, Ritter, ao 9oo". Bis zu diesem frühesten archivalisch faßbaren Glied läßt sich die Ahnenreihe der Preysings lückenlos zurückverfolgen. Wo der Genannte ansäßig war, ist der Aufstellung nicht zu entnehmen. Es kann jedoch als wahrscheinlich gelten, daß der Ursitz Prisinga, von dem sich der Name Preysing ableitet, in der Nähe des heutigen Langenpreising bei Landshut zu suchen ist, das 1318 erstmals genannt wird (4). Eine erste Besitzerweiterung läßt sich zwei Generationen später (Nr. 15) belegen: "Wollwein v. Preysing hat durch heurath des von Köpfseinigen tochter Kopfspurg an sich gebracht." Es handelt sich dabei wohl um das heutige Kopfsberg bei Schärding. Weitere Nachrichten von Interesse erscheinen dann unter der Nr. 9: "Albrecht von Preysing zu Cronwinckhl., Kopfsburg und Woltzä. Ritter. Vitzdomb zu Landtsbueth 1421. Hertzog Heinrichs v. Niderbayern Camermaister ao 14o5. Hat 1376 das Erbschenckhamt in die Familie gebracht". Ob Albrecht Kronwinkel (bei Landshut) und Wolnzach (bei Ingolstadt) erwarb oder durch Heirat erhielt, geht aus den Angaben nicht hervor. Kronwinkel, das 1375 durch Heirat Conrads von Freiberg mit der Erbtochter der Mautner von Krawinkel in Freibergischen Besitz kam (5), gilt jedoch von nun an als Stammschloß der Preysings, von dem alle Linien ihren Ausgangspunkt haben. Diese Tatsache wurde später von den Preysings selbst dadurch betont, daß sie ab 1605 alle in ihrem Titel den Namen "Preysing von Altenpreysing gen. Kronwinkel" führten (6).

Durch die beiden Söhne Albrechts teilte sich das Haus zunächst in zwei Linien: die Wolnzacher, die von Kaiser Friedrich III. in den Freiherrenstand erhoben wurde, jedoch 1497 erlosch (7), und die Linie Kronwinkel-Kopfsburg. Albrechts Enkel, Thomas von Preysing zu Kronwinkel und Kopfsburg, wurde der Stammvater der drei großen Hauptlinien Hohenaschau, Lichtenegg und Moos. Nach Absterben der Wolnzacher Linie führte er den Titel Freiherr und erhielt eine Wappenaufbesserung (8).

> Der bisher eiserne Spangenhelm wurde durch einen goldenen gekrönten ersetzt; als Helmzier kam zwischen zwei Büffelhörnern (das rechte weiß, das linke schwarz, beide außen mit schwarzen bzw. weißen Laubblättern) nun als Vermehrung der grüne rechtsgewendete und gekrönte Sittich der Wolnzachs hinzu. Die Helmdecken (ursprünglich schwarz-weiß) waren jetzt wie beim Wolnzacher Wappen rot-weiß. Der waagerecht durch Zinnen geteilte Schild (die obere Hälfte weiß, die untere rot) war beiden Wappen gemeinsam.

Thomas, der 1504 in der Dominikanerkirche in Regensburg begraben wurde, hatte zwei Söhne. Der ältere Sohn Hans war der Stammherr der Moosischen Linie, die 1645 mit Johann Warmund als erste der Preysingschen Linien durch kaiserliches Privileg in den Grafenstand erhoben wurde. Auf seinen Bruder Sigmund geht die Linie Lichtenegg zurück, die sich in der nächsten Generation von der Kronwinkler trennte und 1766 von Max Joseph in den Grafenstand erhoben wurde. Nach dem Erlöschen der Moosischen Linie, 1837, erhielt Graf Maximilian Franz Joseph Ignaz von König Ludwig I. die Erlaubnis, den Namen von Preysing-Lichtenegg-Moos, der noch heute besteht, zu führen (9). Zu diesem Zeitpunkt kam auch das Münchner Preysing-Palais in der Prannerstraße, das Johann Kaspar Reichsgraf von Preysing und Moos 1797 gekauft hatte, durch Erbschaft in Lichtenegger Besitz, in dem es bis 1898 verblieb (10). Die Kronwinkeler Linie führte nach Sigmund, der 1561 starb, sein Sohn Hans Thomas aus der ersten Ehe mit Anna von Baumgarten weiter. Er erbte Kronwinkel und Kopfsburg, während Hubenstein, das Sigmund 1522 von denen von Fraunberg erworben hatte, zunächst an die Söhne aus zweiter Ehe überging, 1548 durch Kauf aber ebenfalls an Hans Thomas fiel. Hans Thomas, Erbschenk des Hochstifts Freising, Passauischer Rat und Pfleger zu Obernberg (11), lebte vom 11.6.1524 bis 4.2.1591. Verheiratet mit Maria von Closen zu Gern, die am 21.2.1579 starb, hatte er vier Söhne und drei Töchter. Mit dem jüngsten Sohn Johann Christoph beginnt die Linie Preysing-Hohenaschau.

Johann Christoph wurde am 6.12.1576 in Obernberg/Inn geboren, starb am 23.11. 1632 in Hohenaschau und wurde am gleichen Tag in Niederaschau begraben. Er war kurf. bayr. Geheimer Rat und Kämmerer, Vizedom zu Landshut, Hofratspräsident, Hofmarschall, Pfleger zu Bernstein und Wasserburg, gemeiner lobl.

Landschaftsmitverordneter und Kommissar. Wie Max IV. weiter berichtet, hatte er "vil groß und gefährliche Reisen und Veldzüg, gesandtschafften und comissionen verrichtet" und war "ain im Röm Reich und in Bayern wollmeritierter Cavallier". - Er war dreimal verheiratet: Am 19.1o.1608 fand in Hohenaschau die Hochzeit mit Benigma von Freyberg statt, der Erbtochter von Hohenaschau, die 1594 geboren und am 27.1o.162o in Seligental bei Landshut begraben wurde. Aus dieser Ehe stammten sieben Söhne und eine Tochter. - Am 3o.1.1622 heiratete er dann Anna Jakobina verw. von Gumppenberg geb. Freiin von Rechberg, die am 14.12.1623 in der St. Anna-Kapelle der Münchener Frauenkirche begraben wurde, und am 2.2.1625 in Weißenborn Justina Fuggerin Gräfin von Kirchberg, die am 21.1.1657 starb. Die beiden letzten Ehen waren kinderlos.

Die Herrschaft Hohenaschau mit der Hofmark Söllhuben und die Herrschaft Wildenwart, die dicht beieinander liegen, befanden sich seit 1544 im Besitz des Pankraz von Freyberg und fielen 1565 nach dessen Tod an den Sohn Wilhelm, der Wildenwart zwar seinem Schwiegervater verkaufte, durch Erbschaft aber zurückerhielt (12). 161o, acht Jahre nach dem Tod Wilhelms, wurde das Herrschaftsgebiet unter seine beiden Töchter aufgeteilt. Wildenwart kam an Ferdinand Schurff, Freiherrn auf Mariastein, den Mann der älteren Tochter Sophia. Es blieb im Besitz der Schurffs und deren Erben von Thann, bis es Max V. von Preysing-Hohenaschau 1771 von Ferdinand, Freiherr von Schurff gen. Thann, dem letzten dieses Geschlechts, kaufte. 1813 wurde es mit dem "Kgl. Bayer. Graf Max Preysingischen Herrschaftsgericht Hohenaschau in Prien" verwaltungsmäßig zusammengelegt. Dieses einzige wirkliche Herrschaftsgebiet in Oberbayern, dessen Herrschaftsrichter mit dem Sitz in Prien volle Befugnisse eines Landrichters hatte, wurde 1848 aufgehoben.

Über Benigma, die jüngere Tochter Wilhelms von Freyberg, gelangten Hohenaschau und Söllhuben, die Johann Christoph am 22.8.1632 testamentarisch zur Primogenitur machte, in Preysingischen Besitz. Hohenaschau wurde zum Stammschloß der Linie, die sich von nun an Preysing-Hohenaschau nannte und auch ihrem Wappen das Aschauische und das Freybergsche hinzufügte.

Das neue Wappen (13), dessen Schild heute wieder in den Giebelfeldern des Münchener Preysing-Palais in der Residenzstraße zu sehen ist, setzt sich daher aus drei verschiedenen Wappen zusammen: Rechts im Schild erscheint das alte Preysingsche Wappenfeld, links das Freybergsche, dessen obere Hälfte weiß ist, die untere blau mit drei goldenen Sternen; in der Mitte steigt durch die ganze Schildlänge spitz zulaufend das Aschauische Wappenfeld auf, ein dreifacher goldener Hügel auf aschgrauem Grund. Über jedem Wappenfeld sitzt der dazugehörige Helm mit dem entsprechenden Kleinod: rechts der Preysingsche auf rotweißer Helmdecke, links auf blau-weißer Helmdecke der goldene (14) gekrönte Spangenhelm der Freybergs mit zehn weißen Straußenfedern, in der Mitte auf kurzer grau-goldener Helmdecke der goldene gekrönte Spangenhelm des Aschau-Wappens mit seinem grauen rechtsgewendeten und gekrönten Vogel, der die gelben Flügel erhoben hat.

Den ererbten und erheirateten Besitz erweiterte Johann Christoph zusätzlich durch den Erwerb der drei Hofmarken Reichersbeuern, Sachsenkam und Greiling im Gebiet von Tölz. Am 1o. 9.17o8 kaufte er außerdem vom fürstl. Kämmerer Alphons Graf von Porzia ein Haus in der Äußeren Schwabinger Gasse (Theatinerstraße) in München, das sich etwa an der heutigen Stelle der Bayer. Hypotheken- und Wechselbank befand (15). Diese "Behausung, Hofstat, Stallung, und gartten sambt allen Zugehörungen" (16) verkaufte er jedoch am 24.4.1616 an den fürstl. Rat Wilhelm Freiherr von Maxlrain und Waldeck (17) wegen seiner Versetzung als Vitztum nach Landshut (18).

Von den sieben Söhnen Johann Christophs starben drei als Kind, zwei wurden Geistliche. Von den beiden anderen erhielt Johann (19) Maximilian I. als ältester Sohn Hohenaschau mit Söllhuben und Kronwinkel, der jüngste Sohn Johann Christoph Reichersbeuern, Saxenkam und Greiling, die er am 3.1o.1666 testamentarisch zum Majorat machte. Beide wurden zusammen mit ihrem Bruder Johann Franz, dem Domherrn in Salzburg und Fürstbischof von Chiemsee, am 1o.2.1664 von Kaiser Leopold in den Reichsgrafenstand erhoben.

Johann Maximilian I. wurde am 11.9.16o9 in München geboren, wo er am 1o.1. 1668 starb (2o). Er war Gerichtsherr auf Hohenaschau, kurf. Geheimer Rat, Pfleger zu Wolfratshausen und Viztum in Burghausen. Aus der zweiten Ehe mit Maria Veronika Reichsgräfin Truchseß von Waldburg, die er am 4.5.1642 in München heiratete – die erste Ehe mit Cäcilia von Landenburg zu Breiten-Landenburg war kinderlos – hatte er fünf oder sechs Kinder. Mit Ausnahme des ältesten Sohnes Johann Maximilian II. Franz blieben diese jedoch ohne Nachkommenschaft.

Max II., am 21.2.1643 in München geboren, starb dort am 23.5.1718. Er war Gerichtsherr auf Hohenaschau, kurf. Geheimer Rat, Obristhofmeister, Pfleger zu Rosenheim, gemeiner Landschaftsmitverordneter (21). Am 16.1.1715 ernannte ihn Max Emanuel von St. Cloud aus zum Landesadministrator (22). Den ererbten Besitz seines Vaters erweiterte er beträchtlich (23): Zusammen mit seinem Onkel Johann Franz, dessen Anteil er später erbte, erwarb er die Hofmarken Alt- und Neubeuern mit Rohr- und Nußdorf am Inn und Farnach (bei Söllhuben); 1638 kaufte er den Edelsitz Ainhofen, den er Maxhofen nannte, später ein beliebter Aufenthaltsort von Max III. und Max IV. Auch der große Garten in Haidhausen kam 1678 in seinen Besitz. – Am 18.2.1671 heiratete er in München Maria Adelheid Gräfin von Törring-Seefeld, die am 31.12.1699 starb. Sein einziger Sohn und eine Tochter starben als Kind. Die älteste Tochter Maria Adelheid Serapia Emerentiana (1672-1738), die, mit dem Kaiserl. Geheimen Rat und Hofmarschall Maximilian Graf von Thun (1638-17o1) verheiratet, in Prag lebte, und die jüngste, Maria Violanta Beatrix Theresia (1675-99), verheiratet mit Johann Joseph Graf von Sternberg (gest. 1699), waren kinderlos.

Der Bruder Johann Maximilians I., Johann Christoph, Kurf. Kämmerer und Hofrat, Vizedom zu Burghausen in Landshut, Vizedom zu Straubing und Pfleger von Tölz, wurde am 25.3.162o in Landshut geboren und starb am 3.1o.1666 in Straubing. Am 17.11.1647 wurde er von seinem Bruder Johann Franz in München mit Maria Catharina Freiin von Haslang zu Hohenkammer getraut (24). Er hatte fünf Söhne und fünf Töchter, die außer Johann Maximilian III. Ferdinand Felix, dem fünften Kind, fast alle früh gestorben zu sein scheinen, jedenfalls keine Nachkommen hatten (25).

Max III. wurde am 31.5.1655 in München geboren (26) und am 31.5.1739 im Kreuzgang des dortigen Franziskanerklosters, das sich an der Stelle des heutigen Max-Joseph-Platzes befand (27), beigesetzt. Seinen Epitaph für die St.Annakapelle, die Preysingsche Grabkapelle im linken Seitenschiff der Münchner Frauenkirche, entwarf Joseph Effner, der 1739-41 den plastischen Schmuck von Joh.Bapt. Straub, die Steinmetzarbeiten von Joseph Poschenrieder ausführen ließ (28). - Max III. wurde 1680 Pfleger von Tölz, 1681 kurf. Kämmerer, 1715 Obristhofmeister der Kurfürstin und 1716 kurf. wirkl. Geheimer Rat. Er war gemeiner lobl. Landschaftsdeputierter, des kurbayer. hohen St. Georg-Ritterordens Schatzmeister und - wie seine Vorfahren - Erbschenk des Hochstifts Freising (29). Neben dem seines Vaters trat er nach dem Tod Max II. auch dessen Erbe an, d.h. die Majoratsnachfolge von Hohenaschau ging nun auf die Linie Reichersbeuern über (30). Während er Hohenaschau mit Söllhuben bereits 1720 seinem Sohn Max IV. übertrug (31), vermehrte er seinen eigenen Besitz 1728 durch die Hofmark Brannenburg (im Inntal) mit Klein- und Großholzhausen (32). Frein- und Adelzhausen kamen wohl ebenfalls durch Kauf in seinen Besitz (33). Außerdem erwarb er am 16.5.1681 von Maximilian Franz Freiherr von Ruepp zu Falkenstein ein Haus in der Kreuzgasse in München, der heutigen Pacellistraße, gegenüber der Karmeliterkirche (34), das in einem Stich von Stridbeck überliefert ist (35). Dieses Haus ging später in den Besitz seines Sohnes Johann Joseph Karl über, der 1740 den Oberstock an seine verwitwete Schwester Maria Anna Gräfin von Hörwarth vermietete (36).

Max III. war dreimal verheiratet. Am 10.3.1681 fand in Steir (dem österreichischen Steyr?) die Hochzeit mit Anna Sidonia Gräfin von Thürheim statt, die, am 29.12.1658 geboren, am 27.4.1692 in München starb und, wie später Max III. und dessen zweite Frau, im Kreuzgang des Franziskanerklosters beigesetzt wurde (37). Am 25.4. 1694 heiratete er dann in München Maria Johanna Rosalia Freiin von Closen - Haidenburg, die am 25.12.1704 mit 29 Jahren starb. Sie hatte acht Kinder, davon sechs Söhne, die jedoch mit Ausnahme von Johann Joseph Ignaz Felix, der in den Theatinerorden eintrat, alle früh gestorben zu sein scheinen. Ebenfalls früh gestorben sind offenbar die vier Kinder - zwei Söhne - der dritten Frau, Amalia Eleonora verw. Gräfin von Haslang geb. Gräfin von Weltz, die Max III. am 13.2.1707 in München heiratete. Sie starb dort am 29.10.1719.

Aus der Ehe mit Anna Sidonia, der Tochter von Christoph Leopold Graf von Thürheim und Anna Judith geb. Gräfin von Salburg, stammten acht Kinder (38), die alle in München getauft wurden:

1. Maria Violanta Theresia Adelheid Viktoria (geb. 31.12.1681), erst kaiserl. Hofdame, dann verheiratet mit dem kaiserl. Kämmerer, Hofkriegsrat und Stadtmajor in Wien Anton Franz Graf von Strattmann,

2. Maria Sidonia Franziska Rosalia (geb. 2.12.1682), Klosterfrau in München,

3. Maria Febronia Eleonora Theresia (1.1.1684-1732), erst bay. Hofdame, seit 1716 verheiratet mit dem kurbayr. Kämmerer und Hofrat Clemens Alois Franz Pankraz Graf von Rechberg (1682-1732),

4. Maria Anna Catharina Josepha Antonia (3.3.1685-1748), bayr. Hofdame, dann mit Joseph Graf von Hörwarth verheiratet,

5. Johann Maximilian IV. Emanuel Adam Franz Pankraz (1o.1.1687-15.5.1764),

6. Maria Josepha Antonia Amalia Felicitas (28.11.1687-1752), heiratete 17o6 den kaiserl. Kämmer und General-Feldwachtmeister Johann Adam Graf von Wendt, dann 1717 Johann Georg Graf von Königsfeld, Herr auf Zeitzhofen, Pfakofen und Ronsberg in Böhmen, kaiserl. und bayr. Geheimer Rat, Reichsvizekanzler, Obristkämmerer, Konferenzrat in München und Großkomtur des St. Georg-Ordens (gest. 175o), mit dem sie ab 1746 in dem von Cuvilliés erbauten ehemal. Palais Holnstein in der Promenade-, jetzt Kard. Faulhaberstraße in München wohnte (39),

7. Johann Joseph Carl Clemens Maria (geb. 31.8.1689, gest. 6.12.177o in Ingolstadt),

(8. ein Kind, das bei der Geburt am 6.12.169o starb),

9. Maria Elisabeth Sabina (geb. 9.12.1691).

Johann Joseph Carl, der den Kölner Kurfürst Joseph Clemens zum Taufpaten hatte (4o), war kurf. Kämmerer, wirkl. Geheimer Rat und Konferenzrat, Generalfeldmarschalleutnant, Statthalter zu Ingolstadt, Erbschenk des Hochstifts Freising und Großkomtur des St. Georg-Ordens. In seinem Besitz tauchen an neuen Namen auf (41): Schenkenau, Rechberghausen, Ramsberg, Wangen und Weidenried, die wohl, wenigstens teilweise, durch seine Ehe an ihn kamen. Er heiratete am 16.6.1733 in München Maria Theresia Tadäa Gräfin von Rechberg-Rothenlöwen (42), die, 1714 in München geboren, 1777 in Ingolstadt starb und wie ihr Mann in der dortigen Augustinerkirche (der späteren Franziskanerkirche) beigesetzt wurde. Die Epitaphien beider schuf 1771/2 Ignaz Günther (43).

Ein Sohn Johann Joseph Karls war Johann Maximilian V. Franz Xaver (44) (geb. 21.2.1736 in Ingolstadt, gest. 8.7.1827 in München, in Prien begraben), der, nachdem sein älterer Bruder Johann Ferdinand 1755 starb, Alleinerbe seines Vaters wurde. Da sein Onkel Max IV. keine Nachkommen hatte, wurden ihm 1764 auch dessen Fideikommißherrschaften übertragen. Das Münchner Palais Max' IV., das er nach dessen Tod bezog, fiel ihm damit ebenfalls zu. Aus seiner Ehe mit Maria Theresia Gräfin von Seinsheim, der Tochter des damaligen Oberstenhofmeisters, hatte er sieben Kinder. Mit dem jüngsten, Johann Christian, starb 1853 die Linie Preysing-Hohenaschau aus.

II. Johann Maximilian IV.

1. Politische Laufbahn

Max IV. wurde am 1o.1.1687 in der Residenzkapelle in München getauft (45). Taufpate war Kurfürst Max Emanuel, der sich vom Obristkämmerer Paul Graf Fugger von Kirchberg und Weißenhorn vertreten ließ. Er besuchte zunächst das Gymnasium in München und 17o6-1o die Universität in Ingolstadt, wo er vor allem juristische Vorlesungen hörte (46). Nach erfolgreicher Beendigung seines Studiums trat er wohl bald in kurfürstliche Dienste ein. 1714 ist er am Hof Max Emanuels in Frankreich bezeugt: Am 14. 7. wurden Möbel nach St. Cloud geliefert "pour Monsieur Le Baron de Meirhoffen, qui est venu avec Monsieur Le Comte de Preissing" (47). Max IV. selbst schreibt, er sei "ao 1714 Cammerherr zu St. Cloud gewesen" (48). Wahrscheinlich etwa gleichzeitig mit Max Emanuel dürfte er nach München zurückgekehrt sein, wo er ab 1715 wieder nachweisbar ist (49). Er findet sich nun fast ständig in der Begleitung des Kurprinzen Karl Albrecht, mit dem er zahlreiche Reisen unternahm (5o).

Die eigentliche politische Laufbahn Preysings begann am 27. 3. 1722 mit der Ernennung zum Wirklichen Geheimen Rat (51). Im Gegensatz zum Titulargeheimrat, seit Kurfürst Maximilian eine Auszeichnung für besonders verdienstvolle Personen, bildeten die Wirklichen Geheimen Räte das oberste Zentralorgan der Verwaltung nach dem Landesfürsten, dem alle anderen Behörden untergeordnet waren (52). Einen Ausschuß aus dem Geheimen Rat gründete Karl Albrecht 1726 nach seiner Thronbesteigung: die Geheime Ratskonferenz, die besonders für auswärtige Angelegenheiten zuständig war (53). Sie tagte immer unter dem Vorsitz des Kurfürsten, der sich die letzte Entscheidung vorbehielt, aber jeden Konferenzrat über sein Ressort referieren ließ. Ihre Mitglieder waren neben Preysing Sigmund Graf von Thürheim, Ignaz Felix Graf von Törring (54) und Franz Joseph Freiherr von Unertl. Unertl war schon 1715 von Max Emanuel zum Spezialreferenten des Geheimen Rats in Kameralsachen ernannt worden und führte bereits den Titel Geheimer Konferenzminister. Dieses Amt übernahm nun Preysing: Er erhielt die Oberdirektion des Finanzwesens, von der enthoben zu werden er aus Gesundheitsgründen am 3o. 8. 1737 beantragte.

Die erste höhere Stelle am bayrischen Hof bekam Max IV. am 1. 1o. 1722 mit seiner Ernennung zum Oberststallmeister des Kurprinzen Karl Albrecht. Am 28. 8. 1737 wurde ihm die Stelle des kurprinzlichen Oberstfofmeisters übertragen und am 8. 12. 1738 als Nachfolger des verstorbenen Grafen von Thürheim die des Oberstkämmerers. Seine jährliche Besoldung, die 1722 auf 15oo und 1737 auf 2ooo Gulden angesetzt worden war, betrug nun 5ooo Gulden.

Am 23. 12. 1746 wurde Preysing, von dem noch zu erwähnen ist, daß er 1729 Herr und Großkanzler des St. Georg-Ritterordens und am 2. 2. 174o als Nachfolger seines Vaters Pfleger des Landgerichts Tölz wurde, zum kurf. Oberstfofmeister ernannt. Dieses Amt, das vor ihm Törring bekleidet hatte, stellte zugleich die höchste höfische und die höchste politische Stelle Bayerns nach dem Kurfürsten dar. Der Oberstfofmeister war der Präsident des Geheimen Rats (55) und mit dem heutigen Premierminister vergleichbar. Bis zu seinem Tod, am 15. 5. 1764 in München, d. h. länger als 17 Jahre, war Preysing somit seiner Stellung nach der bedeutendste Beamte Bayerns.

2. Politische Bedeutung

Um die Bedeutung Preysings als Politiker richtig einschätzen zu können, bedarf es noch umfangreicher Archivforschung. Besonders das Geheime Staatsarchiv in München verfügt über zahlreiche Akten, die über die Wirkungsweise Max IV. und seine Einstellung zu den politischen Problemen der Zeit größere Klarheit verschaffen könnten. Das Urteil über seine Person würde dabei wohl einige Änderungen erfahren müssen.

Die wenigen Bemerkungen über Preysing in der historischen Literatur laufen überwiegend auf eine positive Einschätzung seiner menschlichen Qualitäten hinaus; seine Fähigkeiten als Politiker dagegen werden meist negativ beurteilt.

Ein Zeitgenosse Preysings, Joh. Georg Keyßler, drückt sich noch vorsichtig aus, wenn er in einem Brief am 18.6.1729 (56) schreibt, daß Preysing, "der mit dem Churfürsten erzogen und gereiset, auch daher in großem Ansehen bey ihm ist. Er versteht die Oekonomie wohl, und treibt sie sehr weit. Ob er sich aber durch die vielen Schwierigkeiten, so hie und da seinen guten Absichten in dem Wege liegen, nicht werde ermüden, und die Sachen wieder in ihren alten Gang gerathen lassen, muß die Zeit lehren".

Der preußische Gesandte am kaiserlichen Hof von Klinggräffen berichtet am 31.12. 1742 (57), daß Max IV. "das volle Vertrauen des Kaisers besitze. Er liebe die Franzosen nur in soweit, als ihn die Lage seines Herrn dazu verpflichte. Im übrigen sei der Graf etwas bigott, aber ein vollkommener Ehrenmann".

Dieses Zitat deutet bereits die Stellung an, die Preysing in den Auseinandersetzungen Bayerns mit Österreich und Frankreich, dem zentralen politischen Problem der Zeit, einnahm. Mit der Darstellung Otto Seeländers (1883) (58) stimmen auch weitere Historiker darin überein, daß Preysing während der langwierigen Verhandlungen, die dem Frieden von Füssen (1745) vorausgingen, mit Unertl und dem Geh. Ratskanzler Franz Andreas von Praidlohn zu dem Flügel gehörte, der sich für eine friedliche Aussöhnung mit Österreich einsetzte. Er stand damit im Gegensatz zu der Gruppe um Törring, die die Interessen der französischen Politik verfolgte und für eine kriegerische Auseinandersetzung mit Österreich stimmte. Törring war offenbar Preysing gegenüber die stärkere Persönlichkeit und sein Einfluß auf den Kurfürsten gerade in dieser für das bayerische Fürstenhaus entscheidenden Zeit besonders groß. Das Urteil der Historiker über ihn ist jedoch kaum positiver als das über Preysing und die anderen Minister.

So schreibt Fritz Wagner (1938) (59): "Einer zuchtvollen und zugleich feinsinnigen Führung, einer verantwortungsbewußten Unterstützung hätte er (Karl Albrecht) dauernd bedurft. Es war ein Verhängnis für ihn und seinen Staat, noch viel mehr für die kurze Geschichte seines Kaisertums im Kreis der europäischen Staatengesellschaft, daß er nicht einen einzigen wirklich fähigen Minister besaß. Denn sein Liebling, der Leiter der auswärtigen Geschäfte und der militärischen Verwaltung, Graf Ignatius Felix von Törring, war ein Mann, der 'sich in alles mischte, alles anfing und fast nichts zu Ende brachte'. Der wenig regsamen, genußsüchtigen Art des bayrischen Premierministers mußte fremde Inspiration zu Hilfe kommen; immerhin ragte er wenigstens durch sein Interesse an den europäischen Angelegenheiten über seine 'stupiden' Kollegen hinaus. Neben dem schwerfälligen und unzuverlässigen Geheimen Ratskanzler von Unertl und dem treu ergebenen, 'anständigen' Oberstallmeister Grafen von Preysing, die beide einem guten Auskommen mit Wien das Wort redeten, war Törring die Seele der französischen Politik am Münchner Hof".

Als die gegnerische Gruppe jedoch in Füssen selbst schließlich die bedingungslose Unterwerfung Bayerns an Österreich durchsetzte, Preysing dagegen offenbar für die aufgegebenen bayrischen Ansprüche gewisse Landentschädigungen verlangte, wurde seine Mitwirkung völlig übergangen (6o). Das Echo aber, das diese Tatsache im Land auslöste, zeigt, daß Preysing die stärkere Anhängerschaft besaß. Sein Einfluß begann nun wieder zu wachsen. Den Obersthofmeister Preysing schildert Theodor Bitterauf (61) (19o1) in folgender Weise: "Das Mißverständnis, das zwischen seinem Willen und Können bestand, seine auffallende Bigotterie ... seine grenzenlose Devotion, besonders gegen die Kaiserinwitwe waren für eine so verantwortungsreiche Stellung freilich eine schlechte Aussteuer. Redlichkeit und Pflichteifer wird an ihm gerühmt, aber seine Pedanterie und Verschlossenheit gab den Kollegen zu mehrfacher Unzufriedenheit Anlaß".

Diesen negativen Beurteilungen des Politikers Preysing, der selbst in Doeberls breit angelegtem Geschichtswerk (62) nur ein paarmal am Rande erwähnt wird, steht, soweit ich sehe, bisher nur ein positiveres gegenüber, das jedoch auf den gründlichsten archivalischen Kenntnissen zu beruhen scheint.

Eberhard Weis (1963) (63) schreibt: "Zwar war Preysing wohl kein Mann, der rasch seine Entschlüsse faßte und sie dann auch mir rücksichtsloser Härte verwirklichte. Aber er war, wie es scheint, in der Außenpolitik vorurteilslos, weitblickend, redlich, von besten Absichten erfüllt, zugleich religiös und dem toleranten Geist des Jahrhunderts wohlwollend gegenüberstehend. Er soll nicht den Charme und die Verbindlichkeit eines Seinsheim (64) besessen haben, aber er war wohl der zuverlässigere Mensch von beiden". Weis deutet an, daß sich die negative Charakteristik Preysings in der spärlich vorhandenen Literatur bei genauerer Erforschung seiner Wirksamkeit in dieser Weise kaum aufrecht erhalten läßt. Die historische Forschung wird also hier noch einmal neu ansetzen müssen.

3. Reisen

Im Hinblick auf Max IV. als Bauherrn sind seine Reisen wegen der damit verbundenen geschmacklichen Orientierung hier von besonderem Interesse. Sie erstreckten sich, von einigen kürzeren Aufenthalten in Bonn und Münster abgesehen, auf Italien, Frankreich und Österreich mit Böhmen und Ungarn. Wir beschränken uns hier darauf, die Reisen vor und während der Bauzeit des Palais Preysing zu nennen.

Mit dem damaligen Kurprinzen Karl Albrecht unternahm Preysing vier Reisen nach Italien, die wir mit Hilfe der erhaltenen Briefe (65) und Tagebücher (66) genau verfolgen können:

Die erste von Dezember 1715 bis August 1716 führte mit mehrwöchigen Aufenthalten in Venedig und Rom bis Neapel; die zweite von Ende April bis Ende Mai 1719 nach Venedig; die dritte von Anfang März bis Ende Juni 1722 wieder bis Neapel mit jeweils etwa zweiwöchiger Unterbrechung in Florenz, Rom, Venedig, Bologna und Turin; die vierte von Anfang Dezember 1724 bis Mitte Januar 1725 nach Rom. - Die Reisen waren, von den langen Fahrzeiten abgesehen, in erster Linie mit gesellschaftlichen Veranstaltungen - Einladungen, Opernvorstellungen etc. - ausgefüllt. Besichtigungen wird man voraussetzen dürfen. Italienische Kunstdenkmäler werden jedoch nur dann erwähnt, wenn es sich um Kirchen, d. h. um den täglichen Besuch der Messe, handelt.

Der erste belegbare Aufenthalt Preysings in Frankreich wurde bereits erwähnt (67). Ende des Jahres 1719 wurde er wieder nach Paris geschickt, und zwar "pour y aprendre la chasse Françoise" (68), die an anderer Stelle (69) als "chasse du cerf" präzisiert wird. Diese Reise zeigt den Einfluß der Geselligkeitsformen am französischen Hof auf den bayrischen und bezeugt, welche Bedeutung derartigen Veranstaltungen hier beigemessen wurde. Wie aus den Tagebüchern hervorgeht, gehörten die Rotwildjagd in Nymphenburg und Fürstenried und die Niederwildjagd in Grasselfing, der kurfürstlichen Schwaige im Dachauer Moos, ebenso wie die abendlichen Opernbesuche im Winter, jahrelang zum regelmäßigen Tagesablauf Preysings. - Der Zweck der dritten Frankreichreise, von Ende August bis Ende November 1725, ist den Tagebüchern nicht zu entnehmen. Max IV. hielt sich dabei etwa vier Wochen in Paris und den Schlössern der Umgebung auf und kehrte über Antwerpen und Rotterdam nach München zurück.

Nach dem Rastätter Frieden (1714) versuchte Max Emanuel, neben den Beziehungen zu Paris auch die zu Wien wieder anzuknüpfen. So schickte er ein bayrisches Hilfskorps zur Unterstützung der Türkenfeldzüge Prinz Eugens nach Osten. Mit dem Kurprinzen nahm auch Preysing als Hauptmann eines Dragonerregiments in den Sommermonaten 1717 und 1718 an diesen Feldzügen teil (7o). Bei der Gelegenheit hielt er sich mehrfach, oft wochenlang, in Wien auf, wo er mit den führenden Adelsfamilien in Berührung kam. Die Verbindung der Preysings zum Wiener Adel ist jedoch schon früher nachweisbar. Bereits im Heiratskontrakt Max' III. (71) von 1681 verweisen die Trauzeugen Ferdinand Fürst von Dietrichstein und Felix von Harrach nach Österreich. Die Einheirat der Schwester Max' IV. in die Familie Strattmann (72) ist ein weiteres Zeugnis für die Orientierung der Preysings in diese Richtung.

Familiäre Beziehung, d.h. der enge Kontakt mit seiner Cousine Gräfin Thun (73), war auch meist der Anlaß für die gelegentlichen Besuche Preysings in Prag, die er, wie den Tagebüchern zu entnehmen ist, teilweise mit den Reisen von oder nach Wien verband.

4. Familie und Besitz

Max IV. war zweimal verheiratet. Am 1.9.172o heiratete er in der Dreifaltigkeitskirche in München (74) Maria Anna Josepha Theresia Brigitta Gräfin von Rechberg zu Hohenrechberg (75). Sie war die letzte Überlebende der zehn Kinder von Gaudenz Reichsgraf von Rechberg - Herr der Herrschaften Weißenstein und Kellmünz, kurkölnischer und kurbayrischer Wirklicher Geheimer Rat und Kämmerer, Hofkriegsratspräsident und Kommandant aller bayrischen Truppen - und seiner Frau Maria Adelheid geb. Gräfin von Törring zu Seefeld. Am 16.7.17oo geboren (76), starb sie am 17.1o.1721 bei der Geburt ihres ersten Kindes, das ebenfalls starb (77).

Seine zweite Frau, Maria Theresia Anna Felicitas Cäcilia Gräfin Fugger von Kirchberg und Weißenhorn, heiratete Max IV. am 28.1o.1731 in Nordendorf (78). Ihre Eltern waren Eustachius Maria Graf Fugger v.K.u.W., Herr der Herrschaften Nordendorf, Ehingen und Gutenstein, kaiserlicher General der Kavallerie und Generalfeldmarschalleutnant des schwäbischen Kreises, und Maria Eva Dorothea geb. Reichserbmarschallin Gräfin von Pappenheim. Sie wurde am 14.11.1713 in der Kollegiatstiftskirche St. Moritz in Augsburg getauft. Am 21.4.1768 starb sie - kinderlos - in München, nachdem sie bereits ab etwa 1738 von zunehmender Geisteskrankheit befallen war (79).

Max IV. erbte die reichen Besitzungen seines Vaters (8o), die er nicht vermehrte. Durch den Bau seines Münchner Stadtpalastes jedoch setzte er sich ein bleibendes Denkmal.

B) DIE BAUGESCHICHTE

I. Quellenübersicht

Über die Baugeschichte des Palais Preysing herrschte bisher weitgehend Unklarheit. Sämtliche Bauunterlagen galten als verschollen: Preysing hatte sie, um die Kosten zu verheimlichen, angeblich vernichtet (81). Die einzige Quelle, die zur Bestimmung von Baumeister und Bauzeit herangezogen werden konnte, waren die Tagebücher Max' IV., aus denen folgende Daten hervorgehen:

19. 5.1723: "in den pau meines Hauß gegriffen",
2.1o.1728: "das erste mahl in meinem Haus gesessen",
11.12.1728: "mein neues quartier in Gottes Nammen bezogen",
3o.1o.1731: "das erste mahl mit meiner lieben Gräfin die Neue Zimmer bewohnt",
3o.11.1734: "wurde mein haus Capelln durch den Herrn weyh Pischoff zu Freysing eingeweyht".

Daß Effner den Bau errichtete, konnte aus der Tatsache geschlossen werden, daß in den Tagebüchern 1723-3o - Jahrgang 1724 fehlt - achtmal der Empfang eines Briefes von ihm vermerkt ist (am 24.12.1723; 17. und 25.5. und 2o.1o.1725; 31.7.1726; 25., 29. und 31.5.173o) und daß Max IV. - ebenfalls laut Tagebuch - am 6.3.1731 bei der Taufe von Effners Sohn Max Franz Pate stand. Effner ist zudem der einzige Baumeister, der in den Tagebüchern überhaupt erwähnt wird.

Wenn damit also bereits mit großer Wahrscheinlichkeit Effner als der Erbauer des Palastes genannt werden konnte, so ist es aufgrund neu aufgefundenen Materials jetzt möglich, dies archivalisch eindeutig nachzuweisen. Auch die wichtigsten an der Ausführung beteiligten Künstler - an der Spitze Johann Baptist Zimmermann -, die bisher nur durch Zuschreibungen ermittelt werden konnten, lassen sich mit Hilfe der Archivalien nun einwandfrei bestimmen.

Darüber hinaus bieten die neu erschlossenen Unterlagen die Möglichkeit, den Verlauf der Baugeschichte in den wichtigsten Stationen zu verfolgen und teilweise auch detailliert zu beschreiben. Wenn zwar weiterhin Fragen offen bleiben und die Geschichte und Rekonstruktion des Baus Lücken aufweisen müssen, so können daher doch die entscheidenden Punkte nunmehr als geklärt angesehen werden.

Wie für die Familiengeschichte ist auch für die Baugeschichte das erst neuerdings zugängliche Hohenaschauer Archiv die ergiebigste Quelle. Innerhalb eines Faszikels (82) ist hier fast das gesamte Material, das den Bau des Palastes betrifft, zu finden. Es besteht überwiegend aus schriftlichen Dokumenten, enthält aber auch einige mehr oder weniger sorgfältig ausgeführte Entwürfe und Skizzen, die teilweise wertvolle Hinweise für die Entstehungsgeschichte liefern.

Im Hinblick auf die Baumeisterfrage ist zunächst zu erwähnen, daß einer der oben angeführten Briefe - der vom 25.5.1725, den Effner am 2o.5. in München schrieb - wieder auftauchte. Er bezieht sich eindeutig auf das Preysing-Palais (u.a. auf die Freskierung des Treppenhauses und des Großen Saals) und unterstützt dadurch maßgeblich die Annahme, daß das bei den übrigen Briefen ebenso der Fall war. Die Ermittlung Effners als Baumeister jedenfalls ist damit unbestreitbar richtig.

Weitere Namen können den Kostenvoranschlägen und vor allem den Rechnungen entnommen werden, die gleichzeitig den Verlauf der Bautätigkeit verfolgen lassen. Rechnungen haben sich aus den Jahren 1723-27 erhalten und zwar für

    1723 eine Jahresabrechnung,
    1724 eine Jahresabrechnung und 26 Wochenzettel (vom 19.4. bis 14.1o.)
    1725 alle Wochenzettel
    1726 eine Abrechnung für die erste Jahreshälfte,
    1727 eine Jahresabrechnung.

Hinzu kommt eine Gesamtaufstellung der Kosten von 1723-27.

Erwähnenswert ist außerdem eine Liste der von Zimmermann stuckierten Hohlkehlen. Weitere Aufstellungen - überwiegend im Hinblick auf Materialbeschaffungen angelegt - und ein Brief des Hausmeisters von 1725 sind auch für die Rekonstruktion des Gebäudes aufschlußreich.

Nach dem Hohenaschauer Archiv ist das Münchner Stadtarchiv die zweite wichtige Fundstelle. Es handelt sich dabei einmal um die Grundbücher, die für die Vorgeschichte des Palastes unumgänglich sind und trotz der 1958 erschienenen Münchner Häuserbücher häufig herangezogen werden mußten. Außerdem enthält der hier archivierte Lokalbaukommissionsakt Residenzstr. 27 den größten Teil des Materials ab 1852 (Pläne und Korrespondenzen) und bildet damit die Grundlage für die Angaben späterer Veränderungen.

Weitere in verschiedenen Archiven verstreute Quellen kommen hinzu und sind jeweils aus den Anmerkungen ersichtlich.

II. Die Lage

Durch die Ausdehnung der Stadt nach Norden, die im 19. Jahrhundert mit dem Bau der Ludwigstraße eingeleitet wurde, liegt das Palais Preysing heute im Zentrum Münchens. Zur Zeit seiner Erbauung jedoch wurden die Stadtgrenzen durch den Mauerring markiert, den bereits das Sandtnersche Stadtmodell von 1571 im Bayer. Nationalmuseum zeigt. Das Schwabinger Tor im Norden war der Ausgangspunkt der nach dem Dorf Schwabing benannten Landstraße und das Ziel der beiden ungefähr parallel laufenden Schwabinger Gassen im Stadtinnern: der Hinteren oder auch Äußeren, der heutigen Theatinerstraße, und der Vorderen oder Inneren, der heutigen Residenzstraße.

Der Stadtteil westlich der Hinteren Schwabinger Gasse, das Kreuzviertel, und das Graggenauer Viertel in der Umgebung der Residenz waren die vornehmsten Gegenden der Stadt, in denen sich die Adelspaläste befanden. Die Residenz an der östlichen Seite der Vorderen und das Theatinerkloster mit seiner das Stadtbild beherrschenden Kirche an der Westseite der Hinteren Schwabinger Gasse setzten dem nördlichen Stadtrand jedoch einen bedeutenden funktionellen und baukünstlerischen Akzent. Das Preysing-Palais, das zwischen diesen beiden Komplexen liegt, nimmt daher innerhalb der Stadtbebauung einen hervorragenden Platz ein und muß sich architektonisch zwischen zwei monumentalen Baumassen behaupten.

Die Begrenzung des Bauplatzes im Westen und Osten war durch die beiden Schwabinger Gassen vorgegeben. Auch im Süden lag sie fest: hier befand sich - wie heute - eine schmale Verbindungsgasse, die Neugasse, die später Preysinggasse genannt wurde und heute Viscardigasse heißt. Im Norden dagegen schlossen sich andere Häuser an. Die Architektur der Ostfassade, die im Gegensatz zur Ecklösung im Süden hier einen Anschluß zuläßt, und der Dachaufbau weisen bereits auf angrenzende Gebäude hin. Darüber hinaus sind diese vor, während und nach der Bauzeit zu belegen. Die Mitteilung Hauttmanns (83), die sich auf einen Brief Keyßlers (84) bezieht, nämlich, daß das Palais ursprünglich auf allen vier Seiten frei stand, läßt sich daher nicht aufrecht erhalten.

Der Häuserblock zwischen dem Schwabinger Tor und der Neugasse bestand außer dem Preysing-Palais aus drei zusammenhängenden Gebäudekomplexen. Der Komplex unmittelbar neben dem Palais umfaßte, wie das Stadtmodell zeigt, ursprünglich drei Häuser: zwei an der Vorderen, eins an der Hinteren Schwabinger Gasse. Die beiden südlichen, ab 1598 unter einem Besitzer vereinigt, gehörten 1701-38 dem kurf. Edelknabentafeldecker Franz Weinberger und dessen Erben (85). Alle drei Häuser wurden 1748 von Joh. Andreas Praidlohn gekauft und 1749 zusammengebaut. Dieses Haus wechselte dann mehrmals den Besitzer, bis es ab 1807 als Kriegsministerium verwendet wurde.

Der nördlich angrenzende zweite Komplex - je ein Haus an der Vorderen und Hinteren Schwabinger Gasse - war immer in der Hand eines Besitzers und 1805-13 auch mit dem anschließenden Eckhaus, dem dritten Komplex, verbunden (86). 1815 wurde er zur Erweiterung des Kriegsministeriums vom Staat gekauft. Das Eckhaus, ursprünglich zwei Häuser, war ein Gasthaus, das ab etwa 1826 'Zum Bauerngirgl' hieß (87).

Um die Fassade der Theatinerkirche freizulegen, wurde 1840 die ganze Gebäudegruppe nördlich des Preysing-Palais abgerissen und 1841-44 von Friedrich von Gaertner unmittelbar an das Palais anschließend die Feldherrnhalle gebaut (88).

III. Der Bauplatz

Auf der Grundfläche des Palais Preysing standen, wie aus dem Sandtner-Modell zu ersehen ist, ursprünglich fünf Häuser: drei an der Vorderen, zwei an der Hinteren Schwabinger Gasse. Mit Hilfe der Grundbücher (89) kann man diese bis in die Mitte des 16. Jahrhunderts zurückverfolgen. Alle fünf Häuser wurden um 1600 von Wolf Konrad Freiherr von Rechberg auf Hohenrechberg, fürstl. Geheimer Rat und Kämmerer, Hofratspräsident und Hofmeister Herzog Albrechts, aufgekauft und zusammengebaut. Seine Erbin, Jacobe von Rechberg zu Rottenlöwen geb. von Haslang zu Jetztendorf, verkaufte 1619 diesen Komplex für 8225 fl. an Georg Freiherrn von Gumppenberg auf Pöttmes, fürstl. Rat und Kämmerer, Pfleger zu Weilheim. Nach dem Tod Gumppenbergs kam der Besitz durch die Heirat seiner Frau an Johann Christoph von Preysing (90). 1635 erbte ihn Wolf Ludwig von Gumppenberg, der Sohn Wolf Konrads, der ihn jedoch im gleichen Jahr mit Max I. Preysing gegen ein Haus an der Stelle der heutigen Residenzstraße 15 eintauschte.

Dieses Haus (91) war kurze Zeit im Besitz Wolf Konrads von Gumppenberg gewesen, von dem es 1620 Maria Polixena Schurff Freifrau auf Mariastein geb. Closen zu Haidenburg, die Mutter Ferdinands Schurffs (92) kaufte, um es 1629 zusammen mit einem Garten am Sendlinger Tor an Max I. zu vererben (93). 1647 ging es erneut von Gumppenbergschem in Preysingschen Besitz über, als es Johann Christoph, der Bruder Max' I., erwarb. Sein Sohn Max III. verkaufte es jedoch 1681 endgültig, um in sein neues Haus in der Kreuzgasse zu ziehen (94).

Von Max I. kam der Komplex gegenüber der Residenz an Max II. und von diesem 1720 an Max IV. (95).

IV. Das Palais

Einer eingehenderen Erläuterung der Baugeschichte seien hier die wichtigsten Ergebnisse vorangestellt:

Wie aus dem oben erwähnten, neu aufgefundenen Brief Effners und den Tagebuchaufzeichnungen Max' IV. eindeutig hervorgeht, wurde das Preysing-Palais von Joseph Effner erbaut. Der bedeutendste an der Ausführung beteiligte Künstler war der Stuckator und Maler Johann Baptist Zimmermann. Er stuckierte die Fassaden und das Treppenhaus und übernahm die Stuckarbeiten in den beiden Appartements (1. und 2. Obergeschoß) der östlichen Gebäudehälfte. Als Maler hatte er außerdem den maßgeblichen Anteil an der Ausstattung der Hauskapelle. Neben Zimmermann arbeitete im Preysing-Palais der Maler Jacopo Amigoni, der die Decken im Treppenhaus und im Großen Saal ausführte.

Die Bauarbeiten begannen am 11.5.1723. Da in großem Umfang alte Mauerteile der Vorgängerbauten in den Neubau einbezogen wurden, war vielleicht noch im gleichen Jahr, mit Sicherheit aber in der ersten Hälfte des Jahres 1724 bereits der neue Dachstuhl vollendet. Mitte Juli 1724 wurde die Ostfassade verputzt. Spätestens Anfang des Jahres begannen die Arbeiten am Innenausbau; die Stuckierung des Treppenhauses und des Speisezimmers (1. Obergeschoß) war Mitte Juli 1725 beendet. Im September war auch die Ausgestaltung des Mezzanin so weit vorgeschritten, daß Ende des Monats die Malerarbeiten abgerechnet werden konnten. Wie aus dem Brief des Hausmeisters vom 20.10.1725 hervorgeht, waren im Oktober mit Ausnahme der "puzung der Heylög, hennen: und Stallstibl, wie auch im grossen Saall auf beeden seithen der rauche wurf" sämtliche Maurerarbeiten abgeschlossen, auch die Umgestaltung der drei Mittelfenster im 1. Obergeschoß der Westfassade. In der ersten Novemberhälfte wurden die Portale in die beiden Hauptfassaden eingesetzt. Spätestens Anfang Dezember war die Stuckierung der Hohlkehlen in den neuen Räumen des 1. und 2. Obergeschosses im Ostbau vollendet, spätestens Ende Dezember die Decke des Treppenhauses ausgemalt. - Bis Januar 1726 wurden sämtliche Rahmen des Bildhauers geliefert. In das Jahr 1726 hinein zogen sich außerdem die Ausmalung der Decken von Kapelle und Großem Saal und möglicherweise die Auskleidung der Garderobe. Im Sommer 1727 wurden die schmiedeeisernen Gitter geliefert.

Über weitere Einzelheiten der Arbeiten ab 1726 sind wir nicht informiert. Es ist jedoch wahrscheinlich, daß 1727 die Stuckdekoration der Fassaden begonnen wurde. Mit größter Sicherheit war der Bau 1729 vollendet.

Zu größeren Veränderungen des Palastes kam es, solange er im Familienbesitz war, also vor 1835, wahrscheinlich nicht, dann jedoch wurde eine Reihe von Umbauten vorgenommen. Vor dem letzten Krieg hatten sich, abgesehen vom Treppenhaus, nur noch in drei Räumen (1. Obergeschoß/Ostseite) Reste der alten Ausstattung erhalten. 1944 wurde das Gebäude zerstört, 1957-6o aber wieder so aufgebaut, daß Fassaden und Treppenhaus weitgehend dem ursprünglichen Zustand entsprechen.

1. Übernommene Bauteile

Aus der Untersuchung des Grundstücks war hervorgegangen, daß dieses mindestens bis 172o, als Max IV. die Erbschaft antrat, bebaut war. Es erhebt sich daher die Frage, ob Preysing den vorhandenen Baukomplex völlig niederreißen ließ oder ob alte Gebäudeteile in den Neubau einbezogen wurden. Diese Frage ist insofern schwer zu beantworten, als wir nicht wissen, wie die fünf alten Häuser des 16. Jahrhunderts nach dem Umbau Rechbergs und nach möglichen späteren Veränderungen der Preysings aussahen (96).

In einem Bericht über die Preysingschen Fideikommißgüter von 1788 (97) heißt es: "sonderbar auch, auf den Blaz gegenüber der Residenz, alvo zwey alte schlecht gebaute fideicomißhauser stunden, welche vermög Inventario anno 1718 fol 4 nit höcher dann 235oo fl: angeschlagen worden, wovon eines nur ein Remiß war, nidergerissen, und das jezige kostbare haus, so in gebaude mit allen handwerchern ohne die kostbare Meublen, und auserlesene Mahlerey, die alleinig über 1oo/m fl: werth seynt, yber 1oo/m zustehen gekommen, von Grund auf neu erbauet".

Auffallend ist hier zunächst, daß von zwei Gebäuden die Rede ist. Der Rechbergsche - oder ein späterer - Umbau der alten fünf Häuser war also offenbar so angelegt, daß der Komplex in ein Wohngebäude und eine Remise geteilt wurde. Dabei ist möglicherweise anzunehmen, daß die Remise niedriger war als das Wohngebäude; eingeschossig, wie zu erwarten wäre, war sie jedoch wahrscheinlich schon deshalb nicht, weil, wie das Sandtnermodell zeigt, die alten Häuser, in die sie eingebaut wurde, alle mehrgeschossig waren. - Weiterhin aber gibt der Bericht an, daß es sich bei dem Palais Max' IV. um einen völligen Neubau handelte.

Auch in einem undatierten Kostenvoranschlag des Kistlers Simon Paur wird das "Ney Erbaute Hauß" erwähnt, ebenso in der Gesamtaufstellung für das Jahr 1723 über die "jenigen Gelter, so ... in dero Neuerpautten behausung gegen der Churfrtl: Residenz bau 11. May angefangen (also eine Woche vor Preysings Tagebucheintragung) bis letzten Xber: diss lauffenden Jahres sein verschossen und abgefiehrt worden". Daß das neue Palais tatsächlich von Grund auf neu gebaut wurde, kann jedoch, wie sich zeigen wird, nur mit Einschränkung festgestellt werden.

fig. 1 Von der Hand Preysings besitzen wir eine schematische Darstellung (Kat. 1), die mit einem einfachen Federstrich die Grundlinie des östlichen Gebäudeteils angibt. An der Residenzstraßenseite ist der Verlauf dieser Linie mit stärkerem roten Strich korrigiert, ein kleiner Vorsprung an der Südwand beseitigt. Die Rückseite des Blattes trägt den Vermerk: "Grund lini meiner in München gegen der Chl. residenz stehenten residenz gegen ermelter residenz seitten, und hinein in das kleine gäßl. Dabey zu bemerckhen das nach der schwartzen lini die grund maur vorhero gestanden: dermahlen aber nach der Rotten aufgefürhet ist". Demnach wäre also nur die Ostfassade neu errichtet worden, denn es ist unwahrscheinlich, daß Preysing in seiner Darstellung den westlichen Gebäudeteil fortgelassen hätte, wenn auch hier die neue Grundlinie von der alten abweichen würde.

Für diese Annahme spricht auch die Unregelmäßigkeit des Grundrisses. Sowohl die nördliche als auch die südliche Außenwand zeigt ungefähr in der Mitte einen Knick, der dadurch zu erklären ist, daß hier die beiden Häuser, die im oben zitierten Bericht von 1788 erwähnt werden, aneinanderstießen. Auch die Westfassade verläuft nicht in der Fluchtlinie. Bei der Breite der Straße müßte dies gerade hier unmotiviert erscheinen, wenn es nicht durch den Vorgängerbau bedingt wäre.

Wenn man also voraussetzt, daß mit Ausnahme der Ostseite in sämtliche äußeren Grundmauern des Neubaus alte Mauerteile einbezogen wurden, so fragt sich nun, welche Konsequenzen sich daraus für die Aufrißgestaltung ergaben.

Der Kostenvoranschlag des Zimmermeisters Paulus Sonnenleithner von 1723 bringt folgende Überlegung: "Was der Dachstuell anbelangt, ist zu besorgen daß der tachstuell gegen der Residenz auf der Haubtmaur zimblich werdt abgefault sein ... Wan sich diser tachstuell gegen die Residenz etwan so Pau Völlig solte finden, und diser neu solte gemacht werden, belaufft sich ... Wan man die 2 Seiden bey dem seithen gebau mit Kupfer wolte austöckhen belaufft sich ... ". Der Voranschlag des Maurermeisters Johann Mayer vom Mai 1723 nennt: "die auflaistung und hoher fierende tachung gegen der Resitenz" und "die auswendige abpuzung bis zu der haupt Stiegen mit ausladtenden gesimbs".

Aus diesen Bemerkungen ergibt sich: Von den beiden alten Gebäuden war das östliche das baufälligere, wohl die Remise. Für dieses wurde ein neuer Dachstuhl geplant, während für den westlichen Bauteil nur eine neue Dachbedeckung vorgesehen war. Die Höhe des Gesamtgebäudes richtete sich also nach der Höhe des alten Gebäudes im Westen, der östliche Bauteil wurde entsprechend erhöht.

4 Daß hier tatsächlich zunächst nur an eine Erhöhung gedacht und nicht von Anfang an geplant war, die Ostfassade völlig neu aufzuführen, geht aus einem offenbar sehr frühen Entwurf dieser Fassade, einer grau lavierten schwarzen Federzeichnung hervor (Kat. 3). Über drei durch schmale Gesimsbänder waagerecht unterteilten vollen Geschossen sitzt ein Konsolgesims (das oben zitierte?), von dessen Höhe, wie die Hilfslinien zeigen, der Zeichner ausging. Mit Graphit ist angedeutet, daß dieses Gesims ursprünglich das Dach trug, während nun ein Mezzaningeschoß aufgesetzt ist. Die Fassade ist, wie beim ausgeführten Bau, in 1o 1/2 Fensterachsen unterteilt. Während dort jedoch die erste Achse im Süden in der abgerundeten Ecke, also nicht mehr in der Fluchtlinie liegt, ist sie hier als Eckrisalit

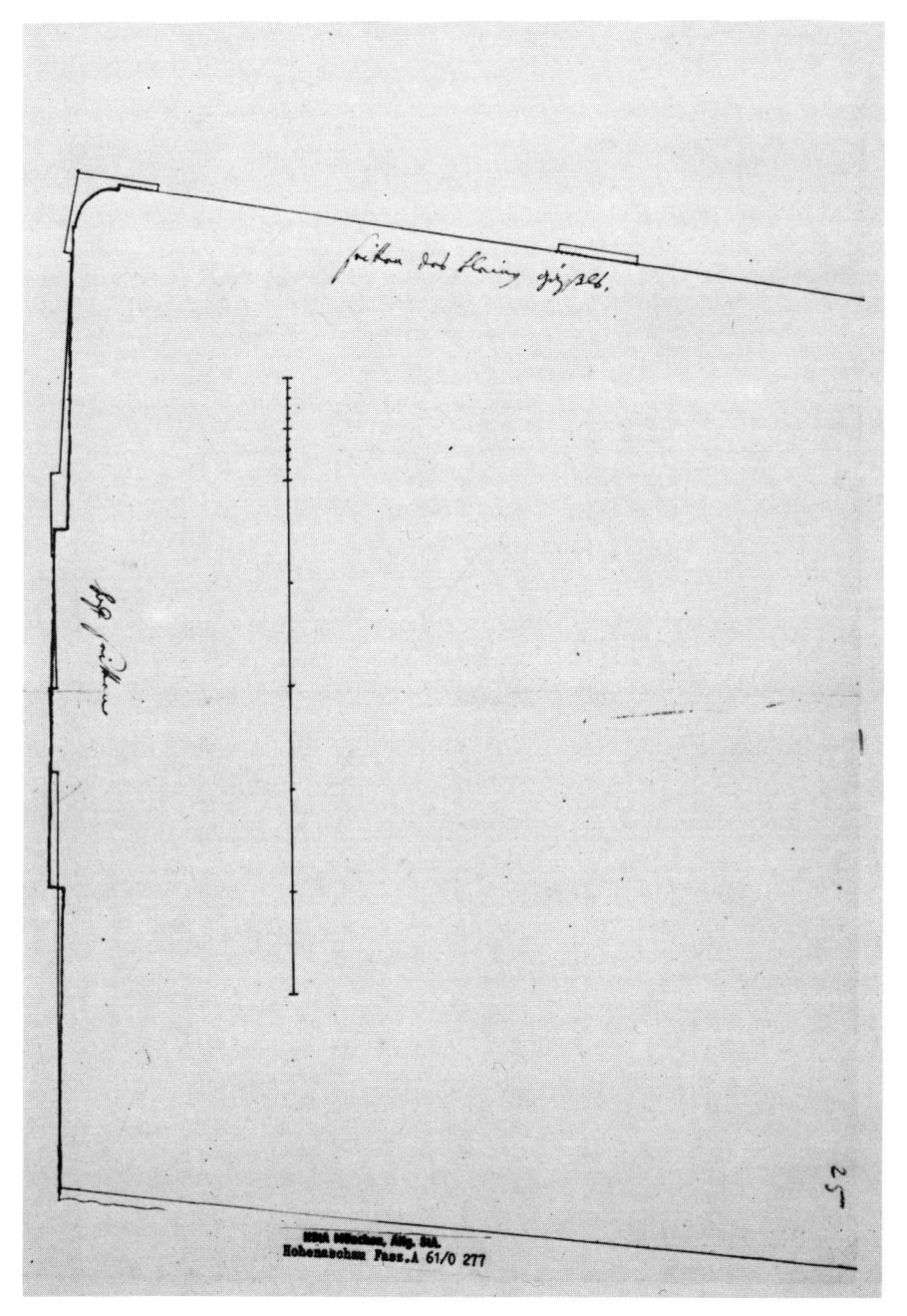

Fig. 1

gebildet. Dies entspricht der alten und neuen Grundlinie, die Preysing angab.
Die beiden anderen Vorsprünge, die die alte Grundlinie zeigt, sind zwar hier
verschwunden, sie erklären jedoch die Situation des Portals, das aus der Mitte
versetzt in der fünften Achse liegt, und zwar an der Stelle, die die alten Vorsprünge flankierten.

Diese wenig befriedigende Situation des Portals ist jedoch nicht der einzige Mangel der Fassade, den zu beseitigen wünschenswert erscheinen mußte. Störend ist
vor allem auch die Unregelmäßigkeit der Achsabstände. Die neun Achsen, die auf
den Eckrisalit folgen, sind ähnlich wie bei der ausgeführten Fassade in Dreiergruppen zusammengefaßt. Die Gruppierung entsteht hier jedoch allein durch die
Fensterabstände, also nicht wie dort durch eine Zusammenfassung mit Hilfe von
vertikalen Gliederungsmitteln oder durch eine Differenzierung der Fensterformen.
Das bedeutet, daß die Aneinanderreihung der Fenster für den Eindruck bestimmend
bleibt und ihre Gruppierung locker und wenig motiviert erscheint. Gravierender
ist aber, daß die Maße dieser Gruppen voneinander abweichen, und vor allem, daß
die Achsabstände innerhalb der Mittelgruppe verschieden sind - Tatsachen, die
nur durch technische Vorgegebenheiten zu erklären sind.

Daß man beides, die asymmetrische Lage des Portals und die Unregelmäßigkeiten in den Achsabständen, zu ändern bestrebt war, zeigen die mit Rötel angebrachten Korrekturen. Wie aus den Markierungen unter der Grundlinie hervorgeht, sollten demnach die Achsen der nördlichen Fassadenhälfte denen der südlichen angepaßt werden, die fünf südlichen Achsen also beibehalten bleiben.
Die neunte Achse ist als Risalit angedeutet; sie hätte, wie die nebenstehenden schmalen Hochrechteckfenster beweisen, den Abschluß der Fassade zu bilden. (Die
schmalen Fenster im Norden sind auch bei der ersten Fassung des Entwurfs,
künstlerisch gesehen, dem Fassadenverband nicht mehr zuzurechnen.) Die nunmehr neun Achsen würden sich gliedern in die Mittelachse mit dem Portal, je
eine Dreiergruppe ihr zur Seiten und je eine Achse in den Eckrisaliten. Die Verkürzung der Fassade um eine Achse, die ein Übergangsstück zu den anstoßenden
Häusern verlangen würde (mit Graphit sind hier Bogen angedeutet), ist wahrscheinlich vom Grundriß her zu erklären: Sie läßt auf den Plan schließen, die
nördliche Brandmauer unter Beibehaltung ihrer westlichen Hälfte zu begradigen.
Der inneren Raumeinteilung hätte diese Maßnahme allerdings wenig genützt, da
durch die Schrägstellung der Fassade sich Unregelmäßigkeiten im Grundriß ohnehin nicht vermeiden ließen.

Ein Alternativvorschlag zur Fassadenverkürzung ist dem mit Rötel angedeuteten
Portal zu entnehmen, das genau in der Fassadenmitte zwischen der fünften und
sechsten Achse eingetragen ist. Bei dieser Lösung wäre im Erdgeschoß ein Fenster fortgefallen, die Portalzone dadurch breiter geworden und infolgedessen
stärker akzentuiert. Eine solche Betonung der Mitte hätte aus Gründen der Symmetrie eine Änderung der alternierenden Verdachungen im 1. Obergeschoß nach
sich gezogen und würde, ebenso wie es bei der Fassadenverkürzung vorgesehen
war, einen zweiten Eckrisalit - nun in der zehnten Achse - erwarten lassen.

Wie sehr man sich mit der Fassadenlösung herumschlug, zeigt auch eine andere
in Graphit nur teilweise ausgeführte Aufrißzeichnung (Kat. 4). Anstelle der vier

südlichen Achsen ist hier das Treppenhaus angedeutet, die übrigen sechs sind -
ohne den Mezzanin - schematisch angegeben. Das Portal bleibt hier offenbar in
der fünften Achse, die durch Lisenen und eine Fenstertür im 1. Obergeschoß herausgehoben ist. (Im 2. Obergeschoß sind außer der fünften auch in der sechsten
und siebenten Achse Fenstertüren eingezeichnet.) Die sechste und siebente Achse
sind durch einen Bogen im Erdgeschoß und ebenfalls durch Lisenen in jedem Geschoß zusammengefaßt. Bei den folgenden drei Achsen werden die Öffnungen des
Erdgeschosses jeweils von einem Bogen überspannt und durch schmalere Lisenen
voneinander getrennt. In der zehnten Achse sitzt hier eine Tür, in den beiden
Obergeschossen eine Fenstertür, wobei die des 2. Obergeschosses niedriger ist
als die nebenstehenden Fenster. Die zusätzliche halbe Achse, die die Federzeichnung ebenso zeigt wie die Ausführung, kommt auch hier hinzu.

Der Liseneneinteilung nach zu urteilen, hätten auch bei dieser Lösung mindestens
die Fenster der achten und neunten Achse versetzt werden müssen. Die Gruppierung bleibt jedoch unklar, da die Einteilung, die die Lisenen angeben, nicht mit
der, die die differierenden Öffnungen zeigen, übereinstimmt. Offensichtlich wurde
auch bei diesem Aufriß mit verschiedenen Gedanken herumexperimentiert.

Die Korrekturen der lavierten Federzeichnung und der Graphitaufriß sind durch
den Versuch gekennzeichnet, die Fassade mit möglichst geringem Aufwand zu
verbessern, d.h. sie gehen unübersehbar von bestehenden Verhältnissen aus.
Daß keine dieser Lösungen zufriedenstellte, war jedoch zweifellos nicht der einzige Grund, sich zu einem völligen Neubau der Fassade zu entschließen. Eine
weitgehende Änderung des östlichen Gebäudeteils und damit der Fassade war wohl
schon aufgrund der alten Geschoßhöhen wünschenswert. Den erwähnten Aufrissen -
besonders augenfällig der Graphitzeichnung - kann entnommen werden, daß das
1. Obergeschoß ursprünglich wesentlich niedriger war als das zweite; beim ausgeführten Bau dagegen ist 1o cm höher. Im schon zitierten Kostenüberschlag
des Maurermeisters Johann Mayer wird diese "erhechung der mittern Zimmer",
also der Räume des alten Mittelgeschosses, genannt. Daß sie sich nur auf den
Ostbau bezieht, ist aus einer Aufstellung des Hausmeisters Anton Fischbacher
zu schließen, die die Höhe und Breite der Wandflächen nur der drei Räume an
der Ostfront des 1. Obergeschosses angibt, und vor allem aus einer Liste mit
Maßangaben der Supraporten "in denen neuerpauten Zimmern"; sie enthält sämtliche Räume des 1. und 2. Obergeschosses, die im östlichen Gebäudeteil lagen,
die des westlichen Teils dagegen sind mit Ausnahme des Kabinetts an der Nordseite des Hofes nicht aufgeführt. Man wird daher annehmen können, daß die Geschoßhöhen im Ostbau von denen des Westbaus abwichen und ihnen nur angeglichen wurden.

Inwieweit die innere Raumeinteilung der Vorgängerbauten beim Umbau übernommen wurde, ist in Einzelheiten schwer feststellbar; das vorhandene Material
liefert jedoch eine Reihe von Anhaltspunkten. Das Schwergewicht der Innenbauarbeiten dürfte wegen der neuen Geschoßeinteilung im Ostbau gelegen haben. Die
tragenden Wände blieben dabei aber möglicherweise weitgehend erhalten.

	Wir besitzen einen Grundriß des 1. Obergeschosses (Kat. 2), der hier insofern von besonderem Interesse ist, als er Korrekturen aufweist. Es handelt sich um eine mit Lineal ausgeführte Graphitzeichnung, die den Grundriß zum Rechteck hin vereinfacht, also die unregelmäßige Grundlinie und die dadurch erforderlichen Modifikationen in der inneren Einteilung außer acht läßt. Entspricht dieser Grundriß bereits weitgehend der Ausführung, so rücken ihn die Korrekturen, die in brauner Feder freihand angebracht sind, noch näher an diese heran. Die Einziehung neuer Wände ist demnach im Ostbau nur für den Einbau einer Nebentreppe geplant und im Westbau, um an der Westseite des Hofes einen Korridor und einen Durchgangsraum zu gewinnen. Das Übergehen des Haupttreppenhauses weist auch hier auf Veränderungen hin. Schließlich sollen die Ecken des nördlichen Eckzimmers/Residenzseite abgerundet werden und einige neue Durchgänge zu den einzelnen Räumen entstehen. Von der Ausführung abweichend ist der Grundriß nun nur noch in der Raumflucht an der Südseite des Westbaus - durch zusätzliche Unterteilungen und den durchgehenden Korridor -, durch die fehlenden Nebentreppen im Westbau und die offensichtlich noch ungelöste Stelle gegenüber des Haupttreppenhauses.
3 fig. 7	

Wenn auch der Einwand berechtigt ist, daß ja bereits der Graphitgrundriß, also die erste Fassung der Zeichnung, einen Umbauplan darstellen kann und er zudem nur über ein Geschoß Auskunft gibt, so kann dem entgegengehalten werden, daß auch die schriftlichen Nachrichten gegen umfangreiche Umbaumaßnahmen im Innern sprechen. Im Westbau waren die Variationsmöglichkeiten der Raumeinteilung schon wegen der Lage des Hofes verhältnismäßig gering. Da der Maurermeister in seinem Voranschlag nämlich nur das "Puzen den Hoff" angibt, wird man annehmen können, daß seine Lage unverändert blieb. Im Hinblick auf den Ostbau führt er an, daß er "Erstlich die haubt Stiegen zu machen" habe, und erwähnt dabei ausdrücklich das Ausbrechen der Zugänge, das den Korrekturen des Grundrisses entspricht und darauf schließen läßt, daß hier die tragenden Wände beibehalten wurden. Ein größerer Eingriff in den Mauerbestand wird daher nur notwendig gewesen sein, um die Durchfahrt zum Hof zu schaffen. Der alten Lage des Portals, wie sie aus den Aufrissen hervorgeht, nach zu urteilen, bestand diese nämlich vorher zweifellos nicht. Die Säulen im Erdgeschoß dürften somit an die Stelle einer Mauer getreten sein und aus statischen Gründen Änderungen in den Obergeschossen nach sich gezogen haben. Dementsprechend zeigt der Grundriß der Obergeschosse nach dem Umbau über den Säulen eine Riegelwand, während der Graphitgrundriß hier noch eine tragende Wand angibt. Die Änderung wird zusammen mit dem Einbau der neu eingezeichneten Nebentreppe, den auch der Voranschlag nennt, erfolgt sein. Weitere Maßnahmen dieser Art sind nicht anzunehmen. Das ist auch daraus zu ersehen, daß der Maurermeister zwar eine Reihe einzelner Räume aufführt, es sich dabei aber nur um Nebenräume im Erdgeschoß ("Khuchel, speisgewölb, heue stibl, holzlög" und "lage stuben und khammer", auch die Nebentreppen zum Keller bzw. 1. Obergeschoß sind erwähnt) und im Mezzanin ("Parockhen Zimmer" und "Pilliär Zimmer") handelt: Sie konnten im Erdgeschoß wahrscheinlich durch die Einziehung von Zwischenwänden gewonnen werden, im Mezzanin durch die Aufstockung des Ostbaus.

fig. 7-9
3

Die Annahme, daß ein großer Teil des alten Mauerbestandes übernommen wurde, wird schließlich dadurch unterstützt, daß sowohl im Überschlag des Maurers - hier auch in der Beschriftung Max' IV. - als auch in dem des Zimmermeisters ausdrücklich vom "Reparieren" der Behausung die Rede ist.

Aufgrund der genannten Vorgegebenheiten bestand die Aufgabe des Architekten also darin, mindestens zwei heterogene Bauteile zu einem einzigen einheitlichen Baukörper zu vereinigen. Dies wurde einmal durch die dimensionale Anpassung des Ostbaus an den Westbau erreicht, die eine völlige Neuaufrichtung der Ostfassade mit sich brachte (ob bei der Westfassade nicht wenigstens der Mittelrisalit neu hinzukam, muß offenbleiben); entscheidend ist aber vor allem die künstlerische Ausgestaltung des Gesamtgebäudes: Sie ließ trotz der Einschränkungen durch die alte Bausubstanz aus den Vorgängerbauten ein neues Palais entstehen.

2. Der Umbau

Die Bauarbeiten begannen am 11. Mai 1723 erwartungsgemäß mit dem Abbruch der Bauteile, die beim Neubau nicht verwendet werden konnten. Alte Baumaterialien, Säulen, Türen, Fensterstöcke, Schlösser und Dachrinnen wurden bis 1726 nach und nach verkauft. Laut Jahresabrechnung vom 31.12. 1724 lieferte der Zimmermeister Anfang des Jahres das Bauholz "zu wider aufpauung der eingegangnen Zimer" und im Laufe des Jahres auch bereits die "Aichene Tritt" für das Haupttreppenhaus.

> Diese Nachricht widerlegt übrigens die von Koch-Sternfeld übernommene Bemerkung Hauttmanns (98): "die große, von Caryatiden getragene Doppeltreppe von Marmor, welche die Hauptmauer hinausdrückte, mußte mit einer hölzernen in gleicher Gestalt vertauscht werden". In den Kostenvoranschlägen oder Rechnungen sind weder Marmorlieferungen für die Treppe jemals aufgeführt, noch wird das beschriebene Ereignis, das immerhin der Rede wert gewesen wäre, überhaupt irgendwo erwähnt.

Im selben Jahr wurde mit dem "denen Maurern, Zimmerleuthen und Tagwerckhern hoch gdg: verwilligte Einhebwein" das Richtfest gefeiert. Wahrscheinlich war der Dachstuhl, der in der zitierten Abrechnung ebenfalls aufgeführt ist, schon in der ersten Jahreshälfte fertig, denn bereits Mitte Juli war die Verputzung der neuen Ostfassade beendet.

In obiger Abrechnung werden 7oo fl. als "Ausgab uf bezalte Stuckhador arbeith, und zwar wegen herunder buzung der vordern seithen gegen der Residenz" aufgeführt. Die erste Hälfte dieses Betrages enthält die Abrechnung für die Zeit 1.1. - 2o.4.1724, die zweite Hälfte der Wochenzettel Nr. 13 (1o. - 15.7.), in dem es heißt: "dem Stuckhador den Rest wegen der von aussen her gemachten Stuckhadorarbeith behendigt mit 35o fl." Daß es sich bei diesen Stuckarbeiten nur um die Verputzung und noch nicht um die Dekoration handelte, geht einmal aus der erstzitierten Angabe hervor, zum andern aber aus den Beträgen, die für das Treppenhaus genannt werden. In der Abrechnung vom 31.12.1724 erscheint nämlich nach der Fassadenstuckierung als nächster Posten: "Dan an denen wegen der in der haupt stiegen zumachen habenten Stuckhador arbeith pactierten 45o fl. per abschlag 35o.-". Wenn sich, was zweifellos der Fall ist, beide Posten auf denselben Stuckator beziehen, kann entweder mit der Stuckierung der Fassade nicht die Dekoration gemeint sein oder die Dekoration des Treppenhauses müßte von anderer Hand sein als die der Fassade. Aufgrund der Wochenzettel von 1725 ist nämlich Joh. Bapt. Zimmermann für die Dekoration des Treppenhauses bezeugt; den angegebenen Beträgen ist jedoch zu entnehmen, daß er mit obigem Stuckator nicht identisch sein kann, daß dieser hier also nur die Vorarbeiten ausführte.

Aus dem Wochenzettel Nr. 13 (26. - 28.3.1725) erfahren wir: "Dem Stuckhador Nammens Zimmerman ist wegen der zumachen habenten haupt Stiegen und Speis Sall per abschlag ausgefolgt worden 1oo fl.". Zu diesem Zeitpunkt, also drei Monate nach der oben zitierten Rechnung, hatte Zimmermann demnach offensichtlich mit der Stuckierung noch gar nicht oder gerade erst begonnen. Unter Nr. 2o (14. - 19.5.) heißt es: "Dem Zimmerman Stuckhadorn per abschlag geben 211 fl." und schließlich unter Nr. 29 (16. - 21.7.): "dem Zimmerman Stuckhador wegen gemachter Stukhador arbeith in der hauptstiegen und dem kleinen Saall den annoch schuldtigen Rest abgefiehrt mit 1oo fl.". Zimmermann erhielt also - die Wochenzettel von 1725 sind vollständig erhalten - für die Stuckierung des Treppenhauses und des Kleinen Saals, der im 2. Obergeschoß über dem Balkonzimmer lag, 4oo fl. Wäre er mit dem nicht genannten Stuckator, dem für das Treppenhaus noch 1oo fl. ausstanden, identisch, so würde das bedeuten, daß der Kleine Saal allein 3oo fl. gekostet hätte, eine Summe, die in keinem Verhältnis zu den übrigen Beträgen steht.

Die naheliegende Annahme, daß andere Stuckatoren die Vorarbeiten übernahmen, wird außerdem durch ihre Erwähnung in den Rechnungen eindeutig bestätigt. So wird in der Kostenübersicht vom 31.12.1724 und im Wochenzettel Nr. 1o vom 5. - 1o.3.1725 Material "vor die Stuckhadorer" berechnet; Nr. 24 (1o. - 15.6.1725) gibt den Lohn "der zway Stuckhador ab ainer halben wochen 7 fl." an. In den folgenden Wochen Nr. 25 - 3o (17.6. - 29.7.) wird ihr wöchentlicher Verdienst, der zwischen 23 und 39 fl. lag, regelmäßig aufgeführt, in Nr. 29 neben der zitierten Bezahlung Zimmermanns.

Man muß also annehmen, daß die neue Ostfassade zwar 1724 verputzt wurde, wie die übrigen Fassaden jedoch ihren künstlerischen Schmuck erst dann erhielt, als die Innenausstattung im wesentlichen beendet war. Wann dies der Fall war, läßt sich, da die Rechnungen der Jahre nach 1727 nicht erhalten sind, nicht genau feststellen; mit Hilfe des vorhandenen Materials kann man es jedoch vermuten.

Offensichtlich als erstes wurden das Treppenhaus und der Kleine Saal fertiggestellt und zwar, wie wir sahen, im Juli 1725. Dabei dürfte zumindest dem Treppenhaus eine längere Planphase vorausgegangen sein, denn wir besitzen drei Entwürfe, die sich mit den Stützen der Läufe befassen und noch nicht der endgültigen Lösung entsprechen.

6	Der erste Entwurf (Kat. 5) ist in Graphit ausgeführt, der zweite (Kat. 6)
7	in Graphit (u. a. die Stütze) und brauner Feder, der dritte (Kat. 7) in

brauner Feder mit grauen Lavierungen; die beiden letztgenannten sind auf einem Blatt (Vorder- und Rückseite) vereinigt. Alle drei Entwürfe geben die Stützen des Erdgeschosses und den Ansatz derjenigen des 1. Obergeschosses an: die Graphitzeichnung in der Ansicht von Westen, die beiden anderen von Osten. Auf der Graphitzeichnung ist außerdem mit zwei jonischen Pilastern (bei unserer Abbildung ist der nördliche Pilaster abgeschnitten) der Aufriß der Ostwand angedeutet. Die Stützen des Erdgeschosses sind auf allen drei Entwürfen weitgehend gleich. Es handelt sich um eine Herme, deren Schaft an der Ost- und Westseite als gerahmtes Feld gegeben ist, das oben von einem Gehänge aus Musikinstrumenten, unten von einer Ranke geschmückt wird. Zwischen Schaft und Decke vermittelt eine Einziehung: Sie ist an der frontal sichtbaren Seite mit senkrechten Einkerbungen versehen, an der Nord- und Südseite dagegen mit bärtigen Köpfen besetzt. - Worum es in den Entwürfen in erster Linie ging, waren die Sockelzonen und, damit verbunden, die Treppenbrüstungen: Sie sind überall verschieden. (In der Graphitzeichnung ist die betreffende Stelle des Erdgeschosses zwar herausgerissen, aus den Hilfslinien geht jedoch eine von den anderen Zeichnungen abweichende Lösung hervor.)

Von der Ausführung abweichend sind die Entwürfe nicht nur, weil sie Hermen statt Säulen oder andere Sockelzonen zeigen; gravierend ist vor allem, daß auch die Steigung der Läufe nicht übereinstimmt - sie ist in den Entwürfen steiler - und daß die Stützen nicht am Anfang der Läufe stehen. Damit hätten auch die Podeste andere Maße erhalten: Sie wären größer geworden. Aufgrund dieser erheblichen Unterschiede zur Ausführung dürften die Entwürfe einem verhältnismäßig frühen Stadium angehören.

Wahrscheinlich im Anschluß an das Treppenhaus und den Kleinen Saal stuckierte Zimmermann eine Reihe von Hohlkehlen, die spätestens Anfang Dezember 1725 fertiggestellt waren. Eine Liste "Der Jenigen Zimmer, in welche von Stuckhador Nammens Zimmerman die Hollkhellen von derley arbeith sint gemacht worden" enthält folgende Räume:

1. Obergeschoß: "Das Tafel oder Eckhzimmer", "Das Mittere oder Balcon Zimmer", "Das halbrunde Zimmer",

2. Obergeschoß: "Das große Eckzimmer", "Das halbrunde Zimmer", "Das Schlafzimmer", das sich westlich an das halbrunde Zimmer anschloß, "das Cabinet".

Die Bezeichnung dieser Räume deckt sich mit denen in der schon erwähnten Aufstellung Fischbachers über die Maße der Supraporten "in denen neuerpauten Zimmern ... gegen der Residenz". Es handelte sich also um die beiden Appartements im Ostbau.

Die Gesamtkosten der Zimmermannschen Hohlkehlen sind mit 441 fl. 2o kr. angegeben. Davon wurden nach Wochenzettel Nr. 49 (2. - 8.12.1725) "Dem Zimmerman wegen der gemachten hollkhellen in denen Zimmern per abschlag geben 63 fl." und nach Nr. 52 (24. - 31.12.1725) "Dem Zimmerman Stuckhador an denen gemachten hollkhellen per abschlag geben 137 fl.". Demnach fehlten also noch 241 fl 2o kr. Eine weitere Nachricht bringt Wochenzettel Nr. 46 (12. - 17.11.1725): "dem Zimmerman an seinen veraccordierten 221 fl. wegen ausmallung der Capelln per abschlag beheindigt 1oo fl.". Im ganzen hatte Zimmermann somit Ende 1725 noch 362 fl. 2o kr. ausstehen. Davon wurden ihm in der ersten Hälfte des Jahres 1726 - eine Übersicht über die gesamten Jahreskosten oder Wochenzettel sind nicht erhalten - "per abschlag 15o fl." gezahlt. Dem noch verbleibenden Rest, den er möglicherweise in der zweiten Jahreshälfte bekam, steht in der Jahresabrechnung von 1727 ein Posten von 287 fl. 1o kr. "umb bezalte Stuckhadorarbeith" gegenüber, von dem bereits in der ersten Jahreshälfte ein Abschlag von 11o fl. gegeben wurde.

Da in der Abrechnung für 1727 keine Namen genannt und die Arbeiten nicht präzisiert werden, daß bei den Endsummen auch nicht vermerkt ist, ob es sich um Abschlagsgelder handelte, ist man hier auf Vermutungen angewiesen. Die genannten Stuckarbeiten im Innern kann der Betrag von 1727 nicht, jedenfalls nicht allein, betreffen. Andere sind jedoch nicht bekannt. Es ist daher wahrscheinlich, daß 1727 mit der Stuckierung der Fassaden begonnen wurde. Für die Zuweisung der Fassadendekorationen an Zimmermann sprechen nicht nur stilistische Gründe - sie werden ihm seit langem zugeschrieben -; wir besitzen auch keinerlei Anhaltspunkte dafür, daß Preysing oder Effner bewogen worden sein könnten, nach der Stuckierung der Innenräume für die Außenstuckaturen einen anderen Stuckator vom Rang Zimmermanns heranzuziehen.

Daß es sich bei Zimmermann, dessen Vorname nie genannt wird, um Johann Baptist handelte und nicht etwa um seinen Bruder, den Stuckator und Architekten Dominikus, kann, von stilistischen Gründen abgesehen, der Tatsache entnommen werden, daß er auch als Maler im Preysing-Palais tätig war. Johann Baptist ist als Maler ebenso bekannt wie als Stuckator, während sein Bruder als Maler kaum in Erscheinung trat. Im Gegensatz zu Johann Baptist sind mir außerdem von Dominikus weder Arbeiten unter Effner noch überhaupt in München bekannt.

Wie erwähnt wurde an Zimmermann Mitte November 1725 ein Abschlag für die Ausmalung der Hauskapelle bezahlt. Die Arbeit dürfte sich demnach in das Jahr 1726 hineingezogen haben. Auch für die Decke des Treppenhauses war Zimmermann ursprünglich vorgesehen. Wie Effner in seinem Brief an Preysing am 2o.5.1725 schreibt, hatte er von Zimmermann und Amigoni dafür Entwürfe machen lassen. Zimmermanns finanzielle Forderungen waren jedoch so hoch, daß Effner seinen Entwurf Preysing gar nicht erst zuschickte und nur noch mit Amigoni über den Preis verhandelte. Da Amigoni es offenbar als große Ehre ansah, für Preysing und erstmals in München zu arbeiten, war er zu Konzessionen bereit und bot sich an, die Ausmalung der Decken im Treppenhaus und außerdem im Großen Saal für 3oo fl. zu übernehmen.

Dieser Betrag wurde ihm in der letzten Woche des Jahres 1725 ausgezahlt. Während wir über die Decke des Großen Saals keine weiteren Zeugnisse besitzen, wissen wir, daß die Decke des Treppenhauses - ebenso wie in der Hauskapelle sind wir hier auch über das Programm genau unterrichtet - (99) im Oktober 1725 noch in Arbeit war. Fischbacher beklagt sich nämlich in seinem Brief vom 25.1o., daß Amigoni noch nicht zurückgekommen sei und das Gerüst im Treppenhaus daran hindere, die Türen anzuschlagen. Da er außerdem erwähnt, daß der Große Saal von den Maurern noch verputzt werde, fiel seine Ausstattung wohl in das Jahr 1726.

Auch der Maler Nikolaus Stuber war im Preysing-Palais tätig. Nach Wochenzettel Nr. 21 (23. - 26.5.1725) wurden "dem Stuber Mallern per abschlag geben 56 fl." und nach Nr. 32 (5. - 11.8.) "dem Maller Namens Stuber den Rest an seinen Contis entricht mit 25 fl. 3o kr.". Die Arbeiten, die er ausführte, werden nicht genannt; den Beträgen nach zu urteilen, können sie aber nicht allzu umfangreich gewesen sein.

Neben Stuber wird noch ein anderer "Maller" bezahlt, jedoch nur für Anstreicherarbeiten: "vor die in obristen Zimmern gemahlne fuestaffln 2o.-, item vor die angestrichene hollkhelln darselbst, dan ainem Camin und 3 Thüren 6.". (Wochenzettel Nr. 39, 22. - 28.9.1725). Der genannte Kamin im Mezzanin war bereits spätestens im Mai fertig, denn Effner schreibt in seinem Brief vom 2o.5.1725, daß er ihn besichtigt habe und die Proportion und Farbe - "couleur des collonne du portaille", also rötlich - sehr gut finde.

Wer die Schreinerarbeiten übernahm, läßt sich nicht mit Bestimmtheit sagen, da in den Rechnungen kein Name erwähnt ist. Wir besitzen aber zwei undatierte Kostenvoranschläge: vom Kistler Simon Paur und vom "dischler unnd zimmerbuzer" Hans Michl Schmidt, die beide Lambrien, Fensterverkleidungen, Türen und Fußböden anführen. In einer Aufstellung Preysings werden die Beträge für die Lambrien verglichen. Da Paurs Vorschlag der billigere war, wird er wahrscheinlich den Auftrag erhalten haben. Preysing gibt fünf Räume an: "Doppelzimmer, balcon Zimmer, halbrundes, Schlaff Zimmer, cabinet". Es handelte sich also um die neuen Räume im 1. Obergeschoß des Ostbaus. Einen Sonderbetrag von 15o fl. führt Paur außerdem noch auf: "Für die noch aus Zumachente quadrober samt dem noch Er forderlichen Nußbäum und olliffenholz". Diesem Raum, der im Mezzanin lag (es ist unklar an welcher Stelle), wird offenbar große Bedeutung beigemessen, denn auch Effner erwähnt ihn in seinem Brief: "Je vouderait quil y eu plus de menusier afaire la décoration dela gardrober qui ne sera pas sitôt fait avec ces hommes qui travaillent apresent". Fischbacher schreibt: "die Kistler arbeithen dermallen alle, bis an ainen, an der guardarobba". Es wurde also mindestens von Mai bis Oktober 1725 daran gearbeitet.

Außer Nikolaus Bernecker, der spätestens im Sommer 1727 die schmiedeeisernen Gitter lieferte (1oo), sind keine weiteren Namen von Mitarbeitern am Preysing-Palais bekannt. Von Interesse wäre beispielsweise der Bildhauer, der, wie aus einer Aufzeichnung Preysings hervorgeht, während 21 Wochen bis zum 17.1.1726 für 89 fl. folgende Arbeiten anfertigt: "6 grosse contrafait rammen ..., 5 spiegl rammen in das kleine appartement ..., 4 kleine rämmel zu denen frantzosischen Sünnsprüchen ..., das camin aufsatzl in meiner capucine ...".

Auch den Steinmetz, auf den die Portale zurückgehen, kennen wir nicht. Bereits 1723 und 1724 erhielt er Abschlagszahlungen von 4oo fl. bzw. 15o "wegen des zumachen habenten Portals". 1724 wurden zwei Pfeiler von Lenggries geliefert, die jedoch nicht verwendet werden konnten, da die Maße nicht stimmten. In der Woche 5. - 1o. 3. 1725 (Wochenzettel Nr. 1o) wurden "2 stainerne Saullen sambt ihrer Zuegehör zum Stainmez alhero" von Grasselfing herbeigeschafft. Sie waren für das Portal gegenüber der Residenz bestimmt, für das der Steinmetzmeister in der Woche 28.1o. - 3.11.1725 (Wochenzettel Nr. 44) den Restbetrag von 7oo fl. erhielt. Das Westportal war bald darauf fertig. In der Woche 1o. - 15. 6. 1725 (Wochenzettel Nr. 24) wurde auf dem Wasserweg neuer Stein aus Lenggries gebracht. Die Bezahlung des Portals erfolgte in der Woche 12. - 17. 11. 1725 (Wochenzettel Nr. 46). Fischbacher hatte also recht, wenn er in seinem Brief schrieb: "das hindere Portall würdt nit wohl eheunder, als den halben 9ber verferttigt werden, indessen habe die 3 runde fenster ober solchen völlig zusammen putzen lassen, damit bey aufseczung dessen nichts mehr an solchen darf gemacht werden". Diese Nachrichten über das Portal und die rundbogigen Fenster darüber sind die ersten und einzigen, die wir über die Veränderung der Westfassade besitzen.

Wenn das vorhandene Material auch über die letzten Jahre der Bautätigkeit keine Auskunft mehr gibt, so kann doch mit Sicherheit vorausgesetzt werden, daß die Jahre, über die wir am besten unterrichtet sind, die entscheidenden waren: Nachdem 1724 die Rohbauarbeiten weitgehend abgeschlossen wurden, fiel der größte Teil der Innenausstattung in das Jahr 1725. Daß mit diesem Jahr der Höhepunkt der Arbeiten überschritten war, zeigt eine Übersicht über die jährlichen Gesamtkosten. Sie betrugen

1723:	8437 fl. 46 kr.
1724:	17221 fl. 51 kr.
1725:	11246 fl. 5o kr.
1726:	4834 fl. 3 kr.
1727:	6573 fl. 45 kr.

Die letzten Arbeiten zogen sich allerdings noch bis 1729 hin; das Deckblatt der Rechnungen trägt nämlich von der Hand Preysings die Überschrift: Münchnerische Hauß Pau-Rechnungswochzöttl von 11ten May an 1723 biß 1729". Dem entspricht auch, daß Max IV. laut Tagebuch zwar am 11.12.1728 in sein Palais einzog, aber vor dem 31.1.173o keine Gäste empfing.

3. Spätere Veränderungen

Veränderungen des Palastes im 18. Jahrhundert dürften in erster Linie die Innenausstattung betroffen haben. Sie werden mindestens dreimal in wachsendem Umfang erforderlich gewesen sein: 1731 wegen der zweiten Heirat Max' IV., 1739 nach dem Tod Max' III., der, wie aus einer Raumbezeichnung hervorgeht (1o1), im 1. Stock wohnte, und 1764 nach der Übernahme des Gebäudes durch Max V.

1738 wurde im 1. Obergeschoß eine zweite kleine Hauskapelle eingerichtet: Am 17.11.1738 erhielt Max IV. vom Bischof von Regensburg und Freising die Konzession, "Die heyl.: Mess in der kleinen Haus Capellen in München: und ersten stockh der Graf Max-Preysing: behausung lesen zu derffen" (1o2). Dabei ist in der Meßlizenz ausdrücklich von der "Neu errichten hauß Capelln zu München" die Rede, die in der Adressierung einer Konzessionsabschrift vom 15.12.1738 als die "hiesig herunter" Hauskapelle von der "Obern Hauß Capelln", wie diese in einer Notiz von 1745 genannt wird, klar unterschieden ist. Ein Umschlagblatt trägt außerdem von der Hand Max' IV. den Vermerk "die 2 Hauß Capelln betr:". Über die Ausstattung der neuen Kapelle sind wir nicht unterrichtet.

Eine Veränderung am Außenbau gibt ein undatierter Kostenvoranschlag des Steinmetzmeisters Joachim Gabriel Aichmiller an: Er war beauftragt, um das ganze Palais einen Sockel aus grauem Lenggrieser Marmor, für den ein Falz im Straßenpflaster erforderlich war, zu legen, und zwar "Auf anordtnung titl: Herrn Stato ober Paumeister Gunezrhainer". Damit ist der Zeitraum der Planung und wohl auch Ausführung des Sockels abgesteckt, nämlich durch die Jahre 1749, als Ignaz Gunezrhainer Stadtoberbaumeister wurde (1o3) und 1764, seinem Todesjahr.

Durchgreifende architektonische Umgestaltungen fanden wahrscheinlich nicht statt, solange das Palais von den Preysings bewohnt wurde, d.h. bis 1835. In diesem Jahr vermietete es Johann Maximilian VI., ein Sohn Max' V., zunächst auf zwei Jahre an die neugegründete Bayer.Hypotheken- und Wechselbank (1o4), die es am 3.7.1844 zusammen mit einem Haus am Rochusbergl für 1oo ooo fl. erwarb. Nachdem die Kapelle - es ist nur noch von einer die Rede, also wohl von der ersten - bereits am 6.5.1844 exekriert worden war (1o5), wurden die Innenräume nun den Bedürfnissen der Bank angepaßt. Um Raum hinzu zu gewinnen, schloß der Architekt Albert Schmidt 1879 die Durchfahrt an der Theatinerstraße und überdeckte 188o den Hof, der dann als Schalterhalle diente, mit einem Glasdach (1o6). 1881 wurden in die südlichen Ecken des Haupttreppenhauses zwei Kellertreppen eingebaut, 1899 erhielt das Haus eine Niederdruck-Warmwasserheizung und eine Lüftungsanlage. Auch am Außenbau fanden Veränderungen statt: Die ursprünglich kleinen Fenster im Erdgeschoß der Fassade Viscardigasse wurden vergrößert (1o7); das Preysing-Wappen in den Giebeln der beiden Hauptfassaden ersetzte man durch das Rautenwappen der Hypothekenbank (1o8). Außerdem erhielt das Gebäude 1853 einen neuen Anstrich, dessen graue Farbe sich der Feldherrnhalle anpassen sollte.

191o war der Verkauf des Gebäudes und seine Umwandlung in ein Kaufhaus geplant. Der Umbau, der auch Schaufensteranlagen nach Plänen Georg von Hauberrissers vorsah (1o9), wurde jedoch schon deshalb nicht genehmigt, weil in dieser Gegend Läden nicht erwünscht seien. Daraufhin verkaufte die Bank das Palais 1911 für 1 1oo ooo Mark an den Bayerischen Staat, der es der zum Schutz des Gebäudes gegründeten G.m.b.H. "Clubhaus Preysing-Palais" überließ. Den Umbau übernahm nun Gabriel von Seidl (11o). Für die Einrichtung des Clubhauses, in dem außer Clubräumen und Wohnungen auch ein Restaurant untergebracht war, wurden in allen Geschossen Änderungen der Raumeinteilung vorgenommen; die Zimmermannschen Räume im 1. und 2. Obergeschoß blieben allerdings weitgehend erhalten. Außerdem errichtete Seidl zwei neue Treppenhäuser: Eine Abzweigung in der Nord-Westecke des Hofes schaffte Raum für ein Nebentreppenhaus und einen Büroraum in jedem Geschoß; ein neues Haupttreppenhaus, das nun bis zum 3. Obergeschoß reichte, entstand westlich unmittelbar neben dem alten und war durch zwei neue Eingänge in der 6. und 7. Achse der Fassade Viscardigasse von außen direkt zu erreichen. Ein weiterer Eingang auf dieser Seite kam in die 12. Achse.

Am 6.4.1921 ging das Palais für 1 75o 343,3o Mark in den Besitz des "Herren-Club" und des "Bayer. Automobil-Club" über (111); der bayerische Staat behielt das Vorkaufsrecht. Im gleichen Jahr sollten einige Räume vom Städt. Wohnungsamt beschlagnahmt werden, was das Kultusministerium jedoch mit Hilfe denkmalpflegerischer Argumente verhindern konnte. Nach unwesentlichen Änderungen im Jahr 1922 fand 1936 unter dem Architekten Heinrich Bergtholdt wieder ein größerer Umbau statt (112). Die Halle in der alten Durchfahrt kam nun zum Restaurant hinzu. Das alte Haupttreppenhaus wurde gegen die Halle fest abgeschlossen, ein Durchbruch verband es mit der Seidlschen Treppe. Auch der Eingang Residenzstraße wurde geschlossen, jedoch so, daß das alte Mittelportal der Außenansicht erhalten blieb. Das rechte Seitenportal war - nach den Initialen der Gitter zu schließen - schon von der Hypothekenbank in ein Gitterfenster verwandelt worden, das linke glich man ihm nun an. Der Eingang Theatinerstraße wurde wieder geöffnet und eine nachgeschnitzte Tür eingesetzt (113).

Spätestens nach dem Umbau von 1936 war mit Ausnahme des Zimmermannschen Treppenhauses, dessen Deckenbild jedoch offenbar schon lange verschwunden war, die alte Innenausstattung weitgehend verloren. Nach den Fotos, die 1944 kurz vor der Zerstörung des Gebäudes aufgenommen wurden, besaßen nur noch die drei Räume im 1. Obergeschoß/Residenzseite Reste der alten Dekoration; die mobile Einrichtung war zweifellos längst zerstreut. Nach der Zerstörung war der Zustand des Gebäudes so, daß an seinen Wiederaufbau zwar gedacht werden konnte, die Wiederherstellung des äußeren Erscheinungsbildes jedoch zunächst nur mit erheblichen Einschränkungen geplant war. Die Fassade Theatinerstraße mußte bald nach der Bombardierung gesprengt werden, da sie einzustürzen drohte (114). Auch Teile der Fassade Viscardigasse, sowie das 2. Obergeschoß und der Mezzanin der Fassade Residenzstraße wurden 1946 aus Sicherheitsgründen abgetragen, wobei die Stuckaturen über den drei Mittelfenstern im 1. Obergeschoß/Ostfassade jedoch erhalten blieben. Die Südfassade mußte 35 cm nach innen gezogen werden. Behelfsmauern und Notdächer sicherten den Baubestand; die Gitter der Fenster und des Treppenhauses, dessen wichtigste Stuckdetails abgeformt wurden, baute man aus. Da die Zukunft des Gebäudes noch unklar war, durften 1949 an der Westseite behelfsmäßige Läden entstehen. 1953 entwarf der Architekt Theo Lechner Pläne für den Wiederaufbau, die die Teilung in einen Alt- und einen Neubau vorsahen. Die Westfassade hätte demnach eine moderne Form erhalten. Die Pläne wurden zwar genehmigt, aber nicht ausgeführt.

Am 21.12.1957 verkaufte der Bayerische Staat, der am 16.2.1949 wieder Eigentümer geworden war, die Ruine für 6oo ooo DM an den Bauunternehmer Hermann Hartlaub. Zur Auflage wurde lediglich gemacht, die Ostfassade und die anschließenden drei Achsen der Südfassade in der alten Form wiederherzustellen. Der Bauherr erklärte sich jedoch bereit, mit einigen Kompromissen alle drei Fassaden und auch das Treppenhaus in den ursprünglichen Zustand zurückzuversetzen. Er übergab den Wiederaufbau dem Architekten Erwin Schleich (115). Um den Anforderungen an ein Büro- und Geschäftshaus gerecht zu werden und möglichst viel vermietbare Fläche zu schaffen, erhielt das Innere eine völlig neue Einteilung, die jedoch außen nur im Erdgeschoß und in der Dachzone sichtbar ist: im Erdgeschoß durch die Schaufensteranlagen und die Garageneinfahrt an der Viscardigasse; in der Dachzone durch die durchlaufende Dachgaupe an der Südseite. Außerdem wurden die schmalen Fenster in der nördlichen Ecklisene der Ostfassade geschlossen; die Westfassade verlor ihre leichte Krümmung. Daneben bot sich aber auch die Gelegenheit, den Vorkriegszustand in Richtung des Urzustandes zu korrigieren. So erhielten die Giebelfenster wieder das Preysing-Wappen und beide Portale wieder geschnitzte Türen: Während die zerstörte alte Mitteltür und die Seitentüren an der Residenzstraße nachgeschnitzt wurden, konnte an der Westseite sogar die originale Tür eingesetzt werden.

> Wie ein altes Foto zeigt (116), war sie nach der Schließung des Westeingangs in das Haus Luisenstraße 14 gekommen. 1918 gelangte sie vom Versteigerungshaus Hirth für 1o 5oo Mark in den Besitz der Firma Bernheimer, die sie 1959 dem Bayerischen Nationalmuseum stiftete (117). Dieses tauschte sie gegen eine Porträtminiatur mit dem Eigentümer des Preysing-Palais ein.

Schließlich wurde auch die Farbgebung, die, wie bei allen Rekonstruktionen oder Restaurierungen alter Gebäude ein besonderes Problem darstellte, wieder differenziert und dürfte nun annähernd dem ursprünglichen Zustand entsprechen.

Im Jahr 196o war der Wiederaufbau abgeschlossen.

C) BESCHREIBUNG UND ANALYSE

I. Die Quellen

Der Beschreibung und Rekonstruktion des Palais Preysing muß verschiedenes Material zugrundegelegt werden.

Da die Fassaden und das Treppenhaus heute weitgehend die alte Form wiedergeben, können sie für die Beschreibung dieser Bauteile zunächst herangezogen werden. Sie vermitteln uns die Vorstellung des ursprünglichen Baubestandes in seiner räumlichen Erscheinung, müssen als Kopien jedoch mit entsprechender Vorsicht angegangen werden. Besonders für die Betrachtung der künstlerischen Ausstattung, in der sich die Handschrift des ausführenden Künstlers niederschlägt, ist es daher unumgänglich, auf Fotografien, die vor der Zerstörung aufgenommen wurden, zurückzugreifen.

Es handelt sich hier in erster Linie um die Abbildungen des 1892 erschienenen Tafelwerks von Aufleger/Trautmann (118) und um bisher unpublizierte Aufnahmen des Mindelheimer Fotografen Eugen Bauer von 1944. Von einigen Stuckcornichen abgesehen, die Bauer fotografierte, beschränken sich beide Gruppen von Fotos auf den Außenbau und das Treppenhaus, also auf die Bauteile, die nach der Zerstörung rekonstruiert wurden. Der künstlerischen Beurteilung des Gesamtgebäudes sind somit Grenzen gesetzt.

Als Grundlage für die Rekonstruktion des Gebäudeinnern dienen die frühesten erhaltenen Grundrisse, die aus dem Jahr 1852 stammen (119) und hier in einer Nachzeichnung ohne die beabsichtigten Veränderungen wiedergegeben werden. Wenn auch vor diesem Zeitpunkt größere bauliche Veränderungen nicht anzunehmen sind, so können die Pläne aufgrund des großen zeitlichen Abstandes von der Entstehung des Palais doch nur mit Vorbehalt als Dokumentation des ursprünglichen Zustandes angesehen werden.

Da wir keine Aufrisse des Gebäudes aus der Zeit vor seiner Umwandlung in ein Bankhaus besitzen, ist die Frage nach der Bestimmung der einzelnen Räume teilweise schwer zu beantworten. Wir sind hier auf schriftliche Äußerungen angewiesen, die in den Archivalien verstreut auftauchen und wertvolle Hinweise, z.T. auch auf die Innenausstattung, liefern, aber kein lückenloses Bild zu geben vermögen.

II. Die Situation

Die Grundform des Preysing-Palais war, wie die Baugeschichte gezeigt hat, durch die teilweise Einbeziehung des alten Mauerbestandes bereits weitgehend festgelegt, bevor Effner mit der Neugestaltung begann. Jedoch auch bei einem völligen Neubau wäre der Spielraum des Architekten stark eingeschränkt gewesen, und zwar aufgrund der besonderen Situation des Grundstückes. Die Begrenzung des Bauplatzes durch die anstoßenden Häuser im Norden und die Straßen an den drei übrigen Seiten setzten den Ausmaßen des Gebäudes "natürliche" Schranken und verringerte die Variationsmöglichkeiten für die Grundlinie. Um die Einheitlichkeit der Straßenzüge nicht zu unterbrechen, hatte sich das Palais ihrem Verlauf anzupassen, größere Vor- oder Rücksprünge mußten vermieden werden. Der trapezförmige Grundriß, der durch die leichte Schrägstellung der Schmalseiten entsteht, ist daher nicht nur durch den alten Baubestand, sondern schon allein durch die Situation zu erklären. Auch in der Höhe mußte das Gebäude auf seine Umgebung Rücksicht nehmen. Die Richtlinie setzte hier die gegenüberliegende Residenz, der sich die Höhe des Palais angleicht.

Die Beeinflussung des Bauwerks durch die Situation beschränkte sich jedoch nicht allein auf äußere Eigenschaften, auf seine Ausdehnungen. Durch die optischen Gegebenheiten, die sie schuf, wirkte sich die Situation auch auf die architektonische Gestaltung aus. Da das Gebäude an drei Seiten freisteht, kann es als Baukörper von außen her in allen Dimensionen erschlossen werden. Man kann es zwar nicht umschreiten, aber in seiner Breiten- und Tiefenerstreckung abschreiten. Entscheidend ist jedoch, daß dieses Abschreiten in einer Distanz erfolgen muß, die einen Überblick, d. h. das Erfassen des gesamten Baukörpers von einem Punkt aus, nicht zuläßt. Das Gesamtgebäude erschließt sich daher erst in der Aneinanderreihung verschiedener Phasen, durch verschiedene Standpunkte.

Die drei Straßen, die die Bewegungsabläufe in Bahnen lenken, haben alle eine gemeinsame Eigenschaft: Sie laufen nicht auf das Palais zu, sondern daran vorbei. Das bedeutet, daß sich zwangsläufig und in jedem Fall zunächst eine Schrägansicht ergibt. Die Schrägansichten vermitteln jedoch jeweils ein verschiedenes Bild. Durch die anstoßenden Häuser im Norden, jetzt die Feldherrnhalle, sind bei einer Annäherung an das Gebäude von Norden her jeweils nur die Schmalseiten sichtbar. Sie erscheinen zweidimensional als Flächen, an denen der Blick entlanggeführt wird, in den Fassadenverband der Straßen eingespannt. Nähert man sich dagegen von Süden, sieht man zusammen mit der Ost- bzw. Westfassade anstoßende Teile der Südfassade, also eine dreidimensionale Ecke, die als Teil eines geschlossenen kubischen Baukörpers in Erscheinung tritt. Aus der Schrägsicht heraus kommt somit den Gebäudeecken eine Bedeutung zu, die es nahelegt, sie als Blickfang zu gestalten. Daß dies jedoch nur an einer Seite geschehen ist – die abgerundete Süd-Ostecke ist nachdrücklich auf die Schrägsicht ausgerichtet, während die Fassaden im Süd-Westen winklig aneinanderstoßen –, ist bereits ein Hinweis auf ein wesentliches Merkmal des Gebäudes: auf den unterschiedlichen Rang seiner Fassaden.

Die Rangfolge der Fassaden ist nur zum Teil durch die Eigenschaften der drei Straßen zu erklären. Was die Straßen bedingten, ist die Unterordnung der Südfassade unter die Fassaden der Schmalseiten. Da die Viscardigasse nur eine enge Verbindungsgasse zwischen Residenz- und Theatinerstraße ist, wird das Blickfeld so stark eingeschränkt, daß die Fassade als Schauseite nicht zur Wirkung kommen kann. Wie die Gasse, an der sie liegt, ist sie in erster Linie Bindeglied, an dem der Blick entlanggeführt wird. Der Verzicht auf Konzentrationen in der architektonischen Gestaltung, Risalitbildungen etwa, ist demnach sinnvoll und der Situation angemessen.

Im Gegensatz zur Viscardigasse lassen die beiden Hauptstraßen durch ihre größere Breite einen den Fassaden gegenüberliegenden Standpunkt zu, von dem aus sie als Ganzes voll zur Geltung kommen. Die beiden Fassaden der Schmalseiten können daher in doppelter Weise wirksam werden: in der Schrägsicht u n d in der Frontalansicht. Im Hinblick auf die optischen Gegebenheiten sind sie somit gleichgestellt. Die Ausbildung der Ostseite als Hauptfassade ist in der gegenüberliegenden Residenz begründet, die schon in ihrer Bedeutung als Sitz des Landesherrn eine Orientierung des Gebäudes nach dieser Richtung nahelegte und zudem aufgrund ihrer architektonischen Monumentalität stärker als das Theatinerkloster ein repräsentatives Gegengewicht verlangte.

Die Situation des Palais Preysing wirkte also in dreifacher Weise auf seine Gestaltung ein: durch die Begrenzung des Grundstückes, durch die Eigenschaften der umlaufenden Straßen und durch den Rang der benachbarten Bauten.

III. Der Außenbau

Das Preysing-Palais baut sich in drei vollen Geschossen und einem Mezzaningeschoß auf. Von den drei Fassaden, die das Gebäude besitzt, sind die der Schmalseiten, also die Ost- und Westfassade, in neun Fensterachsen unterteilt, wobei eine ursprünglich vorhandene zusätzliche halbe Achse innerhalb der nördlichen Lisene der Ostfassade heute beseitigt ist. Die Südfassade ist dreizehnachsig, eine weitere volle Achse liegt in der abgerundeten Ecke zwischen Süd- und Ostfassade. Die mittleren drei Fensterachsen der Schmalseiten bilden einen flachen Risalit, in dessen Mittelachse jeweils das Portal liegt. Dem Mitteltor der Ostseite, das von zwei schmaleren Portalen flankiert wird, sind Vollsäulen vorgestellt, die einen Balkon tragen. Der Risalit ist hier von einem Dreiecksgiebel, der der Westfassade von einem segmentbogigen gekrönt. Das Dach, das sich als Sattel um den Lichthof zieht, ist nur aus größerer Entfernung sichtbar, also nicht in der Frontalansicht der Fassaden.

1. Material und Mauerstruktur

Entsprechend der traditionell vorherrschenden Münchner Bauweise ist das Preysing-Palais ein verputzter Ziegelbau; die dekorativen Details sind in Stuck geformt, für die Umrahmungen des Ostportals einschließlich der Portalsäulen und des Balkons und außerdem für den Vasenaufbau an der Süd-Ostecke wurde Marmor verwendet.

Die Eigenart eines Putzbaus liegt zunächst darin, daß die Wand keine materialbedingte Musterung besitzt. Sie ist primär eine glatte Fläche, die verschiedene "Strukturen" zuläßt. Für die Wandgliederung bedeutet das eine erhebliche Erweiterung des Spielraums und größere Möglichkeiten zur Hervorhebung und Differenzierung; die Gliederung kann sich verselbständigen. Wichtig ist dabei die Unterstützung durch das Licht. Da die glatte Wandfläche das Licht nicht aufsaugt, sondern reflektiert, erscheint sie heller; der Kontrast zwischen Licht und Schatten wird stärker und damit auch der Kontrast zwischen der

Fläche und ihrer Gliederung, deren Schatten sich klar abzeichnen kann. Ein zusätzliches Mittel zur Differenzierung der Wand ist die Farbgebung, die die Gliederungselemente von ihrem Hintergrund abheben oder in ihn einbinden kann.

Die Eigenschaften des Putzbaus sind für das Preysing-Palais von maßgeblicher Bedeutung. Die Erscheinung der Fassaden wird nicht durch tektonisch durchgebildete Mauermassen bestimmt, sondern durch die Gestaltung ihrer Oberfläche. Entscheidend für den Gesamteindruck der Wand ist dabei das Verhältnsi vom Grund, also der verputzten Massenoberfläche, zu den Gestaltungsmitteln. Der Grund ist zunächst eine glatte, ungegliederte Schicht, die wie eine dünne Haut um den Kern gespannt zu sein scheint. Gestaltungsmittel sind die Öffnungen einerseits, von denen der Grund durchschnitten wird, die Stuckdekoration andererseits, deren Träger er ist. Beides, Öffnungen und Dekoration, bewirken, daß der Grund in seiner Erscheinung gegenüber den Gliederungsmitteln zurücktritt: die Öffnungen insofern, als sie ihn unterbrechen, die Dekoration, weil sie ihn weitgehend überdeckt und in eine hintere Schicht zurückdrängt. Das System der Öffnungen, mehr noch aber die Stuckdekoration, die sich nicht aus der Fläche heraus, sondern vor ihr entwickelt und es somit erst ermöglicht, vom "Grund" zu sprechen, kennzeichnen daher die Struktur der Fassaden.

Die Absetzung der Dekoration vom Grund wird durch die Farbgebung verdeutlicht. Der heutige Zustand läßt es zwar nicht zu, die Nuancen im einzelnen zu beurteilen, liefert jedoch Anhaltspunkte für die Vorstellung des ursprünglichen Zustandes. Die Farbigkeit ist in Anspielung auf die Preysingschen Wappenfarben auf den Kontrast grau - rosa hin angelegt. Der Grund ist in einem hellen Grau gehalten, von dem sich das dunklere Grau der Rahmenteile abhebt. Die kühle Zurückhaltung dieser Farben läßt den warmen Ton der rötlichen Stuckdekoration umso stärker hervortreten und trägt zur optischen Loslösung der Dekoration vom Grund bei. Die helle Farbigkeit, die auch die weißen Fensterstöcke unterstreichen, und die Auflockerung durch die Kontraste steigern die heitere Lebendigkeit, die für die Fassaden charakteristisch ist.

2. Die Ostfassade

8, fig.2

Die Ostfassade wird durch den dreiachsigen Mittelrisalit vertikal in drei Kompartimente gleicher Achsenzahl gegliedert. Der Risalit, der nur wenig vorspringt, tritt jedoch nicht baukörperhaft in Erscheinung, sondern bleibt in die Gesamtfassade eingebunden. Mit Hilfe seiner Gliederung wird er abgesetzt und akzentuiert, gleichzeitig jedoch mit dem System der Rücklagen verspannt. Die Differenzierung der Gliederungsmittel und ihre gegenseitige Verspannung sind für die gesamte Fassade charakteristisch. Beide Merkmale finden sich sowohl bei den vertikalen als auch bei den horizontalen Gliederungselementen; die vielfältigsten Beziehungen ergeben sich jedoch, wie sich zeigen wird, aufgrund der Gruppierungen.

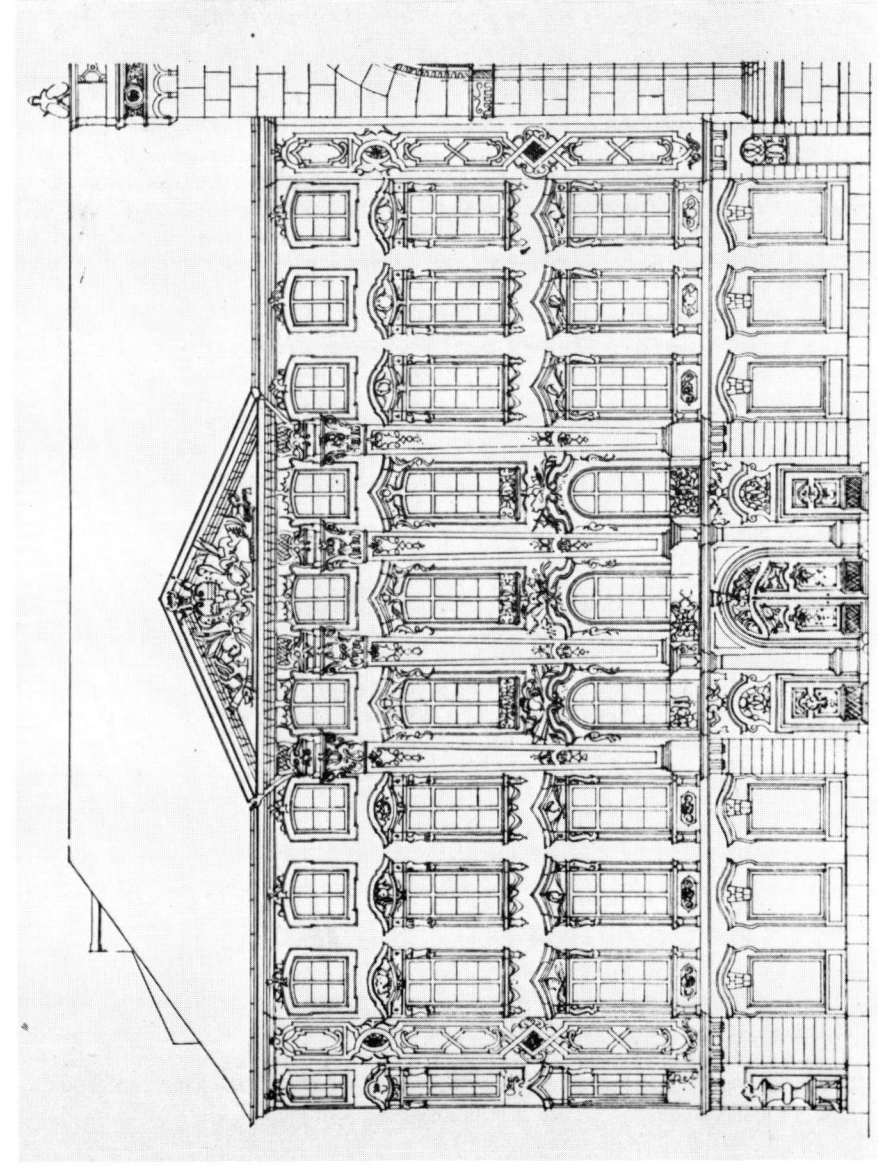

Fig. 2

1o, 11   Die Akzentuierung des Mittelrisalits erfolgt zunächst mit Hilfe von v e r t i -
k a l e n Gliederungsmitteln. Den Rücklagen entsprechend sind auch hier die
oberen Geschosse vom Erdgeschoß abgesetzt; ihre Zusammenfassung ist aber
am Mittelrisalit durch durchgehende Hermenpilaster, zwischen die die Fenster
eingestellt sind, besonders artikuliert. Den äußeren Pilastern entsprechen im
Erdgeschoß waagerecht genutete Lisenen, die ein Triglyphenfriesstück tragen,
den mittleren dagegen glatte Rücklagen, denen - als Unterstützung des konvex
13   ausschwingenden Portalbalkons - dorische Freisäulen vorgestellt sind. Säulen
und Balkon verleihen, indem sie vollplastisch aus dem Fassadenverband her-
austreten, der Mittelachse einen starken Akzent an dieser Stelle. Ein zweiter
wichtiger Akzent, der den Mittelrisalit über die Rücklagen buchstäblich hinaus-
hebt und seine Vertikalentwicklung unterstreicht, ist der bekrönende Dreiecksgiebel, ein ebenfalls gegenüber der Fassade verselbständigtes Element.

Dieser Giebel, der dem Risalit aufgesetzt erscheint, also nicht im Sinne eines
Portikus getragen wird, macht die Eigenschaften der Hermenpilaster besonders
deutlich. Ist es ohnhin irreführend, Pilaster einseitig als struktives Element
(Wandpfeiler) zu interpretieren, so sind sie als formales Gestaltungsmittel
hier durch spezifische Merkmale gekennzeichnet, die sie von konventionellen
Pilasterformen erheblich unterscheiden. Bemerkenswert ist schon die "un-
statische" Verjüngung des Schafts in Richtung der Basis, vor allem aber seine
Ausschmückung: sie ist als gerahmtes Ornamentfeld angelegt. Auch die reichen korinthischen Kapitelle werden nicht als notwendiger Bestandteil eines
tektonischen Gebildes wahrgenommen, sondern als dekorativer Schwerpunkt
innerhalb der Wandgliederung. Die von den Mezzaninfenstern durchschnittene
Gebälkzone schließlich zeigt ein jonisch getrepptes Architravstück, das jedoch statt eines Frieses einen ornamentierten Wulst trägt. Da zudem der
Architrav von unten kaum sichtbar ist, tritt der Wulst nicht als Teil des Gebälks, auf dem der Giebel aufruhen kann, in Erscheinung, also als obligatori-
sches Glied einer Ordnung, vielmehr in erster Linie als dekorativer Abschluß
der Vertikalgliederung.

Die Pilaster sind durch das Vorhandensein von Basis, Schaft und Kapitell eindeutig gekennzeichnet. Ihrem Charakter nach haben sie sich jedoch den Eigenschaften einer Lisene angenähert. Sind sie hier von den Lisenen an den Gebäudeecken aber schon dadurch unterschieden, daß sie kräftiger aus der Fläche vortreten, so ist vor allem ausschlaggebend, daß der Pilaster im Gegensatz zur Lisene, die als Ausschnitt eines Streifens zu verstehen ist, eine
klare Einteilung besitzt, die seinen Anfang und sein Ende fest umreißt. Beides,
die Verwandtschaft der Pilaster, wie sie hier erscheinen, mit den Lisenen und
zugleich ihre Andersartigkeit, sind bezeichnend für ihre Anwendung an dieser
Stelle. Nicht nur durch ihre vierfache Reihung, auch durch ihre größere Dif-
ferenziertheit gegenüber den Lisenenstreifen zeichnen sie den Mittelrisalit
aus. Ihre Verwandtschaft mit den Lisenen setzt andererseits diese und damit
die Rücklagen zum Mittelrisalit in Beziehung.

Die Lisenen, die wie die Hermenpilaster die oberen Geschosse zusammenfassen und im Erdgeschoß wie die beiden äußeren als genutetes Band mit Tri-

glyphenfries heruntergeführt sind, greifen die Vertikalentwicklung des Mittelrisalits auf (12o). Sie bilden den seitlichen Abschluß der Fassade; die südliche dient jedoch zusammen mit der Abschlußlinie der Südfassade gleichzeitig als Rahmung für die Fensterachse in der gerundeten Ecke. Diese Funktion wird durch den Fries unterstrichen, der um die Ecke herumgeführt ist und das Lisenenpaar zusammenbindet. Daß die Rundung ausdrücklich als Blickfang, auf einen Standpunkt hin angelegt ist, zeigt sich besonders im Erdgeschoß: Statt eines Fensters ist hier eine glatte gerahmte Hochrechteckfläche gegeben, vor der auf einem Sockel mit vorgesetztem Delphin ein Vasenaufbau steht. Der Blickwinkel, den die Rundung nahelegt, ist zugleich aufschlußreich für die Fassade, die sich nun in der Schrägsicht zeigt.

Obwohl die Lisenen und die schlanken Fenster der Rundung nochmals die Vertikale betonen, werden im Hinblick auf die gesamte Fassade aus der Schrägsicht heraus vor allem die h o r i z o n t a l e n Richtungslinien wirksam. Die Verspannung von Mittelrisalit und Rücklagen wird nun besonders deutlich.

Der wichtigste Kompositionszug, der die Fassade zusammenbindet, ist die Friesbildung der Fensterverdachungen. Losgelöst vom Fensterrahmen und - durch kräftige Schattenbildung unterstützt - plastisch stark hervortretend sind die Verdachungen so eng aneinandergereiht, daß sie als wellenförmiges Band über die gesamte Front laufen. In ihrer bewegten Geschweiftheit sind sie das stärkste Ausdrucksmittel und originellste Gestaltungselement der Fassade und verleihen ihr ihre charakteristische Lebendigkeit.

Ermöglicht wird der enge Zusammenschluß der Verdachungen durch die Stellung der Fenster, und zwar besonders im Hinblick auf das Verhältnis von Mittelrisalit und Rücklagen. Durch seine Vertikalgliederung ist der Risalit zwar von den Rücklagen abgesetzt; die Rücklagen sind jedoch nicht gegen ihn abgeschlossen, sondern sie schließen sich an ihn an. Wie die Fensterachsen außen unmittelbar an die Lisenen stoßen, stoßen sie innen unmittelbar an den Mittelrisalit. Da die Fenster des Risalits so eng zwischen die Pilaster eingestellt sind, daß ihr Abstand kaum größer ist als der zwischen den Fenstern der Rücklagen, erscheinen sie mit diesen als Reihen zusammengeschlossen.

Die Betonung der Horizontale durch die Verdachungen und die gereihten Öffnungen wird durch weitere formale Qualitäten der Fenster unterstrichen: die waagerechten Stürze und die scharfkantigen, seitlich über die Fensterrahmung hinausgeführten Sohlbänke an den Rücklagen, an deren Höhe sich die Füllungen der Fenstertüren am Mittelrisalit anpassen, und schließlich auch die kräftigen Querbalken der Fensterkreuze (121).

Charakteristisch ist, daß sich die Horizontalentwicklung der Fenster erst aus dem Zusammenhang ergibt, während sie, isoliert gesehen, schlank aufgerichtet die Vertikale unterstreichen.

> Im Zusammenhang gesehen finden sich nun auch bei den beschriebenen vertikalen Gliederungsmitteln Hinweise auf die Horizontalrichtung: die Nutungen der Lisenenbänder im Erdgeschoß, die Anordnung der Dekoration an Pilastern und Lisenen, die gereihten Pilasterkapitelle.

Abgesehen vom Postament des Erdgeschosses, das allerdings von der Portalzone unterbrochen wird, und dem profilierten Kranzgesims erscheint an der ganzen Fassade nur eine tatsächlich durchgehende Horizontallinie: das schmale Simsband, das das Erdgeschoß von den oberen Geschossen trennt. Maßgeblich bleibt somit die gereihte Anordnung der einzelnen Gliederungselemente und zwar in erster Linie die der Fenster.

Wird die durchgehende Horizontalbewegung besonders in der Schrägsicht wirksam, so kommen in der Frontalansicht kompliziertere Zusammenhänge hinzu. Die Fenster und ihre Verdachungen erscheinen nun nicht nur aneinandergereiht, sondern gruppiert und als G r u p p i e r u n g e n, die entsprechend der Fassadeneinteilung immer aus drei Fenstern bestehen, aufeinander bezogen.

Die Gruppen gliedern sich zunächst in die des Erdgeschosses, die der beiden Hauptgeschosse und die des Mezzanin. Während die Erdgeschoß- und Mezzaninfenster durch Proportionen, Rahmungen und erstere auch durch ihre Verdachungen deutlich von den anderen Geschossen abgesetzt sind, stellen in den Hauptgeschossen die Verdachungen allein das auffallendste Merkmal zur Kennzeichnung der einzelnen Gruppen dar. Sie dienen zur Unterscheidung und erlauben es andererseits, selbst Fenster, deren Öffnungsformen verschieden sind, zusammen zu sehen. So können bei den elf Fenstergruppen der Fassade, zu denen als zwölfte Gruppe das dreiteilige Portal hinzukommt, fünf Fenstertypen herausgestellt werden:

1. die Erdgeschoßfenster (2 Gruppen),
2. die Rundbogenfenster im 1. Obergeschoß/Mittelrisalit (1 Gruppe),
3. die Schneppengiebelfenster im 1. Obergeschoß/Rücklagen und 2. Obergeschoß/Mittelrisalit (3 Gruppen),
4. die Fenster im 2. Obergeschoß/Rücklagen (2 Gruppen),
5. die Mezzaninfenster (3 Gruppen).

Die beiden Fenstertypen, die in drei Gruppen auftreten (Nr. 3 und 5), also an den Rücklagen u n d am Mittelrisalit, sind entsprechend variiert. Die Fenster innerhalb einer Gruppe jedoch sind, abgesehen von ihrem plastischen Schmuck, immer gleich.

Die Fenster des Erdgeschosses unterscheiden sich von den Obergeschossen durch ihre strenge Einfachheit. Ohne jeden plastischen Schmuck sind sie durch ein klares grafisches Lineament gekennzeichnet, das die Formen umschreibt oder als Musterung überzieht (Kragsteine; auch die Nutungen der Lisenen). Auch die Verdachungen sind hier als ungebrochen geschweifte Bügel gegeben. Charakteristisch ist, daß sie sich zu einem durchlaufenden Band zusammenschließen und gegenüber den Fenstern so weitgehend verselbständigen, daß ihre Wellenbewegung am Mittelrisalit von der Ausschwingung des Balkons, also einem architektonisch anderen Motiv, aufgenommen werden kann - ein bezeichnendes Beispiel für die Verspannung und zugleich Absetzung der Kompartimente.

Die scharfe Linienführung und nicht zuletzt auch die gedrungeneren Proportionen der Fenster verleihen dem Geschoß Festigkeit. Da aber das Lineament ebenso wie die Abstufungen des Putzes (Parapet, Fensterumrahmung) als Gestaltungsmittel der Maueroberfläche wahrgenommen werden, entsteht kein Eindruck von Schwere. Das zudem verhältnismäßig niedrige Erdgeschoß tritt daher nicht als tektonischer Unterbau, der die Bezeichnung "Sockelgeschoß" nahelegen würde, in Erscheinung; nicht der Gegensatz schwer - leicht, tragender Sockel - getragener Oberbau ist maßgeblich, sondern der Gegensatz der ruhigen Strenge und Herbheit der Erdgeschoßrücklagen zur Lebendigkeit der Obergeschosse und gleichzeitig zur kraftvollen Plastizität der Portalzone in der Mitte des gleichen Geschosses. Die Erdgeschoßrücklagen dienen daher sowohl horizontal als auch vertikal gesehen als Auftakt zu den bewegten Zonen, die sie durch ihre Zurückhaltung stärker akzentuiert zur Wirkung kommen lassen.

Die Portalgruppe ist wie die Gruppen der Fenster dreiteilig. Durch die unterschiedlichen Dimensionen und Formen und vor allem durch Säulen und Balkon ist die Mitte jedoch den Seiten entschieden übergeordnet. Die Komposition mit Hilfe von Verklammerungen differenzierter Formenelemente kann hier daher innerhalb einer Gruppe beobachtet werden.

Das beherrschende Motiv ist der säulengetragene Balkon in der Mittelachse. Er bildet zugleich eine Verbindung zum 1. Obergeschoß, in das die Säulen mit ihrem Gebälk als seitliche Brüstung hineinreichen, und durch das Gitterwerk hier auch zu den Seitenachsen. Daß er dennoch als singuläres,"ablösbares" Motiv klar herausgearbeitet ist, wird durch zwei Details verdeutlicht: durch den von den Hermenpilastern abweichenden, nämlich verbreiterten Säulenabstand und die unterschiedlichen Profile des Säulenarchitravs, der sich über den Balkon fortsetzt, und des unmittelbar an ihn anstoßenden Simsbandes, das - anders als an den Rücklagen - von den Lisenen weitergeführt ist und hinter dem Balkonmotiv durchzulaufen scheint. Es kommt hier also zu einer Überlagerung zweier auch materialmäßig abgesetzter Motive: dem der Säulen, die, durch den Balkon verbunden, als Rahmung des Mittelportals dienen, und dem der Lisenen, die, verbunden durch das Simsband, die ganze Gruppe rahmen. Da das Simsband außerdem zur Mitte hin flach ansteigt, wirkt die gesamte Zone hinter dem Balkonmotiv leicht gebaucht und wird auch dadurch in ihrem Zusammenhang unterstrichen. Andererseits tritt die "Vorwölbung" zur Ausschwingung des Balkons und mit dieser in der Orthogonale zu den gleichfalls profilierten Rundungen der Portale in Beziehung.

Der Rundbogen ist neben den geschnitzten Eichentüren die auffälligste Gemeinsamkeit von Mittelportal und Flanken. Der auffallendste Unterschied sind die Größenverhältnisse und die Teilung der Seitenportale in eine rechteckige Öffnung unten und ein geschweiftes, verdachtes Oberfenster, denen in der Mitte eine einzige ungebrochen gerahmte, nur durch das Holzwerk unterteilte Öffnung gegenübersteht. Der Rundbogen ist also jeweils verschieden motiviert, aber in seinem Gruppenzusammenhang so deutlich herausgearbeitet, daß die Verdachungen der Seitenportale etwa, die sich durch ihre Profilierung von der glatten Rahmung der Oberfenster und auch der kräftig-wulstigen Türrahmung klar abheben und dem Mittelportal angleichen, mit den Verdachungen der Erdgeschoßrücklagen keine optische Verbindung eingehen können.

Eine enge Beziehung ergibt sich stattdessen von der Rundbogengruppe der Portale zu den ebenfalls rundbogigen Fenstern des 1. Obergeschosses und von diesen zur abgeschwächten Rundungsform der Stichbogenfenster darüber. Auf das 1. Obergeschoß/Mittelrisalit (Verdachungen) spielen auch die Voluten der Oberfenster an; die vielfältigsten, wenn auch nicht augenfälligsten Hinweise auf die Obergeschosse liefert jedoch die Dekoration, also die stuckierten Lambrequingehänge (vgl. 2. Obergeschoß/Rücklagen) und vor allem die Holztüren: ihre Felderungen lassen die Verdachungsformen anklingen, die Türsockel, Bandwerkschnitzereien und Blütengirlanden geben Motive der Hermenpilaster wieder. Dabei ist jedoch symptomatisch, daß die einander entsprechenden Motive nie völlig identisch sind. Da sie jedesmal in einem anderen architektonischen Zusammenhang auftreten und infolgedessen verschieden interpretiert sind, sind sie auch in ihrer Form jeweils modifiziert. Die Bezüge ergeben sich somit, was immer wieder als charakteristisch herausgestellt werden muß, zwischen differenzierten Motiven, durch ihre Über- und Unterordnung. Tatsächliche Wiederholungen dagegen finden sich, wie auch die Obergeschosse zeigen werden, nur aufgrund symmetrischer Erfordernisse. Aber selbst dann, wenn also die entsprechenden Gruppen der Rücklagen gleich sind oder Motive innerhalb einer Gruppe, sind sie immer auf andere nicht genau gleiche Gruppe oder Motive bezogen.

Die sechs Fenstergruppen der beiden Hauptgeschosse sind den Öffnungsformen nach unterschieden in die des Mittelrisalits (rund- bzw. stichbogige Fenstertüren) und der Rücklagen (geradsturzige Fenster, den leicht differierenden Geschoßhöhen entsprechend im 2. Obergeschoß etwas niedriger als im ersten). Sie sind also zugunsten des Risalits und hier weiterhin zugunsten des 1. Obergeschosses abgestuft.

Auch die Verdachungen setzen die drei Fassadenkompartimente zunächst gegeneinander ab: einmal dadurch, daß die innerhalb eines Geschosses an Mittelrisalit und Rücklagen verschieden sind, zum anderen durch das Verhältnis der übereinanderstehenden Verdachungsgruppen an den Rücklagen. Darüber hinaus aber kommt es zu einer Verklammerung der Kompartimente durch Bezüge ihrer Gruppen von einem Geschoß zum anderen und auch innerhalb der Geschosse.

Im 1. Obergeschoß/Mittelrisalit, das neben der Öffnungsform auch schon durch die hier überall vorgewölbten und im Vergleich zum 2. Obergeschoß höheren schmiedeeisernen Brüstungen hervorgehoben ist, sind die Verdachungen das stärkste Mittel zur Akzentuierung: Mit ihren beiden volutenförmig gegeneinander eingerollten Bügeln stellen sie - von der Portalzone abgesehen - die einzige Verdachungsform dar, die an der gesamten Fassade nur einmal erscheint, und die einzige, deren Dekoration - ein reiches Arrangement aus einem Helm, Waffen und Blattwerk - ü b e r den Bügeln sitzt und dadurch besonderes Gewicht erhält.

Die Fenstergruppe des 2. Obergeschosses/Mittelrisalit hat wie die Gruppen im 1. Obergeschoß/Rücklagen spitze, konkav einschwingende Schneppengiebel, die jedoch hier so verkröpft sind, daß das Mittelstück vorkragt, während es an den Seiten zurückspringt. Dieser Unterschied ist wichtig. Zwischen den vortretenden Giebelstücken am Mittelrisalit werden durch die zurückgesetzten Verdachungsenden einerseits und durch die eingestellten Pilaster andererseits Abstände geschaffen, die jede Verdachung einzeln wahrnehmen lassen. An den Rücklagen dagegen, wo die äußeren Giebelstücke vorkragen und die Giebelintervalle sehr klein sind, schließen sich die Verdachungen zu e i n e r großen Bewegung zusammen. Sie bilden ein girlandenartiges Band, das an den Verdachungsspitzen aufgehängt zu sein scheint.

Dieser engen Verbundenheit der Verdachungsgruppe und zugleich der Unterscheidung der Geschosse entspricht auch die Anordnung des figürlichen Schmucks. Er besteht wie bei den Schneppengiebelfenstern des Risalits aus antikisierenden männlichen und weiblichen Köpfen, die aber wie die Helme der Mittelgruppe einander zugeordnet sind (die Seiten der Mitte, wobei der Mittelkopf der Rücklagengruppen wiederum leicht der Mittelgruppe zugewendet ist). Die Köpfe des 2. Obergeschosses dagegen - das gilt auch für die Löwenköpfe der Rücklagen - sind gleichwertig nebeneinander gestellt und zudem alle vor eine Muschelform gesetzt, während im 1. Obergeschoß den gekreuzten Waffen der Mittelgruppe an den Rücklagen gekreuzte Zweige entsprechen.

Bei den Verdachungen im 2. Obergeschoß/Rücklagen drückt sich der Geschoßzusammenhang zunächst in der im Vergleich zum 1. Obergeschoß wieder stärkeren Zentrierung aus. Sie beruht vor allem darauf, daß hier zum einzigen Mal an der Fassade eine Basis erscheint, die - wie eine Spiegelung des hochschwingenden Verdachungsbogens - nach unten konkav eingezogen ist und so zu einer größeren Geschlossenheit des Motivs führt. Wichtiger sind jedoch die Zusammenhänge innerhalb des Kompartiments, insofern nämlich, als die Verdachungsrundungen die Gegenbewegung zu den durchhängenden Bogen des 1. Obergeschosses bilden. Auch die vorkragenden und - bei kleinen Intervallen - seitlich leicht ausgeschweiften Bügelenden passen sich dem 1. Obergeschoß an. Hinzukommt schließlich die Ähnlichkeit der Fensterrahmungen, die in beiden Geschossen an den Seiten leicht ausgestellt und mit Konsolen besetzt sind, während die Öffnungen des Mittelrisalits von gerundeten Profilleisten umgeben werden.

> Zu beachten sind dabei aber auch hier wieder die Abwandlungen, wie sie besonders deutlich die Konsolen neben und unter den Öffnungen zeigen: auf die strengere Gestaltung des 1. Obergeschosses/Rücklagen folgen die aufgelösteren Formen der darüberliegenden Gruppe (die flach ornamentierten Parapette werden hier durch Widderkopfgehänge ersetzt); entsprechend sind am Mittelrisalit die Blattranken, die die Konsolen vertreten, im 2. Obergeschoß reicher als im ersten.

Neben den erwähnten Horizontal- und Vertikalzusammenhängen der Gruppen ist wichtig, daß die Verdachungen des 2. Obergeschosses/Rücklagen mit ihrer stark ausgeprägten Rundung auch zur Fenstergruppe im 1. Obergeschoß/Mittelrisalit in Beziehung treten und damit einen Ausgleich zur Verklammerung der drei Schneppengiebelgruppen schaffen. Es ergibt sich also ein Bezugsystem von jeweils zwei Gruppen eines Geschosses (Rücklagen) zu einer Gruppe des anderen (Mittelrisalit).

Von den Fensterverdachungen, dem wirkungsvollsten Ausdrucksträger der Hauptgeschosse, her gesehen, wird nun auch die Dekoration der Lisenen verständlich: Die mit sparsamer Bandwerkzeichnung gegliederten Hochrechteckfelder sind den Fensterhöhen angepaßt, die Dekoration, die sie verbindet, korrespondiert mit den nebenstehenden kantigen bzw. gerundeten Verdachungen. Während die Lisenendekoration also mit den angrenzenden Rücklagen in Zusammenhang steht, haben sich die dekorativen Schwerpunkte der Pilaster, die Kapitelle, als eigene Gruppe verselbständigt. Die Kapitelle zwischen den Fenstern des Mezzanin, nicht wie bei den anderen Geschossen die Fenster selbst, sind es, die in diesem Geschoß den Risalit von den Rücklagen unterscheiden. Die Abweichungen der Fenstergruppen dagegen sind so gering, daß sie kaum in Erscheinung treten, zumal die betreffenden Stellen vom Dachgesims stark überschattet werden.

Durch ihre Ähnlichkeit an allen drei Kompartimenten setzen die Mezzaninfenster zunächst eine Entwicklung fort, die sich, wie wir dahen, bereits im 2. Obergeschoß anbahnte: Sie sind als durchgehende Reihe gegeben, die - am Dachgesims scheinbar aufgehängt - die Fassade nach oben hin abschließt. Die eingestellten Kapitelle bewirken aber, daß auch sie gruppenweise wahrgenommen werden, wobei die mittlere Fenstergruppe allerdings zugunsten der Kapitellgruppe zurücktritt. Diese Gruppierung wird nicht zuletzt durch die verschiedenen Zusammenhänge verdeutlicht, durch die sich die Gruppen aus ihrem Horizontalverband lösen und stattdessen dem jeweiligen Kompartiment verbunden sind.

So verweisen die Rücklagenfenster durch ihre Einfachheit, die in klarem Gegensatz zu den beiden Hauptgeschossen steht, und durch ihren stichbogigen Abschluß auf die Fenster der Erdgeschoßrücklagen mit ihren flach geschweiften Verdachungen. Auch im Hinblick auf die Gesamtfassade sind sie vergleichbar: Wie die Erdgeschoßfenster Auftakt, so sind die Mezzaninfenster Ausklang des Kompartiments; horizontal gesehen steigern diese wie jene durch ihre Zurückhaltung die Wirkung des Risalits. Die vier Gruppen nehmen also die betonten Fassadenteile zwischen sich und tragen so zur Ausgewogenheit der Gesamtfassade bei.

Daß die Kapitellgruppe als Bestandteil der Pilaster einer anderen Schicht angehört als die Fenstergruppen, ist insofern bedeutsam, als sie dem Mezzanin und hier nur dem Mittelrisalit zwar einen starken plastischen Akzent verleiht, durch ihre Sonderstellung aber nicht von der horizontalen Fensterführung der Hauptgeschosse ablenkt. Andererseits ist es jedoch gerade der plastische Wert der Gruppe, der sie über ihre Zugehörigkeit zu den Pilastern hinaus in den Zusammenhang des Risalits einspannt: Sie bildet das Gegengewicht zu den Verdachungen im 1. Obergeschoß/Mittelrisalit, die, wie wir gesehen haben, gegenüber den übrigen Verdachungsgruppen der Fassade besonders hervortreten, und ist mit diesen Bestandteil einer Kräftebewegung, die - von unten nach oben sich verbreiternd - am säulengerahmten Portal in der Mittelachse des Erdgeschosses ihren Ausgang nimmt.

Die Verbreiterung der Kapitellgruppe gegenüber den übrigen Gruppen ist nicht zuletzt auch im Hinblick auf die Dachzone sinnvoll: Sie dient als Vorbereitung für den aufgesetzten Dreiecksgiebel, den nachdrücklichsten Akzent des Mittelrisalits. Dieser Frontispiz schließt mit dem Preysing-Wappen in der Mitte, Rüstungen und Waffen an den Seiten noch einmal stark plastische Elemente ein, die motivisch den Arrangements über den Verdachungen/1. Obergeschoß verwandt sind. Seine konventionelle Form jedoch, die durch den regelmäßigen Konsolbesatz an allen drei Seiten in ihrer Strenge noch betont wird, steht sehr in Gegensatz zu den Gestaltungsmitteln der Fassade, die, auch wenn sie sich von architektonischen Formen ableiten lassen, durch die dekorative Umdeutung einen neuen Sinn erhalten haben. Festzuhalten bleibt aber, daß die strenge Architekturform des Giebels erst außerhalb des Fassadenverbands auftritt (nämlich darüber), ebenso wie es bei der zweiten konventionellen Bauform, die die Fassade aufweist, der Fall ist: bei den dorischen Säulen, die ihr vorgestellt sind. Säulen unten und Giebel oben fangen sich gegenseitig im Gewicht ab. Sie artikulieren die Fassadenmitte und sind so für den Gesamteindruck wesentlich mitbestimmend. Die Einheitlichkeit des Fassadenverbandes greifen sie jedoch nicht an.

3. Die Westfassade

9, fig. 3

Die Westfassade ist das Gegenstück zur Ostfassade. Sie lehnt sich eng an sie an, ist aber gleichzeitig entsprechend der Rangabstufung deutlich von ihr unterschieden. Im ganzen gesehen ist sie spielerischer, spannungsloser, weniger kraftvoll. Die Dekoration ist gleichmäßiger verteilt, ohne starke Akzente zu bilden. Sie ist kleinteiliger und tritt weniger aus der Fläche heraus als an der Hauptfassade.

Die größten Unterschiede zeigt der Mittelrisalit. Auch hier ist das Erdgeschoß als Portalzone ausgebildet, die von der übrigen Fassade abgesetzt ist (122). Die Absetzung ist jedoch im Gegensatz zum repräsentativ-einladenden Ostportal nicht mit einer besonderen Hervorhebung verbunden. Der herbe, abweisende Zug hier macht vielmehr deutlich, daß es sich um einen Zugang untergeordneter Bedeutung oder besser: um einen Ausgang handelt, der nicht das gleiche gestalterische Gewicht verlangt wie der Eingang. Der Deutung als Ausgang entspricht auch, daß im Westen nicht drei Portale erscheinen, sondern nur eins, nämlich das, aus dem die Wagen herausfahren konnten, während die nur für Fußgänger bestimmten Seitenportale durch Fenster ersetzt sind.

Dieser Austausch, vor allem aber das Fehlen des Balkonmotivs sind maßgeblich für die veränderte Erscheinung des Westportals gegenüber dem an der Ostseite. Die Portalzone steht damit in engerer Verbindung zu den Rücklagen,

Fig. 3

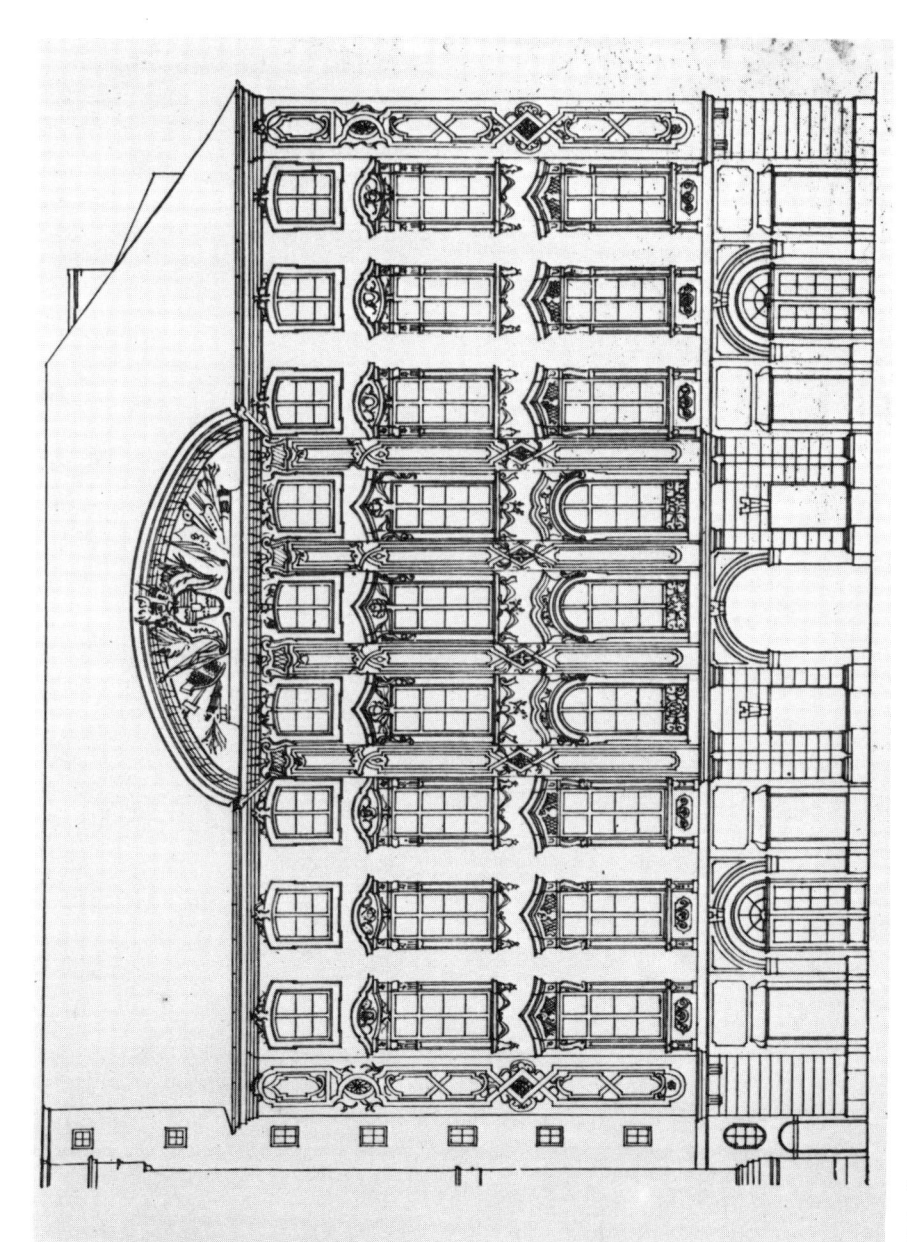

während der Zusammenhang mit den Obergeschossen abgeschwächt ist. Eine Angleichung an die Erdgeschoßrücklagen bewirken einmal die genuteten Pilaster, zum anderen die Fenster, wobei jedoch beides gleichzeitig zur Absetzung der Kompartimente beiträgt: die Fenster insofern, als sie weder Verdachung noch Rahmung haben, daher die Wellenlinie der Rücklagenverdachungen unterbrechen und sich als schmucklose Flanken mit dem Portal zu einer Gruppe zusammenschließen; die Pilaster durch ihren gegenüber den Lisenen anderen Aufbau, die abweichende Proportionierung und schließlich ihre Vervielfachung.

12 Auf die Obergeschosse (Rundbogenfenster) bezieht sich von den Öffnungen nur noch das Portal, dessen Archivolte hier auf pfeilerhaft glatten Stützen mit Kämpfern aufsitzt und nicht wie am Ostportal durch ein Tympanon im Ansatz markiert wird. (Die Türen, die auf die Verdachungen der Rundbogenfenster und die Stuckdekoration der Obergeschosse anspielen, nehmen daher die gesamte Portalhöhe ein und sind entsprechend aufgelockerter gestaltet.) Die Vertikalgliederung der Obergeschosse kann sich schon deshalb nicht im Erdgeschoß fortsetzen, weil die Pilaster dort weder in der Anordnung (breiteres Mittelintervall) noch in ihrer Anzahl mit ihr übereinstimmen. Da sie nämlich formal nicht variiert sind und alle in der gleichen Schicht verbleiben, sind sie, um - ähnlich wie an der Ostfassade - das Portal in der Mittelachse und zugleich unmißverständlich die gesamte Gruppe zu rahmen, an den Risalitecken gekuppelt. Das Schwergewicht der Vertikalgliederung ist hier also von der Mitte nach außen verlagert und dementsprechend auch die scheinbare Ausbauchung der Zone beseitigt: Der Architrav, der das Simsband der Rücklagen ablöst, verbleibt streng in der Horizontale, eine Linienführung, die auch die scharf eingeschnittenen Fenster, die Nutungen an und zwischen den Pilastern und die dorischen Kapitelle unterstreichen und die dazu beiträgt, daß sich die Portalzone, die qualitativ schwächste Stelle der Fassade, nur schwer in die Gesamtgestaltung einfügt.

Die im Vergleich zur Ostfassade schärfere Trennung von Erdgeschoß und Obergeschossen zeigt sich auch darin, daß der Architrav hier nicht als Überleitung, sondern als Absatz ausgebildet ist, auf dem weder die Fenstertüren aufstehen noch die Pilaster der Obergeschosse - eine Tatsache, die bereits auf die Eigenart dieser Pilaster hinweist. Schienen schon die Hermenpilaster der Ostfassade dem Charakter einer Lisene angenähert, so ist man hier geneigt, tatsächlich von Lisenen zu sprechen. Der Aufbau, den ein Pilaster erwarten läßt und den noch die Hermenpilaster besitzen, ist nun nicht mehr gegeben. Der "Schaft" hat keine Basis, auf der er stehen kann, sondern ist wie die Lisenen der Wand aufgelegt. Er besitzt die gleiche Verteilung der dekorativen Akzente wie sie und lehnt sich auch in der Dekoration selbst eng an die Ecklisenen an. Der fehlenden Basis entspricht die veränderte Auffassung der Kapitelle: Sie sind dem Schaft nicht auf-, sondern angesetzt. Während die Kapitelle der Hermenpilaster als selbständige plastische Gruppe ein Gegengewicht zu den stärksten Akzenten der Fassade bilden können, sind sie hier als Ornamentfeld, dessen seitliche Voluten an die eines jonischen Kapitells lediglich erinnern, auf das in gleicher Weise flächige Gitterwerk unter den Rücklagenverdachungen/1. Obergeschoß bezogen, also auf eine Sekundärform.

Wenn die Pilaster als vertikales Gliederungsmittel weniger wirksam werden als die Hermenpilaster der Ostseite, so liegt das nicht nur an ihrer Flächigkeit; hinzukommt, daß ihre Dekoration durch Anordnung und Gestaltungsweise Bestandteil des Dekorationssystems wird, das sich in Zusammenhang mit den Fenstern entwickelt, daß sie somit weniger in ihrer Zugehörigkeit zu den Vertikalstreifen als vielmehr in horizontalen Zusammenhängen gesehen wird. Die gleichmäßige Ausbreitung der feingliedrigen Dekoration hat dabei zur Folge, daß der Risalit nicht wie an der Ostfassade durch plastische Akzente, sondern allein durch die Reichhaltigkeit der Dekoration gegenüber den Rücklagen ausgezeichnet ist.

Auch bei den Verdachungen kommt es zu keiner Akzentuierung. Sie laufen als lockere, gleichförmigere Wellenbewegung über die Geschosse hinweg und unterstreichen die Horizontalentwicklung, die im Vergleich zur Ostfassade hier wesentlich einseitiger herausgearbeitet ist. Das zeigt sich schon in den Öffnungsformen (geradsturzige Fenster, nicht Fenstertüren im 2. Obergeschoß/ Mittelrisalit) oder einem Detail wie den nunmehr geraden, niedrigeren Gittern im 1. Obergeschoß/Mittelrisalit, beruht aber vor allem darauf, daß die Gruppenbildung der Fenster trotz der abweichenden Verdachungsformen nicht mit der gleichen Entschiedenheit durchgeführt ist wie im Osten. So sind etwa die Verdachungsbügel der Rundbogenfenster, die weniger steil sind, ohne Voluten aneinanderstoßen und den aufgesetzten plastischen Schmuck verloren haben, zwar gegenüber den Rücklagen noch unterschieden, aber nicht mehr hervorgehoben. Die Rücklagenverdachungen des gleichen Geschosses werden aufgrund der größeren Abstände hier weniger als zusammenhängende Girlanden als vielmehr einzeln wahrgenommen. Bei den Mezzaninfenstern schließlich, denen die markanten Kapitelle des Ostrisalits fehlen, kommt eine Gruppierung fast überhaupt nicht mehr zum Ausdruck. Auch die kraftlosere, einförmigere Dekoration - im 1. Obergeschoß kein figürlicher Schmuck, im zweiten durchgehend menschliche Köpfe; unter den Fenstern des 2. Obergeschosses überall ähnliche Gehänge - trägt zusätzlich zur Vereinheitlichung der Geschosse bei.

Durch die spannungslosere Aneinanderreihung der Fenster und die damit schwächeren Gruppenkonzentrationen treten die Bezüge eines Geschosses zum anderen, wie sie an der Ostfassade gezeigt werden konnten, hier kaum zum Vorschein. Ganz fehlt die auseinanderstrebende Bewegung des Ostrisalits; statt dessen nimmt die Kraft des Risalits hier gleichmäßig nach oben hin ab. Eine geringfügige Veränderung der Schneppengiebel ist dabei beachtenswert: Sie sind nicht verkröpft, sondern nur geknickt und dadurch flacher als alle anderen Verdachungen. Auf diese Weise bilden sie die Überleitung zum flächigen Ornament der Kapitelle und der sie verbindenden Dekoration über den Mezzaninfenstern, die - das wird nun verständlich - hier stärker in der Fläche bleibt als an den Rücklagen.

Die abnehmende plastische Kraft des Risalits läßt den Segmentgiebel, der ihn überragt, umso stärker hervortreten. Da er in keiner Beziehung zu anderen Schwerpunkten der Fassade stehen kann, aber auch seitlich nicht vom Dach abgefangen wird, stellt er hier statt eines Gegengewichtes ein Übergewicht

Fig. 4

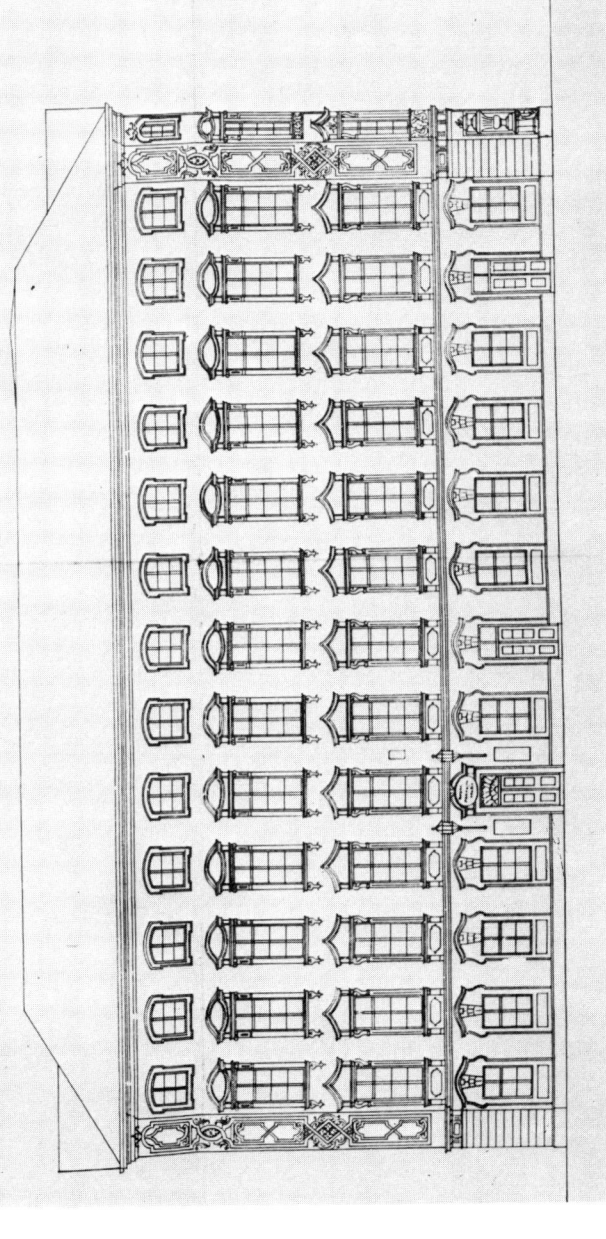

dar und ist im Vergleich zur Ostfassade wenig einleuchtend motiviert. Andererseits dürfte gerade in seiner Eigenschaft als Pendant zum dortigen Frontispiz die wichtigste Erklärung für sein Erscheinen hier in dieser Form liegen. Das geht auch aus dem Waffenschmuck hervor, der zwar dem Wappen einen adäquaten Rahmen bietet, aber trotz seiner größeren Zurückhaltung nicht darüber hinwegtäuschen kann, daß die Motive keinerlei Entsprechung an der Fassade finden, sondern von der Ostseite übernommen sind.

Wie sich gezeigt hat, sind trotz der Anlehnung der Westfassade an ihr östliches Gegenstück die Abweichungen groß. Die Abstufung zugunsten der Hauptfassade führt zu Unterschieden in der Gestaltung, aber auch zu Unterschieden in der Qualität.

4. Die Südfassade

fig. 4

Aufgrund ihrer Situation spielt die Südfassade, wie bereits erläutert, im Vergleich zu den beiden Fassaden der Schmalseiten eine untergeordnete Rolle und ist infolgedessen auch in der Gestaltung weniger anspruchsvoll. Weicht sie von der Ost- und Westfassade schon durch die größere Längenerstreckung ab, so ist sie mit Rücksicht auf das eingeschränkte Blickfeld auch durch die leicht erfaßbare Komposition und die vereinfachten Gliederungsmittel von ihnen unterschieden. Sie ist ohne Schwerpunktbildungen nach dem Prinzip der Aneinanderreihung angelegt und besitzt mit Ausnahme der Ecklisenen keine Stuckdekoration. Vom schmalen Simsband abgesehen, das das Erdgeschoß von den Obergeschossen absetzt, sind die 13 Fensterachsen das einzige Gliederungsmittel der Fassade.

14

Über das ursprüngliche Aussehen des Erdgeschosses können wir uns leider kein Bild mehr machen, denn die ungenaue Nachricht über eine Fenstervergrößerung nach dem Einzug der Hypothekenbank (123) liefert keine Angaben über das Ausmaß dieser Veränderung, also darüber, wieviele Fenster von ihr betroffen waren und wie sie vorher aussahen. Daß tatsächlich nur die ehemaligen Stallfenster vergrößert wurden, die anderen Fenster aber, nach der Veränderung das ganze Geschoß, die gleiche Form wie die Erdgeschoßfenster der beiden anderen Fassaden hatten, ist jedoch, von der Uneinheitlichkeit abgesehen, insofern wenig wahrscheinlich, als die Fenster aufgrund der Raumdisposition ohne Rücksicht auf Symmetrieverhältnisse voneinander unterschieden gewesen wären. Man wird daher annehmen können, daß ursprünglich alle Fenster klein waren.

Die Fenster der Obergeschosse entsprechen den Rücklagenfenstern der Ost- und Westfassade, wirken aber durch die fehlende Stuckdekoration wesentlich härter. Verändert ist vor allem die Erscheinung der Verdachungen, die hier eine leere Fläche überdecken bzw. einschließen und dadurch - von den Öffnungen stärker isoliert - als Kette scharfkantiger Einzelglieder aufgefaßt werden.

Da die Fassade als Schauseite nicht zur Wirkung kommen kann, vielmehr vornehmlich von einem Standpunkt aus in Erscheinung tritt, der eine der beiden anderen Fassaden in das Blickfeld einschließt, ist ihre Bedeutung in erster Linie in Zusammenhang mit diesen zu sehen. Durch die Ähnlichkeiten aller drei Fassaden, nämlich dadurch, daß sich die Horizontalgliederung einer Fassade an der anstoßenden fortsetzt, zerfällt das Gebäude nicht in heterogene Teile, sondern kann als einheitlich konzipierter Baukörper wahrgenommen werden. Die Gebäudeecken stellen daher auch optisch das dar, was sie faktisch sind: eine Brechung, aber keine Unterbrechung. Das gilt für die Süd-Westecke, deren Seiten winklich aneinanderstoßen, wird aber vor allem an der süd-östlichen deutlich, da hier das Moment der Überleitung durch die besondere Ausgestaltung zusätzlich veranschaulicht ist. Das maßgebliche Mittel ist dabei zunächst die Abrundung, die sich schon darum als günstig erweist, weil die Fassaden wegen des unregelmäßigen Grundrisses einen spitzen Winkel (82°) bilden würden (die Süd-Westecke ist mit 87° stumpfer). Hinzukommt, daß die Rundung eine Fensterachse aufnimmt, also die Fenster der Fassaden um die Ecke herum geführt werden. Im Hinblick auf die Fassaden ist aber andererseits wichtig, daß die Ecke nicht nur als Überleitung, sondern zugleich als Blickfang ausgebildet ist und infolgedessen gegenüber den Fassadenachsen Unterschiede aufweist, die, unterstützt durch die Lisenenrahmung, sichtbar bleiben lassen, daß trotz der Zusammenhänge aller Fassaden die der Schmalseiten als in sich geschlossene Schauseiten angelegt sind.

Zur Hervorhebung der Eckachse dienen der Vasenaufbau im Erdgeschoß, also ein in Bezug auf das Gesamtgebäude singuläres Motiv, und die Öffnungen der beiden Hauptgeschosse, die wie am Mittelrisalit der Ostfassade als Fenstertüren heruntergezogen sind. Zur Absetzung der Achse trägt aber auch die Dekoration bei. Im 1. Obergeschoß setzt sie sich zwar motivisch von der Ostfassade her fort, verdeutlicht durch die verschiedene Ausrichtung der Köpfe jedoch zugleich die Zäsur, die im 2. Obergeschoß dann durch die Einführung eines neuen Motivs (Blattzweige) erreicht wird.

Trotz ihrer vermittelnden Funktion verschleiert die Ecke somit nicht, daß die Fassaden der Schmalseiten zugunsten ihrer Eigenständigkeit nur bedingt eine Fortsetzung an der Fassade finden, die sie verbindet. Durch ihre Zurückhaltung aber betont die Südfassade die "Zweiseitigkeit", die nicht zuletzt wegen der fehlenden vierten Fassade im Hinblick auf die Ausgewogenheit des Gebäudes besonders angemessen ist.

5. Der Hof

Die Rekonstruktion des Hofes wird durch die lückenhaften Unterlagen stark erschwert. Da wir nicht ein einziges Foto besitzen, sind wir hier allein auf Planmaterial angewiesen, mit dessen Hilfe sich, vor allem was die Stuckdekoration betrifft, wenig präzise Angaben machen lassen.

fig. 6-9
Wie die Grundrisse von 1852 (124) zeigen, hatte der Hof, der aus der Mitte des Gebäudes heraus nach Nord-Westen verschoben lag, nur annähernd die Form eines Quadrates: Die Westseite war etwa 7o cm länger als die gegenüberliegende, sie Südseite wiederum etwa 3o cm kürzer als diese und etwa

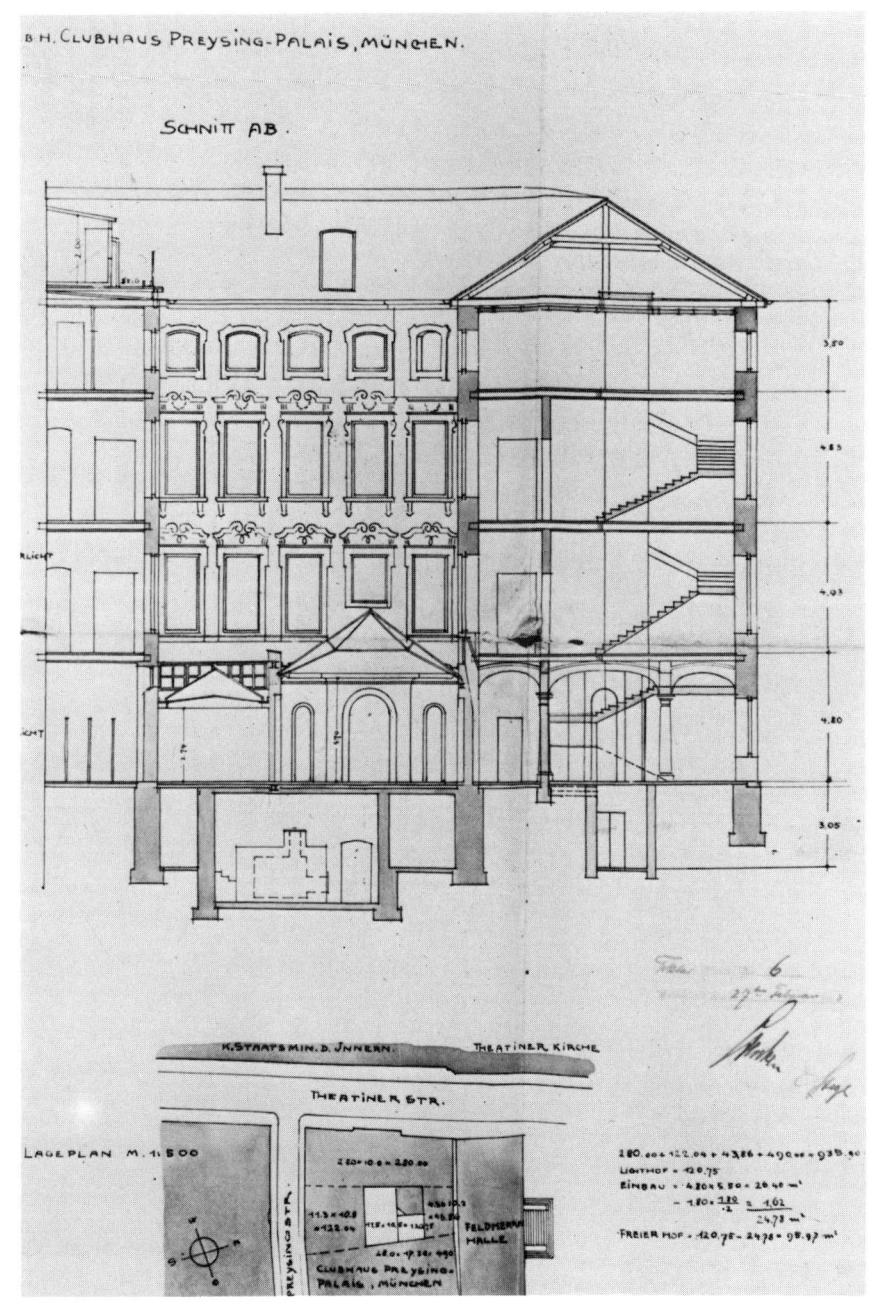

Fig. 5

60 cm länger als die Nordseite. Die West- und Ostseite, also die beiden längsten, waren in fünf Fensterachsen eingeteilt, die Nord- und Südseite in vier, wobei die Maßunterschiede jeweils durch die Fensterabstände ausgeglichen wurden.

fig. 5
Die frühesten Pläne, auf denen der Hof im Aufriß erscheint, sind zwei Gebäudeschnitte Gabriel von Seidls von 1911 und 1912 (125). Auf dem ersten sind wegen des eingezeichneten Einbaus (126) nur zwei Achsen der Nordseite zu sehen, der zweite zeigt die Ostseite. Beide Pläne können jedoch nur im Hinblick auf die Obergeschosse herangezogen werden, da das Erdgeschoß bereits 1880 durch die Überdachung des Hofraumes (127) und die damit verbundene Aufrißänderung sein ursprüngliches Aussehen verlor. Wir können hier daher nur die Einteilung, wie sie aus dem Erdgeschoßgrundriß von 1852 und aus Hinweisen in den Archivalien hervorgeht, rekonstruieren, nicht aber den Aufriß.

Die Nordseite war offensichtlich als Schauseite angelegt. In die beiden mittleren Achsen waren zwei Brunnen eingelassen, die beiden äußeren hatten Fenster, die auch in einer Aufstellung Max' IV. (128) über die Fenster des gesamten Gebäudes erwähnt sind: "bey den brunen -2". Für das Erdgeschoß des Hofes werden außerdem je zwei Fenster "gegen den hoff" und "gegen über im hoff" angegeben. Es handelt sich dabei um die Fenster in den beiden nördlichen Achsen der West- und Ostseite, wobei allerdings auf dem Grundriß an der Ostseite nur ein Fenster eingezeichnet ist. Anstelle des zweiten erscheint hier eine flache Nische mit einem Vorbau, der möglicherweise als Postament einer Statue gedeutet werden kann. Die südliche Hälfte der West- und Ostseite nahm die Durchfahrt ein, die durch zwei Pfeiler in eine breite Mittelpassage und zwei schmale Seitendurchgänge geteilt war. - An der Südseite sind auf dem Grundriß fünf Fenster angegeben; es ist aber unwahrscheinlich, daß es sich dabei um die ursprüngliche Einteilung handelt. In der erwähnten Aufstellung Max' IV., die sehr ausführlich und genau ist und auch zwischen Fenster und Fenstertüren unterscheidet, ist diese Seite des Erdgeschosses nicht aufgeführt. Zu bedenken ist zudem vor allem, daß an der Südseite des Hofes Remise und Marstall lagen (129), die entsprechende Einfahrten erwarten lassen.

Die Obergeschosse dürften den Grundrissen und den beiden Seidl-Plänen nach zu urteilen - abgesehen von der verschiedenen Achsenzahl und den leicht differierenden Fensterabständen - an allen vier Seiten gleich gewesen sein. Aufgrund der schematischen Darstellung Seidls fällt es jedoch schwer, die Gestaltung im einzelnen zu beurteilen. Das stärkste Ausdrucksmittel waren wie an den Fassaden auch hier die Verdachungen, die in beiden Geschossen volutenförmig eingerollte Bügel hatten, im 1. Obergeschoß aber vielfältiger geschwungen und geknickt waren. Die Rahmungen - im 2. Obergeschoß mit Konsolen besetzt - sind im 1. Obergeschoß zweifellos nicht im ursprünglichen Zustand wiedergegeben.

Die Mezzaninfenster waren ähnlich wie an der Südfassade glatt gerahmt. Aufgrund des größeren Abstandes zwischen Fenstern und Dachansatz waren die oberen Ecken jedoch ausgebuchtet und daher stärker betont.

Die Gestaltung des Hofes lehnte sich offensichtlich an die drei Fassaden des
Gebäudes an. Es wurde dabei aber, soweit sich sehen läßt, kein Motiv tatsächlich
wiederholt. Unterschiedlich war vor allem die Kombination der Verdachungsformen.
Während sie an den Fassaden antithetisch übereinandergesetzt sind (spitz über rund,
konkave Schwingung über konvexer oder umgekehrt), stellten im Hof die Verdachungen
des 2. Obergeschosses eine Vereinfachung der des ersten dar, also die abgeschwächte
Form e i n e s Motivs. Die Intensität der Gestaltung ließ daher, wenn man die großen
Öffnungen und Brunnenanlagen des Erdgeschosses hinzudenkt, bis zum Mezzanin von
Geschoß zu Geschoß kontinuierlich nach - ein Merkmal, das bei der starken
räumlichen Eingrenzung allerdings nur wenig ins Gewicht gefallen sein dürfte.

IV. Der Innenbau

Die unregelmäßige Grundlinie des Gebäudes - die Schrägstellung der Ost- und
Westfassade und der leichte Knick in der nördlichen und südlichen Umfassungsmauer -
mußte sich zwangsläufig auch auf die Grundrißgestaltung der einzelnen Geschosse
auswirken. Sie führte dazu, daß es im ganzen Gebäude nicht einen rechteckigen, also
regelmäßigen Raum gab, sondern ein Raum im Höchstfall zwei rechte Winkel aufwies,
meist jedoch keinen einzigen. Wenn auch die Ecken teilweise abgerundet waren,
dürften die Unregelmäßigkeiten offensichtlich gewesen sein.

1. Das Erdgeschoß

fig. 6

Das Erdgeschoß wurde durch die Durchfahrt vom Ost- zum Westportal, die
durch das Eingangsvestibül, über den Hof und durch ein kleineres Vestibül
im Westen führte, in zwei Hälften geteilt. Auf der südlichen Seite des Eingangsvestibüls
öffnete sich das Haupttreppenhaus. Anschließend folgten Remise und Marstall, die mit
Säulen unterteilt waren und, wie Hauttmann noch aus eigener Anschauung berichten
kann (13o), von Flachkuppeln überwölbt wurden. Daß der Marstall durch seine
aufwendige Ausstattung offenbar aufsehenerregend war, geht aus dem Brief Keyßlers
von 1729 (131) hervor, wo er als einziger Innenraum des Preysing-Palais erwähnt wird:
"In seinem Marstalle sind die Seulen der Pferdstände von rothem Marmor, und jedes
Pferd frißt aus seiner besonderen marmornen Muschel, die fünf und zwanzig Gulden
kostet".

Bei den übrigen Räumen des Erdgeschosses handelte es sich vornehmlich um
Personal- und Vorratsräume. Es ist allerdings nicht möglich, sie im einzelnen
eindeutig zu bestimmen. Wir besitzen zwar eine Liste von der Hand Max'
IV. (132), die für das ganze Palais die Räume mit überwiegend praktischer
Funktion anführt - also nicht die repräsentativen - und hier und da auch nähere
Angaben über ihre Lage enthält; sie ist jedoch insofern wenig verläßlich,
als sie, da es sich häufig um Alternativvorschläge handelt, offensichtlich nur

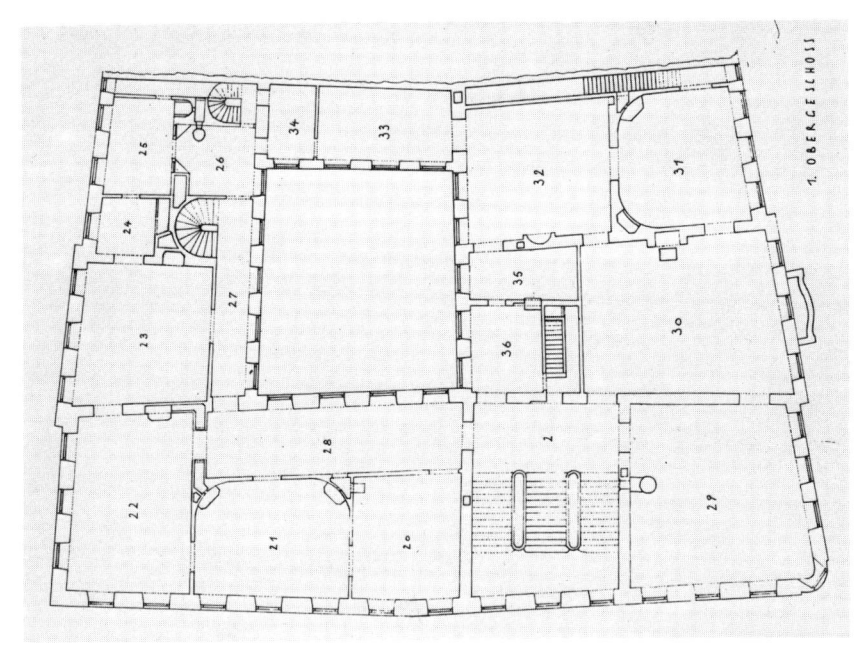

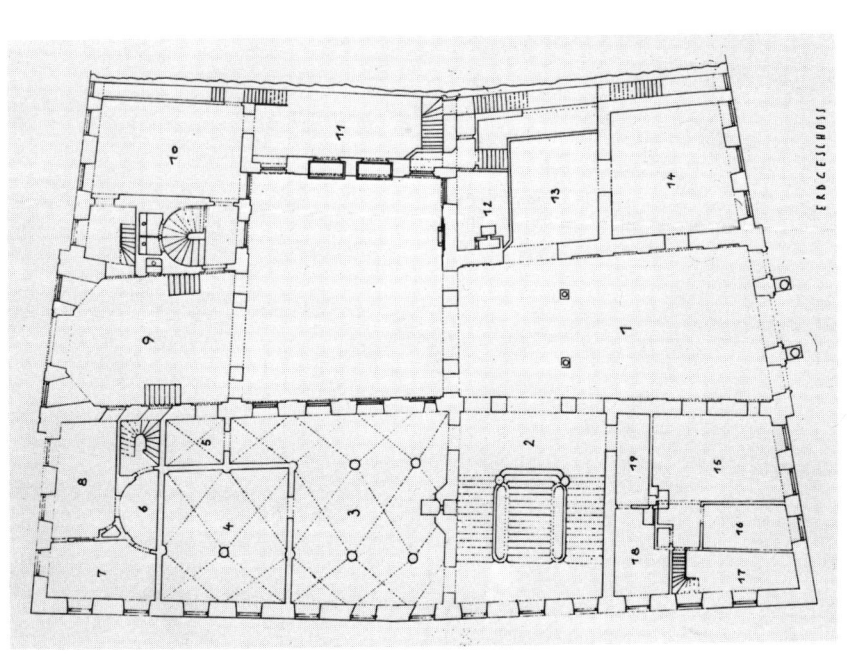

Fig. 7

Fig. 6

einen Entwurf darstellt. Für das Erdgeschoß finden sich in der Aufstellung verstreut folgende Mitteilungen:

"laggey stuben und kammer negst dem haußthor", "ein Haußmaister undten an der laggey Kammer an" - gemeint sind also die Räumen zu seiten des Eingangsvestibüls; "ein gutschengeschirrkammer undter der Stiegen auf ebenen gaden", "ein Heu: und strohleg ober (?) dem staall, nit weniger auf der seitten des staalls", "ein holtz leg vorn neben der remise", die demnach in der südlichen Gebäudehälfte gelegen haben dürften; "ein fleischgewölb undter dem frauenkabinet, ein speiß und kuchl geschürr Kammer ingleichen" - es muß sich hier um die Räume nördlich und nord-westlich des Hofes handeln. Die Bezeichnung "Frauenkabinett" läßt auf eine Entstehung der Aufstellung vor dem Tod der ersten Frau Max' IV. (17.1o.1721) schließen, also zu einem sehr frühen Zeitpunkt. Da die meisten der angeführten Räume jedoch auch im Voranschlag des Maurermeisters von 1723 (133) erwähnt sind - hier ist für das Erdgeschoß zusätzlich nur noch die Küche genannt, die in der Nord-Westecke gelegen haben könnte - und ihre Unterbringung in diesem Geschoß zudem naheliegend ist, werden die zitierten Angaben zutreffend sein.

2. Das erste Obergeschoß

fig. 7   Das 1. Obergeschoß enthielt zwei durch das Haupttreppenhaus und durch die Anräume der Nebentreppen im Nord-Westen voneinander getrennte Appartements. Das östliche, das Max III. bewohnte (134), besaß an der Residenzstraße eine Flucht von drei Räumen, die von Zimmermann stuckiert waren und, wie Hauttmann (135) erwähnt und die Fotos von 1944 zeigen, als einzige Innenräume des Palastes bis zur Zerstörung im letzten Krieg Reste der alten Ausstattung behalten hatten.

Das südliche Eckzimmer, das in der Abrechnung mit Zimmermann als Tafelzimmer bezeichnet wird, war nach Hauttmann "in Natureiche vertäfelt mit aufgehängten Gemälden". Wir wissen zwar, daß zur ursprünglichen Einrichtung des Palais neben wertvollen Möbeln auch eine reichhaltige Gemäldesammlung gehörte (136), die Vertäfelung jedoch dürfte in der geschilderten Form wohl kaum dem originalen Zustand entsprechen. Von Zimmermann hatte sich hier die schmale Stuckcorniche erhalten, die ausschnittweise in den Fotos
2o-23   von 1944 überliefert ist.

Die fotografierte - innen abgerundete - Ecke zeigt ein rosettenartiges Gebilde aus Bandwerkverschlingungen, das von Band- und Blattwerk umrahmt ist. Auch die drei abgebildeten Einzelmotive sind mit C-förmig geschwungenen Blattranken und Bandwerk zu einem in graziler Kleinteiligkeit durchlaufenden Fries verbunden. Bei den Motiven handelt es sich um eine Vase mit Blumen, um ein Arrangement mit Emblemen der bildenden Künste (schrägliegender bärtiger Männerkopf und Bildhauerwerkzeug; Palette und Pinsel; Winkel, Zirkel und Papier), das von Vögeln flankiert ist, und um ein weiteres, das mit Globus,

Buch und Winkelmesser offenbar die Wissenschaft symbolisiert und
von Putti gerahmt wird. Die Frage nach der ursprünglichen Farbgebung muß offen bleiben.

Der anschließende Raum, das Balkonzimmer, ist in der Aufstellung des Hausmeisters über die Höhe und Breite der Wandflächen (137) als "Ante Cammer" aufgeführt. Hier war bis zur Zerstörung noch der Stuckplafond Zimmermanns vorhanden, der ebenfalls durch die Fotos von 1944 dokumentiert ist.

18,19

Bei der Stuckierung handelte es sich um eine Anordnung, die die Mitte des Plafonds und seine Ecken akzentuiert. In der Deckenmitte saß eine rund umrahmte Rosette, von der sich mit Bandwerk und Ranken verbundene Gitterfelder ausbreiteten. Das Gitterwerk trat auch an der Corniche auf: Zwischen den einzelnen Feldern vermittelten hier Blattranken, die eine Vase mit Blumen und wahrscheinlich weitere auf den Fotos nicht erkennbare Motive einschlossen. An den Ecken waren die Rahmenstäbe der Corniche eingebogen - die Einschwingung erinnert an die Verdachungen im 2. Obergeschoß der Fassaden - und durch eine stilisierte Muschel unterbrochen. Diese Muschelform ergab, zusammen mit zwei Früchtefüllhörnern, eine Dreipaß-ähnliche Form und milderte so die Schärfe der Ecke. Nach Art der Groteske wuchs der Stuck in zarten, symmetrisch angeordneten Bandwerkverschlingungen in die Decke hinein, um mit einem baldachinbekrönten Putto zu enden. Den beiden Fotos, von denen wir nur eines abbilden, nach zu urteilen, war die Stellung der Putti jeweils verschieden, ebenso das figürliche Motiv zwischen den Füllhörnern, bei dem es sich der Harfe mit Noten bzw. dem Dudelsack entsprechend auch bei den beiden anderen Ecken um Musikinstrumente gehandelt haben dürfte. Die ursprüngliche Farbgebung des äußerst qualitätvollen Plafonds ist auch hier nicht zu rekonstruieren.

17

Die Wände waren, wie in allen Räumen des Appartements, mit Lambrien verkleidet (138), die aber schon bei Hauttmann nicht mehr erwähnt sind. Wie ein in brauner Feder und Graphit ausgeführter Entwurf zeigt (139) (Kat. 8), waren vor den Pfeilern zwischen den Fenstern Spiegelaufbauten geplant, die, oben geschwungen, eine Vase tragen sollten. Wir wissen jedoch nicht, ob eine der beiden Varianten dieser Zeichnung realisiert worden ist.

24,25

Das nördliche Eckzimmer besaß zwar, wie den Fotos von 1944 zu entnehmen ist, nicht mehr den originalen Plafond, aber noch die Corniche und Reste der alten geschnitzten Wandverkleidung. Hauttmann spricht von "zwei köstliche(n) Chemineedekorationen in den Abrundungen, silber auf hellblau" (14o), die in den abgerundeten Ecken des Raumes von der alten Ausstattung überkommen seien. Aus dem 18. Jahrhundert stammte jedoch offensichtlich nur der Kamin in der südlichen Zimmerecke, der sich auch heute wieder im Preysing-Palais befindet (141), beim nördlichen dagegen handelte es sich wahrscheinlich um eine erst Ende des 19. Jahrhunderts entstandene Kopie (142).

Die Kamindekoration und die Corniche waren so aufeinander abgestimmt, daß die in den Fotos von 1944 ausschnittsweise wiedergegebene Corniche im Gegensatz zu den beiden oben beschriebenen Hohlkehlen wie geschnitzt erscheint. Das Bandwerk fehlt fast ganz; statt dessen überwiegen C- und S-bogenförmig geschwungene Akanthusranken, die wie bei den übrigen Cornichen einen ununterbrochen bewegten Zusammenhang schaffen. An figürlichen Motiven zeigen die Fotos Trophäen, langhalsige Vögel und geflügelte weibliche Büsten, die aus dem Rankenwerk herauswachsen. Ähnliche Motive finden sich auch bei der Kamindekoration. Das Kaminfeld baut sich in zwei Zonen auf: einem durch Blütenschnüre dreigeteilten Spiegelaufsatz und einem Gemälde in stark gekurvter Umrahmung, das unmittelbar auf der Spiegelbekrönung aufsteht. Diese Bekrönung besteht aus einem durchgitterten, mit Pfeilen und Bogen besetzten Feld, dessen geschwungener Abschluß an Fensterverdachungen denken läßt und im Scheitel einen Frauenkopf trägt. Beide Zonen sind durch je zwei parallel hochsteigende, sich oben überschneidende Wedel zusammengefaßt, die auf der Höhe der Spiegelbekrönung durch geflügelte Drachenleiber mit weiblichen Köpfen auf fratzenbesetzten Konsolen unterbrochen werden. Der Zwischenraum der Wedel ist mit figürlichen Motiven ausgefüllt: mit einem Lambrequin, einer Vase, einem Kopfmedaillon, einem Adler und einer Reifenkrone. Die Zwickel, die das Gemälde freigibt, werden von Blattzweigen (unten) und langhalsigen Vögeln, die sich aus Ranken entwickeln (oben), überspielt.

Außer der Corniche und dem Kaminfeld hatten sich bis zur Zerstörung noch an den Fensterpfeilern zwei Spiegel erhalten, die mit ihrem schmalen querrechteckigen Unterfeld und dem annähernd quadratischen oberen wohl ebenfalls in den Farben silber auf hellblau gehalten waren.

In der zitierten Aufstellung des Hausmeisters ist das nördliche Eckzimmer am Rand von Preysing als "Vaters Vorzimmer" bezeichnet. Wie der Aufstellung weiter zu entnehmen ist, war der westlich angrenzende Raum das Schlafzimmer, in dem an der Nordwand dem Kamin gegenüber das Bett stand. Nördlich des Hofes schloß sich ein Kabinett an und ein kleiner Raum für Bedienstete. Südlich des Schlafzimmers lag ein Puderzimmer und das Zimmer des Kammerdieners.

An der Süd- und Westseite des Hofes zogen sich Korridore entlang, die Zutritt zu jedem der vier anliegenden Räume boten. Wegen des darüber liegenden Saales waren die drei Räume an der Südseite, deren mittlerer wie das nördliche Eckzimmer abgerundete Ecken hatte, nur durch Riegelwände voneinander getrennt. Die einzige Angabe, die wir über dieses Appartement besitzen, betrifft das Eckzimmer im Süden, das in der Aufstellung Max' IV. als "officier taffl zimmer" benannt ist. Man wird jedoch annehmen müssen, daß alle Appartements des Gebäudes mehrfach ihre Bestimmung wechselten (143). - An das Mittelzimmer der Westseite schlossen sich ein kleiner und ein etwas größerer Raum an, der wahrscheinlich mit der 1738 nachträglich eingebauten Hauskapelle identisch war (144).

3. Das zweite Obergeschoß

fig. 8

Der Grundriß des 2. Obergeschosses entsprach in der östlichen Gebäudehälfte einschließlich des Kabinetts an der Nordseite des Hofes dem darunter liegenden Geschoß. Lediglich anstelle des Raumes für den Kammerdiener und des Puderzimmers befand sich hier ein weiteres Kabinett mit zwei abgeschrägten Ecken, bei dem es sich aufgrund seiner Lage zum Treppenhaus und seines ansprechenderen Grundrisses um das von Zimmermann ausgestattete handeln dürfte (145).

fig. 8, 9

Über das ursprüngliche Aussehen des Appartements sind wir nicht unterrichtet. Seine Ausstattung scheint jedoch aufwendiger gewesen zu sein als die des 1. Obergeschosses. Dafür spricht schon, daß Zimmermann hier nicht nur an den drei vorderen Räumen beteiligt war, sondern auch am Schlafzimmer und an besagtem Kabinett. Vor allem aber läßt die Tatsache, daß das südliche Eckzimmer und der mittlere Raum durch zwei Geschosse reichten, auf eine großzügigere Ausgestaltung schließen. Das Hauptgewicht lag hier offensichtlich, wie schon aus seiner Bezeichnung hervorgeht, auf dem Kleinen Saal in der Mitte, der in den Abrechnungen mit Zimmermann gesondert erscheint und daher von ihm wohl reicher ausgestattet war als die übrigen Räume des Appartements.

An der Südseite des Gebäudes lag der ebenfalls durch zwei Geschosse reichende Große Saal, der sich vom Treppenhaus bis zur Westfront erstreckte. Die einzige Nachricht, die wir über seine Ausstattung haben, ist die, daß Amigoni die Decke ausmalte (146). Über das Programm erfahren wir jedoch nichts.

Was den Aufriß des Saales betrifft, kann von den Öffnungen ausgehend vermutet werden, daß sich die beiden Längsseiten weitgehend entsprachen. Da ein Teil der Nordwand mit der Südseite des Hofes identisch war, war hier die gleiche Fenstereinteilung wie an der Saalsüdwand gegeben. An dem Teil der Nordwand, an den Räume angrenzten, bildeten, wie der Grundriß zeigt, Türen die Fortsetzung der großen Fenster: die Mezzaninfenster aber dürften, wie neben dem Grundriß auch aus der unten zitierten Bemerkung über ein "garde meuble" im Mezzanin hervorgeht, hier weitergeführt worden sein.

Bei den beiden vom Saal aus zugänglichen Räumen wird es sich um Vorzimmer gehandelt haben. Anschließend folgten wahrscheinlich die Hauskapelle (147) und Nebenräume.

4. Der Mezzanin

fig. 9

Die Funktion der einzelnen Räume im Mezzanin können wir insofern nicht eindeutig bestimmen, als wir hier allein auf die wenig verläßliche und Variationen einschließende Aufstellung Max' IV. angewiesen sind und zudem, wie die Untersuchung der Hauskapelle zeigen wird, der Grundriß von 1852 in der Nord-Westecke nicht den ursprünglichen Zustand wiedergibt. Die Aufstellung nennt folgende Räume: "ein pilliard Zimmer bey ersten ein gang der Mezanino" (welcher war das?); "ein garde meuble ... so in den Saall hineinschauet" (dies war bei zwei Räumen der Fall); "ein Kranckhen stübl ... so in die Ka-

Fig. 9

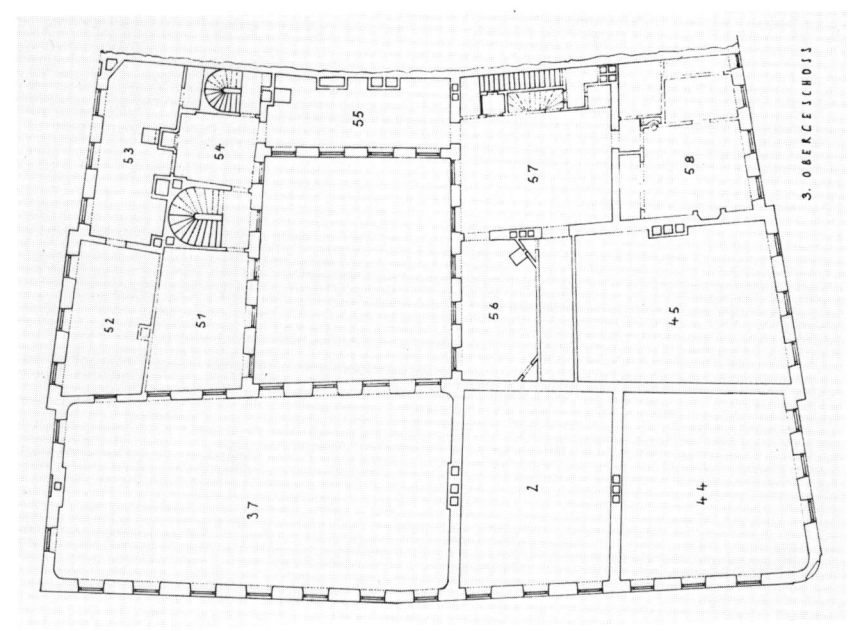

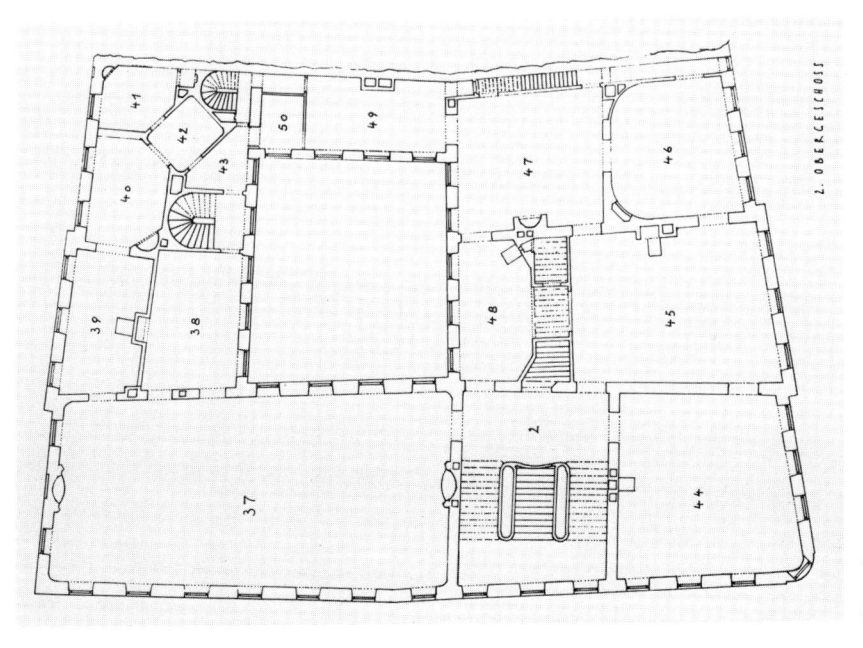

Fig. 8

pellen schauet" (!); "ein quardarobba ... ober der anticamera pour le commun" (also über einem der Vorzimmer zum Großen Saal?); "ein püchsen und sattlzimmer ... an der quardarobba an"; "ein bibliothec ober dem cabinet" (nördlich des Hofes?); "ein Secretari ... ob des dritten gaden Vorzimmer gegen der residenz, oder auch gegen die theadinern"; "ein Kaplan an den Secretari an, oder hinten an die bibliothec an".

Bei einer Bewertung der Grundrisse muß berücksichtigt werden, daß der Architekt durch die Vorgegebenheiten stark behindert war. Umso mehr können wir uns dem positiven Urteil Hauttmanns anschließen, der die geschickte Disposition, die rationale Raumausnutzung, die bequeme Verbindung der Räume untereinander und das ausreichende Vorhandensein von Nebenräumen und Nebentreppen besonders hervorhebt (148).

5. Die Hauskapelle

Daß sich die Hauskapelle, die am 3o. 11. 1734 vom Freisinger Weihbischof Joseph Ferdinand von Pödigheim konsekriert wurde (149), im 2. Obergeschoß befand, geht daraus hervor, daß sie im Gegensatz zur 1738 geweihten "herunter" Kapelle des I. Obergeschosses als "Obern Hauß Capelln" bezeichnet ist (15o) und aus Bemerkungen, die den Mezzanin betreffen. Es ist nämlich wahrscheinlich, daß die Kapelle durch zwei Geschosse reichte. In einem Brief des Hausmeisters Fischbacher an Max IV. vom 2o. 1o. 1725 (151), der sich mit dem Programm der Zimmermannschen Ausmalung befaßt, heißt es, daß "ermelte fünf historien oben her auf die Pfeiller zwischen der kleinen Fenster", also die Fenster des Mezzanin, gemalt werden sollen. Auch das bei Preysing aufgeführte "Kranckhen stübl in der Mezanin so in die Kapellen schauet" ist ein Hinweis darauf, daß das Mezzaningeschoß in die Kapelle einbezogen war. Wenn

fig. 8, 9

nach den Grundrissen des 2. Obergeschosses und des Mezzanin 1852 alle Räume der nordwestlichen Gebäudeecke nur eingeschossig waren, so werden wir annehmen müssen, daß es sich hier um einen Umbau nach der Exsekration der Kapelle am 6. 5. 1844 (152) handelt, daß also eine Decke eingezogen und die Raumeinteilung im Mezzanin verändert wurde. Ein Umbauplan im 2. Obergeschoß dagegen ist in den Grundriß von 1852 eingezeichnet (in unserer Nachzeichnung fortgelassen), so daß kürzlich hier bereits erfolgte Grundrißänderungen unwahrscheinlich sind.

Der an das Vorzimmer in der Mitte der Westseite anschließende Raum, der auch seiner Größe nach einer Hauskapelle angemessen erscheint, war schon durch seine Lage dafür sehr geeignet: Er war von den repräsentativen Räumen (Großem Saal und Vorzimmern) ebenso bequem zu erreichen wie von den privaten und über die Nebentreppen auch von den anderen Geschossen aus. Die Mitteilung des Hausmeisters über die Verteilung der Zimmermannschen Dekoration läßt sich ebenfalls mit den Gegebenheiten dieses Raumes vereinen. Wenn man annimmt - und dafür spricht die Bemerkung über das Krankenzimmer -, daß auch die Innenwände mit Ausnahme der östlichen, wo der Altar gestanden haben wird, oben je ein kleines, den Mezzaninfenstern der Außenwand entsprechendes Fenster hatten (die südliche Abschrägung wegen des Kamins ein blindes), ergäben sich analog der Beschreibung fünf Pfeiler zwischen den Fenstern. Die Dekoration hätte so in sinnvoller Weise den Kapellenraum ausgefüllt und über die schräggestellten Wände auf den Altar hingelenkt.

Die Zimmermannsche Decke war, wie aus dem Brief des Hausmeisters hervorgeht, bemerkenswerterweise "mit öllfarben" gemalt, "damit solche frischer khommet", also nicht in der üblichen Freskotechnik. Das Programm enthielt die "fünf freuden reichen Geheinnussen" des Rosenkranzes aus dem Neuen Testament: den englischen Gruß, die Heimsuchung, die Opferung im Tempel, die Auffindung im Tempel und die heiligen drei Könige. Unterhalb der Hohlkehle auf besagten Pfeilern zwischen den Fenstern erschienen entsprechende Begebenheiten aus dem Alten Testament, die insofern Schwierigkeiten bereiteten, als Zimmermann keine entsprechenden Themen einfielen und sie erst vom Prior der Augustiner erfragt werden mußten. So wurden als Gegenüberstellung ermittelt: Rebecca am Brunnen, die Arche Noah, Isaaks Opfer, Joseph von Ägypten, wie er sich seinen Brüdern zu erkennen gibt, und die Königin von Saba. Zimmermann hatte, wie Fischbacher weiter berichtet, ursprünglich beabsichtigt, die Anspielungen ("alludia") aus dem Alten Testament als Symbole darzustellen, die von Putten gehalten werden sollten. Da sich dieser Plan jedoch mit den genannten Themen nicht vereinbaren ließ, erhielt er nun die Anweisung, sie als Szenen zu malen, und zwar im Gegensatz zur Decke als Grisaillen, "weillen das alte testament nur der schatten von dem Neuen gewesen ist". Für jede Szene des Alten Testaments wurde als Unterschrift ein entsprechender Bibeltext vorgesehen.

Das Inventar der Kapelle ging nach der Exsekration aufgrund testamentarischer Verfügung Max' V. (153) in den Besitz der Pfarrkirche Niederaschau über, wo sich heute noch ein Teil befindet. Die Kapelle besaß zunächst einen Altar, zu dem 1738 zwei Nebenaltäre hinzukamen (154), die an den beiden schräggestellten Wänden gestanden haben dürften. Vom Hauptaltar ist in der Pfarrkirche von Niederaschau ein großer Glasschrein erhalten, der 1846 auf der Mensa des Rosenkranzaltars aufgestellt wurde (155). Er hat eine geschnitzte vergoldete Rahmung mit Laubwerk- und Gittermotiven und umfaßt zahlreiche mit kostbarer Gold- und Perlstickerei gefaßte Reliquien und Wachsmedaillons (156). Auf diesem Glasschrein stand offenbar ein großes Kreuz. In einer Aufstellung der Arbeiten Joh. Bapt. Straubs von 1772 (157), die jedoch wahrscheinlich auch Werkstattarbeiten enthält, heißt es unter Nr. 14: "Für den churbaierischen Obristhofmeister Grafen von Preysing, den Altar in dero Hauskapelle, ein Crucifix, eine Madonna, und zwey knieende Engel". Die genannten Arbeiten lassen sich zwar nicht mehr nachweisen, wir besitzen jedoch einen Entwurf für einen der beiden Seitenaltäre (Kat. 9), wo auf der rechten Seite mit Graphit ein großes Crucifix angedeutet ist, dessen Ansatzhöhe sich mit dem Glasschrein vereinbaren läßt. Eine Maßskala für die Mensa, ein angedeuteter Rundbogen und die leichte perspektivische Schrägstellung des Kreuz-Querarms sprechen dafür, daß es sich hier um den bereits vorhandenen Hauptaltar handelt.

Der Entwurf trägt auf der Rückseite von der Hand Max' IV. die Aufschrift: "1738 Altar des hl: Antoni in der Hauß Capelln". Er ist in Graphit ausgeführt, das Retabel grau laviert. Über einer geschnitzten Predella zeigt er ein rosa angelegtes Altarblatt, das von girlandenumwundenen Hermenpilastern flankiert ist. Von den Kapitellen aus leiten fächerartige Gebilde zur plastischen Darstellung eines Putto über, der die Büste des hl. Antonius trägt. - Das Antependium ist nur schematisch angegeben. Sein gekurvter Umriß und die Proportionen unterscheiden sich jedoch wesentlich vom Antependium des Niederaschauer Kreuzaltars, das aus dem Preysing-Palais stammt und, wie Bomhard vermutet, zu einem der beiden Seitenaltäre gehört haben soll (158). Die goldenen Schnitzereien, die auf silbernem Grund neben Palmwedeln und Rosengirlanden auch Rocaillemotive zeigen, lassen sich mit einer Datierung um 1738 gut vereinen. Wenn das Antependium, dem Entwurf nach zu urteilen, nicht mit den Seitenaltären in Zusammenhang gebracht werden kann, wäre es daher denkbar, daß es aus der ebenfalls 1738 entstandenen Hauskapelle des 1. Obergeschosses stammt.

Der rechte Seitenaltar, angeblich ein Marienaltar (159), dürfte als Pendant zum Antoniusaltar ähnlich ausgesehen haben wie dieser.

Von den beiden erwähnten Altarteilen abgesehen, sind in Niederaschau Gemälde, Darstellungen und kirchliche Geräte aus Silber, Elfenbeinskulpturen und Holzarbeiten aus dem Preysing-Palais erhalten. Da sich bereits Wolf Konrad von Rechberg in seinem umgebauten Gebäudekomplex eine Hauskapelle hatte einrichten lassen (16o) und ein Teil ihres Inventars in die neue Kapelle übernommen worden war, gehen einige Stücke auf das 17. Jahrhundert zurück. Die meisten stammen jedoch aus dem 18. Jahrhundert, in dessen Verlauf die Ausstattung immer wieder ergänzt wurde. Während die Gemälde überwiegend im Stil ländlich - naiver Frömmigkeit gehalten sind, haben die Skulpturen und kirchlichen Geräte fast durchgehend eine bemerkenswerte Qualität. Da die Kirchengeräte jedoch in den Inventaren meist nur unzureichend beschrieben sind, ist ihre Herkunft aus dem Preysing-Palais großenteils nicht eindeutig zu beweisen.

> Die einzelnen Stücke aus der Preysingschen Hauskapelle, die sich noch in Niederaschau befinden, sind bereits von Bomhard publiziert worden (161) und brauchen daher hier nicht nochmals aufgeführt zu werden. Als bedeutendste Objekte seien lediglich die beiden Silberstatuetten der Hl. Johann Nepomuk und Florian genannt, Repliken des Münchner Goldschmieds Ignaz Franzowitz von 1766 nach den vergoldeten Holzstatuetten, die Ignaz Günther im gleichen Jahr für die Schloßkapelle in Hohenaschau geschaffen hatte und sich heute in der Sammlung Fischer-Böhler in München befinden (162).

6. Das Treppenhaus

fig. 1o

Das Treppenhaus ist ein hoher Kastenraum mit einer sechsläufigen Treppenanlage, die durch die Übereinanderstellung zweier dreiläufiger Systeme entsteht. Die Treppe beginnt also im Erdgeschoß und im 1. Obergeschoß mit einem Lauf, um sich auf halber Geschoßhöhe in zwei Gegenläufe zu teilen. An den Wendungen vermitteln jeweils vier Stufen, die rechtwinklig zu den Läufen gestellt sind und somit drei quadratische Podeste entstehen lassen. Auf den vollen Geschoßhöhen dagegen bieten schmale Vorplätze Raum für die einzelnen Zugänge. Während der Eingangslauf und der erste Podest von Mauern unterfangen sind, berühren die Doppelläufe nur an einer Seite die Wand; der Vereinigungslauf steigt frei auf. Daher werden Stützen für die drei oberen Podeste benötigt. Sie sind im Erdgeschoß als dorische Marmorsäulen gegeben, auf halber Geschoßhöhe als zwei Hermenatlantenpaare und im 1. Obergeschoß als zwei Hermenkaryatiden. Die Treppe hat ein schmiedeeisernes Geländer, das sich am letzten Podest in einer leichten Ausbauchung schließt und nur von den Postamenten der Hermenatlanten und -karyatiden unterbrochen wird: Die Hermenatlantenpaare haben jeweils ein gemeinsames Postament, das sich elegant um die Wendung herumlegt. Die Wände und die Untersichten der Treppen und Podeste sind stuckiert; vorherrschende Farbe ist weiß, zu dem Abstufungen in gelb und hellblau hinzukommen. Die Decke hatte ursprünglich ein Fresko.

28

Die Problematik des Treppenhauses ist zunächst in zweierlei Hinsicht offenkundig: im Hinblick auf seine Dimensionen und im Hinblick auf das System der Anlage. Die Treppe muß auf verhältnismäßig kleiner Grundfläche die Höhe von zwei vollen Geschossen überwinden. Das gesamte Treppenhaus ist fast doppelt so hoch wie seine Seitenwände breit sind; die Fensterwand und die gegenüberliegende Nordwand sind wiederum zwei Meter schmaler als diese (163). Der Charakter des Treppenhauses wird daher durch seine fast schluchtartige Steilheit bestimmt; es ist eng, wenn auch durch die Durchblicke, die die Läufe zulassen, und das leichte Gitterwerk nicht beengend.

27,28

Der starken Höhenentwicklung des Raumes steht das System der Treppe gegenüber, das durch die Ausweitung von einem Lauf zu zwei Läufen auf die Breitenentwicklung angelegt ist und mit den Podesten die Horizontale betont. Diese Eigenschaften können hier jedoch wegen der Ausmaße des Raumes kaum zur Wirkung kommen, und zwar vor allem deshalb, weil die dreiläufige Treppenanlage, um das 2. Obergeschoß, verdoppelt werden muß. Nicht die Ausweitung, sondern das Aufstrebende ist daher maßgeblich für den Gesamteindruck. Durch die Übereinanderstellung der Anlagen wirkt das Treppenhaus unübersichtlich und verschachtelt. Es erschließt sich erst in der Folge wechselnder Sichtabschnitte, die immer wieder zum Weitergehen veranlassen. In der Abfolge von unten nach oben kommt es dabei zu einer deutlichen Steigerung in der Gestaltung, die auch durch die Lichtverhältnisse unterstützt wird: Sie sind im Erdgeschoß besonders ungünstig, während der freie obere Teil des Treppenhauses hell erleuchtet ist. Dem umgekehrten Ablauf dagegen tragen nur die Hermenatlanten und -karyatiden nachdrücklich Rechnung, die a n zuschauen

Fig. 10

aufgrund ihrer hohen Schäfte nur beim Herabsteigen der Treppe möglich ist.

Die beiden Hermenatlantenpaare sind es aber andererseits, die den ersten Eindruck bei Betreten des Treppenhauses wesentlich mitbestimmen. Denn im Eingangsraum wird der Blick über die glatten Säulen hinweg sofort zum 1. Ripiano, von wo allein das Licht einfällt, und damit zu den Hermenatlanten hinaufgeführt, die, von hinten angestrahlt, bühnenhaft inszeniert erscheinen. Zugunsten dieser Ansicht tritt der Eingangsraum selbst, der mit dorischen Pilastern und Blendarkaturen - in der nördlichen Achse der Seitenwände saßen, wie die Grundrisse von 1852 zeigen, ursprünglich weitere Türen - nur sparsam und wenig glücklich gegliedert ist, in den Hintergrund und läßt daher auch seine Schwächen kaum empfinden.

Im weiteren Verlauf des Treppenhauses ist das anders. Vor allem die Südwand zeigt deutlich die Schwierigkeit, das System der Treppenanlage den räumlichen Verhältnissen anzupassen und verstärkt den Eindruck, es nicht mit einem gebauten, sondern mit einem e i n gebauten Treppenhaus zu tun zu haben: Da ihre Fenster im 1. Obergeschoß vom oberen dreiteiligen Podest überschnitten werden, bietet diese Wand immer ein unbefriedigendes Bild. Ihre einzige Konzession an die Treppenanlage sind die drei Muschelnischen des 1. Ripiano, die sich den verschieden hohen Teilen des Podestes anpassen. Im übrigen ist die Gestaltung der Südwand, bedingt durch die Öffnungen, an den vollen Geschoßhöhen orientiert.

29 Dieses Prinzip, das an der Nordwand ohnehin gegeben ist, ist auch für die beiden Verbindungswände maßgeblich. Es kommt bereits bei den mit figürlichen Motiven - Putto mit Vorhang (164) bzw. Vasenaufbau und Tritonenbrunnen - grazil stuckierten Feldern seitlich der beiden ersten Doppelläufe zum Ausdruck, deren waagerechter Abschluß auf der Ripianohöhe des 1. Obergeschosses liegt. Bei streng symmetrischer Rahmung berücksichtigen sie die aufsteigenden Linien der Wand nur insofern, als sie oben geschwungen sind und eine aus Gitterwerk und Lambrequins bestehende Bekrönung tragen, die eine bessere Ausfüllung des Wandfeldes ermöglicht.

Eine Überleitung von der Zwischenhöhe des 1. Podestes zum 1. Obergeschoß bilden jedoch die Lisenen, deren Mitte durch Stuckdekoration akzentuiert ist und damit die Niveauunterschiede markiert. Sie erscheinen nicht nur als Rahmung der Seitenwände, sondern nochmals zwischen den drei Türen der Nordwand, die hier zusammen mit je einer Tür an der West- und Ostseite den Ausgangspunkt für die Wandgliederung bilden. (Die heute einfach gefelderten Eichentüren dürften ebenso wie im 2. Obergeschoß ursprünglich weiß gefaßt gewesen sein mit wahrscheinlich farbig - gold? - abgesetzten Füllungsrahmen
27 und Schnitzereien.) Sie haben stuckierte Supraporten, die, kompositionell alle ähnlich, motivisch so angelegt sind, daß sich einerseits die beiden äußeren der Stirnwand entsprechen - eine Fruchtschale, flankiert von C-Bogen mit Adlerköpfen -, andererseits die mittlere der Stirnwand und die der Seitenwände, wo Sphingen eine Vase flankieren. (Die Lambrequins, auf denen Vasen und Schalen stehen, sind heute alle gleich, waren aber ursprünglich variiert.) -

Die Decke des Vorplatzes ist, ebenso wie die Treppenuntersichten, mit Gitterfeldern, Band- und Blattwerk stuckiert.

Den Höhepunkt des Treppenhauses bildet der freie obere Teil, der die Geschoßhöhen von 2. Obergeschoß und Mezzanin einnimmt. Die Orientierung der Wandgestaltung an der Geschoßeinteilung, wie sie die Fenster der Südwand festlegen, ist hier so konsequent durchgeführt, daß dieser Teil als selbständige Einheit, als Saal, von seinem Unterbau ablösbar erscheint und sich eine Abnormität wie die südlichen (blinden) Türen der Seitenwände ergeben kann, die, aus Symmetriegründen angebracht, keinen Boden mehr unter sich haben. Die Wände sind jeweils in drei Achsen eingeteilt und mit überall gleichen - mit Gitterwerk, Rosetten, Band- und Blattwerk ornamentierten - korinthischen Pilastern instrumentiert, die mit fratzenbesetzten Doppelkonsolen zum Deckenrundstab überleiten. Den großen Fenstern der Südwand - sie sind mit Hilfe einer Füllung bis zum Gurtgesims heruntergezogen - entsprechen an den übrigen Wänden die Türen, deren Supraporten, Gitterfelder mit eingerollten Verdachungsbügeln, den Verdachungen der Fenster angeglichen sind. Nur in der etwas breiteren Mittelachse der Seitenwände sind die Öffnungen durch Stuckdekoration ersetzt: Auf einem Kaminfeld (ursprünglich vorhandene Türen (165) dienten zur Versorgung der Kamine in den angrenzenden Räumen) steht ein leicht schwingender Baldachin, der ein Rundmedaillon mit Pallas Athene bzw. - an der Westwand - zwei mit Kriegsgerät hantierende Putti einschließt. - Die Mezzaninfenster der Südwand sind an den drei anderen Wänden in entsprechend gerahmte Stuckfelder mit Waffengehängen umgesetzt. (Auf den Rahmen saßen im Gegensatz zu heute ursprünglich überall verschiedene Köpfe.)

Der Zimmermannsche Stuck des Treppenhauses war, wie die Fotos zeigen, von hervorragender Qualität. Heute allerdings sind die Nachteile, die mit der Wiederherstellung zerstörter Ausstattungen unweigerlich verbunden sind, nicht zu verkennen. Das betrifft vor allem die figürlichen Darstellungen (was auch für den Außenbau gilt) und hier besonders die Stuckplastik der Hermenatlanten und -karyatiden, für die zweidimensionale fotografische Vorlagen schwerlich ausreichen können. Nicht zuletzt aber bleibt (ebenfalls wie am Außenbau) auch die Farbgebung besonders problematisch.

Die Stuckdekoration und die Rahmenteile sind überall weiß, die Grundfläche der Wände, mit Ausnahme des Erdgeschosses, gelb, die der Treppen- und Podestuntersichten und der gerahmten Stuckfelder blaß-blau. Dürften solche farblichen Absetzungen grundsätzlich dem ursprünglichen Zustand entsprechen, so wirken die Nuancen heute wenig überzeugend. Die größte Beeinträchtigung des farblichen Gesamteindrucks bedeutet jedoch das fehlende Deckenfresko, das als Ausgangspunkt für die Beurteilung der übrigen Farbigkeit dienen müßte. Aber auch im Hinblick auf die Stuckdekoration des oberen "Saales" erweist sich die heute einheitlich weiße Decke als störend. Denn da die reich stuckierten Wände heute in unmittelbarem Kontrast zur kahlen Deckenfläche stehen, wirken sie leicht überladen, während ursprünglich das Fresko Amigonis ein Gegengewicht bilden und den Raum zusammenhalten konnte.

Von der Ausführung des Freskos können wir uns zwar kein Bild mehr machen, sein Programm aber ist archivalisch genau zu belegen. Wir besitzen nämlich von der Hand Max IV. eine detaillierte Beschreibung "der gedanckhen so in dem blaffon der Münchnerischen großen Hauß stieg vom Mahler Amiconi gemahlen vom He: von wilhelm aber zu papier gebracht worden ao 1725" (166). Der Entwurf des Programms geht also auf den Kabinettssekretär von Wilhelm zurück, während es sich hier um eine nachträgliche Fixierung handelt. Die Beschreibung ist insofern besonders anschaulich, als die einzelnen Themen nicht nur aufgezählt, sondern auf dem Papier auch der Ausführung entsprechend angeordnet sind. Fraglich bleibt lediglich die Ausrichtung des Freskos. Da der obere Podest jedoch aufgrund seiner Dimensionen einen wesentlich günstigeren Standpunkt bietet als der dreiteilige untere und ihm durch die Zugänge zu den repräsentativen Räumen (Großer und Kleiner Saal, Vorzimmer, Petit Cabinet) besondere Bedeutung zukam, war es wahrscheinlich auf die Blickrichtung nach Süden hin angelegt.

> Beim Programm des Freskos handelte es sich um Allegorien, bezogen auf die Familie des Bauherrn. In der Mitte des Plafonds war die Klugheit dargestellt, die das Preysingsche Wappenschild vor der Brust trug. Sie war damit beschäftigt, einen Kranz aus Oliven und Palmen zu binden, die ihr von Pallas Athene (zu ihrer rechten) und Mars (zu ihrer linken) gereicht wurden. Über ihr hielten zwei fliegende Genien ihre Attribute: einen Spiegel bzw. eine Waage und eine Schlange.

> Die gesamte Gruppe war von einer Medaillenkette umgeben, deren Glieder die Preysingsche Ahnenreihe versinnbildlichten. (Ob die Medaillen Porträts zeigten, beschriftet waren oder beides, geht aus der Beschreibung nicht hervor.) Die beiden Enden der Kette wurden oben von der Personifikation des Ruhmes zusammengenommen, die mit der anderen Hand eine Trompete hielt. Pallas Athene und Mars umgriffen die Kette an den Seiten, während unten die Personifikation der Zeit (Chronos?) versuchte, sie mit ihrer Sense durchzuschneiden. Sie wurde jedoch von einem Genius des Mars, der sich über die Sense warf, daran gehindert. Als Pendant zu diesem Genius flog auf der anderen (heraldisch rechten) Seite der Zeit als Symbol der Athene eine Eule, die eine abgelaufene Sanduhr umwendete.

Der Ruhm des Hauses Preysing, gegründet auf Klugheit und kriegerischen Erfolgen - das ist das Thema, das hier an zentraler Stelle verbildlicht war. Durch diese Ikonographie nahm das Treppenhaus, also der Gebäudeteil, den der Besucher als erstes betrat, im Gebäudeinnern eine ähnliche Stellung ein wie die Hauptfassade, mit der sich das Palais als erstes präsentiert, am Außenbau: Auch hier stellt sich an hervorragender Stelle - durch das Wappen im Giebel - das Haus Preysing zur Schau; und auch hier wird - wie an den Wänden des Treppenhauses - mit Waffendarstellungen auf erfolgreiche Kriegstaten verwiesen. Beides, der Außenbau und das Treppenhaus, von denen allein wir uns heute ein genaues Bild machen können, bringen die Absicht zum Ausdruck, die dem gesamten Palais zugrunde lag: die Repräsentation der Adelsfamilie durch ihre Behausung.

7. Verzeichnis der Innenräume

Erdgeschoß:

1	Östliches Vestibül
2	Treppenhaus
3	Remise
4	Marstall
5	Holzlager
6	Heu- oder Strohlager
7 u. 8	Nebenräume
9	Westliches Vestibül
1o	Küche
11	Fleischgewölbe
12	Nebenraum
13	Hausmeister
14	Lakaien
15-19	?

1. Obergeschoß

2o-23	Südwestliches Appartement
22	Offizierstafelzimmer
24	Nebenraum
25	Hauskapelle von 1738
26	Nebenraum
27 u. 28	Korridore
29-33	Appartement Max' III.
29	Tafelzimmer
3o u. 31	Vorzimmer
32	Schlafzimmer
33	Kabinett
34	Bedienstete
35	Puderzimmer
36	Kammerdiener

2. Obergeschoß

37	Großer Saal
38 u. 39	Vorzimmer
4o	Hauskapelle
41-43	Nebenräume
44-49	Appartement Max' IV. ?
44	?
45	Kleiner Saal
46	Vorzimmer
47	Schlafzimmer
48 u. 49	Kabinette
5o	Kammerdiener ?

3. Obergeschoß

51	Garderobe?
52	Gardemeuble?
53	südlicher Teil ursprünglich in die Kapelle (4o) einbezogen; nördlicher Teil Krankenzimmer?
54	Kaplan?
55 od. 56	Bibliothek
57	?
58	Sekretär

D) KUNSTHISTORISCHE BEURTEILUNG

I. Das Preysing-Palais und die lokale Überlieferung

1. Die Forschungsunterlagen

Um die kunsthistorische Bedeutung des Palais Preysing beurteilen zu können, muß zunächst nach seiner Stellung innerhalb der Münchner Palastarchitektur gefragt werden. Die Untersuchungen sind hier insofern erschwert, als die meisten Stadtpaläste der fraglichen Zeit zugrundegegangen sind und es sich bei den wenigen, die heute noch in München stehen, ähnlich wie beim Preysing-Palais zum großen Teil um Wiederherstellungen nach dem letzten Krieg, also nicht mehr um den originalen Zustand handelt. Als Grundlage müssen daher vorwiegend alte Abbildungen dienen, die nie einen vollwertigen Ersatz für die gebaute Architektur bieten können, jedoch wichtige Anhaltspunkte geben. Dabei ist zunächst das in Augsburg erschienene Kupferstichwerk Johann Stridbecks d. J. zu nennen, das den Titel "Theatrum Der Vornehmsten Kirchen Clöster Pallaest u: Gebeude in Chur F. Residentz Stadt München" trägt (167). Obwohl das Werk schon um 1700 entstanden ist (168), dokumentiert es insofern die dem Preysing-Palais unmittelbar vorausgehende Stufe der Münchner Palastarchitektur, als aufgrund des Spanischen Erbfolgekriegs in den ersten 20 Jahren des Jahrhunderts so gut wie keine Stadtpaläste in München entstanden sein dürften. Für die Bauten aus dem zeitlichen Umkreis des Palais Preysing sind vornehmlich fotografische Abbildungen heranzuziehen, wobei das Tafelwerk von Aufleger/Trautmann (169) das beste Material liefert.

Wissenschaftliche Vorarbeiten zur Münchner Palastarchitektur der fraglichen Zeit fehlen - wie eingangs erwähnt - so gut wie ganz. Ein zusammenfassendes Werk gibt es ebensowenig wie Einzeluntersuchungen (170). Wenn Stadtpaläste in der Literatur behandelt worden sind, dann in größeren Zusammenhängen, vor allem innerhalb von Künstlermonographien. So liegen für jeden der Architekten, die die Münchner Profanarchitektur der ersten Hälfte des 18. Jahrhunderts am nachhaltigsten geprägt haben, also für Enrico Zuccalli (171), Joseph Effner (172), Johann und Ignaz Gunezrhainer (173) und François de Cuvilliés d. Ä. (174), Monographien vor, die jeweils als Grundlage dienen können und müssen. Der beschränkte Raum jedoch, den jedes Bauwerk innerhalb eines solchen Rahmens einnimmt, erweist sich für eine gründliche Analyse, die den Vergleich mit dem hier im Mittelpunkt stehenden Palais erleichtern würde, als unzureichend.

Um die Verwurzelung des Palais Preysing in der Münchner Tradition und andererseits das Unterscheidende aufzuzeigen, ist es daher nötig, zunächst auf die wichtigsten stilistischen Merkmale der Vorgängerbauten im Münchner Palastbau, die Effner vorfand, einzugehen.

2. Vorbemerkungen zum Münchner Palastbau des Spätbarock

Von grundlegender Bedeutung für die Münchner Palastarchitektur war die Eigenschaft der Stadt als Residenz der bayrischen Kurfürsten. Nach der durch den 3ojährigen Krieg bedingten Pause in der allgemeinen Bautätigkeit begann mit dem Regierungsantritt Max Emanuels (1680) eine Welle des Palastbaus, die - vom Spanischen Erbfolgekrieg unterbrochen - bis zum Ende der Regierungszeit Karl Albrechts (1745) großen Teilen des Münchner Stadtbildes den Stempel des Barock und Rokoko aufprägte. Dabei lieferte der Hof durch die Anwesenheit des Hofadels nicht nur die Voraussetzung für die Aufgabenstellung; er übte auch auf die Auswahl der Künstler den maßgeblichen Einfluß aus. Die künstlerisch bedeutenden Stadtpaläste dieser Zeit sind fast ausnahmslos mit Namen aus dem Bereich der höfischen Kunst verbunden. Sie spiegeln den Geschmackswandel des Fürstenhauses ebenso wieder, wie es bei den höfischen Projekten wie Nymphenburg und Schleißheim der Fall ist. Wenn auch ein solcher Geschmackswandel innerhalb eines so großen Zeitraumes aufgrund stilistischer Entwicklungen als selbstverständlich angesehen werden muß, so ist er in München von dem Umstand begleitet, daß es hier nicht - wie etwa in Würzburg durch Balth. Neumann - e i n e n Architekten gab, mit dem das "barocke" München identifiziert werden könnte, sondern mehrere, von denen jeder seinen Beitrag leistete. Diese Tatsache ist einmal darin begründet, daß der Hof in der entscheidenden Zeit keinen Künstler in die Stadt berief, der sich auf dem Gebiet der Profanarchitektur mit den Spitzenkräften wie Fischer v. Erlach oder Hildebrandt, Neumann oder Schlüter hätte messen und auf diese Weise dominieren können. Als Cuvilliés, der im 18. Jahrhundert als der bedeutendste Profanbaumeister Münchens gelten muß, auftrat, waren die großen kurfürstlichen Bauvorhaben weitgehend vollendet und auch die meisten Stadtpaläste bereits errichtet. Seine Hauptwerke - die Amalienburg und das Residenztheater - scheiden für das Stadtbild aus, seine Stadtpaläste stehen bzw. standen vereinzelt in Straßenzügen, die schon vor Cuvilliés Zeit ein neues Gesicht angenommen hatten und eine entsprechende Einfügung verlangten.

Eine solche vorgegebene Situation betraf jedoch Cuvilliés nicht allein; sie ist für München bis ins 19. Jahrhundert hinein charakteristisch: bis zu dem Zeitpunkt nämlich, als die Stadt über ihre alten Grenzen hinauswuchs und großzügige Neuplanungen möglich wurden. Denn es ist wichtig zu bedenken, daß es sich bei München anders als etwa bei den Residenzstädten Mannheim, Rastatt oder Karlsruhe nicht um eine geplante, sondern um eine gewachsene Stadt handelt, die größere einheitliche Neubebauungen im Stadtzentrum kaum zuließ (das Münchner "Reißbrettprojekt", die von Effner entworfene Carlstadt (175), war daher außerhalb der Stadt, in Nymphenburg, geplant). Für Neubauten mußte immer erst durch den Abbruch alter Gebäude Platz geschaffen werden, also eine Baulücke, die den Grundriß und durch die Nachbarhäuser den Aufriß beeinflußte. Der Mangel an unbebauten Grundstücken führte jedoch dazu, daß die neuen Stadtpaläste zum größten Teil nicht tatsächliche Neubauten darstellten, sondern wie das Preysing-Palais mehr oder weniger durchgreifende Umbauten. So ist es erklärlich, daß sich die Paläste durch ihre individuellen Fassadengestaltungen zwar durchaus voneinander unterschieden, was den Bautyp betrifft, aber weitgehend der traditionellen Bauweise der alten Münchner Bürgerhäuser verhaftet waren. Nach den Gemeinsamkeiten, die somit entstanden, ist daher nun zu fragen.

Traditionsbedingte Merkmale der Münchner Stadtpaläste unter Max Emanuel und Karl Albrecht sind bereits an ihrem Grundriß ablesbar. Der Haupttrakt des Gebäudes lag immer unmittelbar an der Straße und bildete eine Seite eines Hofes, dessen Form - quadratisch, rechteckig oder unregelmäßig - von der Situation des Grundstücks abhängig war. Die Mitte des Haupttrakts durchschnitt die Einfahrt, neben der wie im gesamten Erdgeschoß Räume mit rein praktischer Funktion lagen, während die Wohn- und Repräsentationsräume in den Obergeschossen untergebracht waren. Der Typ des geschlossenen Baublocks mit Innenhof ist zunächst dem italienischen Stadtpalastbau ebenso eigen wie dem Wiener, während er sich nachdrücklich von der französischen Flügelbauweise, wie sie auch in Norddeutschland (Schlaun, Münster) anzutreffen ist, unterscheidet.

Im Gegensatz aber zu Italien, wo die Paläste zugunsten einer monumentalen blockhaften Wirkung mit Vorliebe freigestellt sind, ist für München wie für Wien oder auch Prag ihre feste Einbindung in die Straßenzeile charakteristisch. Es bildeten sich somit große Straßenwände, in denen sich bereits die Idee anzukündigen scheint, die im 19. Jahrhundert in den "Straßenplätzen" Ludwigs I. und Maximilians II. ihre Verwirklichung fand. Die lückenlose Aneinanderreihung der Paläste führte dazu, daß sie in der Regel nur eine Fassade hatten, zwei oder drei wie das Palais Preysing lediglich dann, wenn es die Ecklage an den Straßen ermöglichte. Die Palastbaukunst wurde somit durch die Fassadenbildung bestimmt: Die Gestaltung der Gebäudefront war das Grundthema der profanen Außenarchitektur Münchens. Durch die Gestaltung der Fassaden aber wurde über die materielle Verbindung hinaus dem Zusammenhang des Häuserverbandes auch künstlerisch Rechnung getragen. Dies äußerte sich vor allem in der starken Herausarbeitung horizontaler Richtungslinien, die durch die Dachformen maßgeblich unterstützt wurde. Die Paläste hatten fast ausnahmslos Satteldächer, deren Traufen parallel zur Straße verliefen und, auch wenn ihre Höhe nicht einheitlich durchgeführt war, durch den waagerechten Fassadenabschluß die Fluchtlinie betonten. Wenn die Gebäudemitte durch einen Giebel akzentuiert war, dann nicht im Sinne einer Giebelfassade, sondern als der Fassade aufgesetztes Glied. Zu dieser Dachführung kam die klare Trennung der Geschosse, die in erster Linie durch die gleichmäßig gereihten, in den Hauptgeschossen meist hochrechteckigen Fenster erreicht wurde und zusätzlich oft durch Gurtgesimse verdeutlicht war. Dabei kamen die verhältnismäßig niedrigen Geschosse dem Wunsch nach einer breit lagernden Front entgegen. Vertikale Gliederungsmittel wurden in der Regel sparsam verwendet und nie so, daß sie den Horizontalzusammenhang unterbrochen hätten. So waren auch Risalite, wo sie auftauchten, flach und immer mit den Rücklagen durch gleiche oder ähnliche Gestaltungsmittel verbunden.

Die Wandgestaltung im einzelnen bot naturgemäß weiten Spielraum. Soweit sich übersehen läßt, lag das Verbindende aller Münchner Stadtpaläste jedoch nicht nur in der seit langem hier üblichen Putzbauweise, sondern auch in der Verwendung vorgemauerter oder aufstuckierter Formelemente. Durch diese Wandbehandlung unterschieden sie sich von der überwiegenden Zahl der vorangehenden Münchner Bürgerhäuser und den bürgerlichen Repräsentativbauten, die - wie auch der maximilianische Trakt der Residenz - zwar ebenfalls verputzt, aber mit Hilfe von Fassadenmalerei gegliedert waren.

Die Fassadenmalerei nämlich, die in Süddeutschland ihr wichtigstes Verbreitungsgebiet fand (176), war im Mittelalter die bei weitem vorherrschende und auch in der Renaissance noch die tonangebende Dekorationsweise Münchens. Vor allem in der zweiten Hälfte des 16. Jahrhunderts, als u. a. der Marienplatz seinen durch Wenings Stich überlieferten Fassadenschmuck erhielt (177), kam sie mit Malern wie Hans Bocksberger d. J. und Christoph Schwarz zu einer künstlerischen Hochblüte. Im Laufe des 17. Jahrhunderts wurde sie dann mehr und mehr zurückgedrängt, bis schließlich im 18. Jahrhundert die Stuckierung der Fassaden überwog. Wie noch heute die Reste der Malereien C. D. Asams am Asamschlößl in Maria Einsiedel bei München beweisen, wurde die Fassadenmalerei jedoch auch damals nicht ganz aufgegeben, und gerade im Hinblick auf die stuckierten Fassaden der Effnerzeit ist es aufschlußreich, das Nebeneinander beider Gestaltungsmöglichkeiten zu bedenken.

Durch die Tradition der Fassadenmalerei war das ästhetische Empfinden nämlich bereits in eine Richtung gelenkt, die die Herausbildung neuer Gestaltungsformen mit Hilfe des Stucks zweifellos erleichterte. Das gilt nicht nur für den Wunsch nach Farbigkeit, der sich in stuckierten Fassaden wie den Preysingschen niederschlägt; entscheidender ist das Streben nach einer dekorativen Fassadenwirkung und der freie Umgang der Maler mit Formen aus der Sprache der Architektur. Der Fassadenentwurf Hans Bocksbergers d. J. in der Graphischen Sammlung München z. B., der aus der 2. Hälfte des 16. Jahrhunderts stammt (178), zeigt neben gewundenen Säulen und Nischen auch Hermen, ornamentierte Lisenen und Fensterumrahmungen, wie sie ähnlich dann im 18. Jahrhundert in Stuck zu finden sind. Besonders deutlich wird der Zusammenhang aber dort, wo die bildhaften Darstellungen fehlen und die Malerei sich vornehmlich auf die schmückende Bereicherung der Öffnungen beschränkt. So hatten die kurf. Fabrica am Rindermarkt, die durch Stridbecks Stich überliefert ist, und auch schon das fünffachsige Gebäude westlich des Landschaftshauses am Marienplatz, das Wening wiedergibt (179), gemalte Fensterbekrönungen, die den dekorativ geschweiften Verdachungen des Preysing-Palais und seiner Nachfolger bereits bemerkenswert nahestehen.

> Im Hinblick auf Münchner Traditionen sind auch die Oculi beider Fassaden zu erwähnen: Sie finden sich bei der maximilianischen Residenz ebenso wie später bei Zuccalli (Schleißheim), Effner (Nymphenburg/Mittelpavillon, Badenburg) oder Cuvilliés (Palais Holnstein, Amalienburg).

Trotz solcher Verwandtschaften muß jedoch betont werden, daß Fassadenmalereien und Fassadenarchitekturen nicht vorbehaltlos miteinander verglichen werden können. Sie folgen jeweils eigenen Gesetzen und lassen eine Austauschbarkeit der Mittel nur dann möglich erscheinen, wenn diese Gesetze durchbrochen werden, d. h. wenn mit Hilfe des einen Mittels die Wirkung des anderen nachgeahmt wird. Das aber geschah vor dem 18. Jahrhundert in München nur zugunsten der Architektur: durch Architekturmalerei, wie sie etwa die maximilianische Residenz zeigt. Die Umkehrung dagegen, eine "malerische Architektur", bringt erst das 18. Jahrhundert, und zwar in höchster Vollendung mit dem Wohnhaus Egid Quirin Asams in der Sendlinger Straße. Eine Umsetzung der oben erwähnten Fassadenmalereien des 16. und 17. Jahrhunderts durch zeitgenössische Stuckatoren ist daher nicht denkbar. Bei den architektonisch gegliederten Fassaden der Privatbauten läßt sich vielmehr eine eigene Entwicklung verfolgen, für die zunächst das Gliederungssystem der Wilhelminischen Feste (Maxburg) (18o) maßgeblich war: Die Mauerfläche wurde in einfache geometrische Felder eingeteilt, die flache Reliefabstufungen und zudem häufig die Verwendung unterschiedlichen Putzes (Rauh- und Feinputz) sichtbar machten. Diese Wandbehandlung, die, wie das Wohnhaus J. B. Straubs in der Hackenstraße zeigt, bei einfacheren Häusern noch im 18. Jahrhundert zu finden ist, wurde erst mit dem Aufkommen der Palastbauten durch anspruchsvollere Mittel ergänzt oder abgelöst. Von der heiteren Lebendigkeit der gemalten Fassaden waren aber auch die Palastfronten zunächst noch weit entfernt. Stuckierter Fassadenschmuck wie die Festons des 1678 entstandenen Palais Rechberg in der Hackenstraße (181) war die Ausnahme, und er verblieb in strengen Formen. Zum wichtigsten Ausdrucksmittel wurden statt dessen kräftig vortretende Gesimse und Fensterverdachungen, deren Ausbildung, wie wir sehen werden, für die stilistische Beurteilung der Paläste wesentliche Anhaltspunkte liefert.

3. Die Palastbaukunst Enrico Zuccallis

Die vorstehenden Bemerkungen machen deutlich, daß das Preysing-Palais durchaus der Münchner Tradition verhaftet ist. Wenn es jedoch keinen neuen Bautyp einführt, so unterscheidet es sich durch seine Fassadengestaltung doch wesentlich von den Münchner Stadtpalästen, die ihm zeitlich vorausgehen. Durch einen Vergleich mit Palästen Enrico Zuccallis, also des Baumeisters, der vor dem Auftreten Effners die maßgebliche Rolle in der Münchner Profanarchitektur spielte, soll das nun gezeigt werden.

Bei den fünf Bauten, die wir heranziehen wollen, handelt es sich um das Palais des Grafen Leonhard Simpert von Törring-Jettenbach, das, wie Stridbecks "Prospect in der Pranger Gassen in München" zeigt, in der heutigen Kardinal-Faulhaberstraße stand und an das sich in der heutigen Prannerstraße das Palais des Grafen Georg Sigmund Christoph von Thürheim anschloß; in der heutigen Herzogspitalstraße befand sich, durch Stridbecks "Prospect bey St. Elisabethen Capell in München" überliefert, das Palais des Freiherrn Franz Karl von Au, in der heutigen Residenzstraße der Palast des späteren kurfürstlichen Oberbaudirektors (182), Graf Ferdinand Fran Albrecht von der Wahl, den Stridbecks "Prospect in der Schwebinger Gassen unweit denen Franciscanern in München" wiedergibt. Für Paul Graf von Fugger zu Kirchberg und

Weißenhorn schließlich wurde der einzige Zuccalli-Palast Münchens errichtet, dessen Fassade heute noch steht, allerdings in der Überarbeitung, die Cuvilliés ab 1731 vornahm, als das Palais in den Besitz der Fürstin Maria Josepha von Portia überging. (183) Den ursprünglichen Zustand zeigt Stridbecks "Anderer Prospect in der Pranger Gassen zu München", der heutigen Kardinal-Faulhaberstraße also. In der Plansammlung des Bayer. Hauptstaatsarchivs hat sich außerdem eine Serie von Originalplänen Zuccallis erhalten, (184) auf die hier zwar nicht näher eingegangen werden kann, die aber, da sie mit Ausnahme des Fassadenaufrisses (185) bisher unpubliziert ist, erwähnt zu werden verdient.

Die Serie besteht aus sieben Plänen:
PS 8292: Fassadenaufriß. Der Plan zeigt im Gegensatz zur Ausführung drei giebelgekrönte Zwerchhäuser: ein dreifenstriges in der Mitte und einfenstrige über den äußeren Fensterachsen. Außerdem gibt es Abweichungen in den Details; so fehlen in der Ausführung etwa die schräg ansteigenden Verdachungen.
PS 8291: Längsschnitt mit Aufriß des Hofes, der im Erdgeschoß eine Pfeilerarkade mit vorgelegten toskanischen Pilastern angibt, im 1. Obergeschoß Fenster mit regelmäßig alternierenden Dreiecks- und Segmentgiebelverdachungen und einfach gerahmte Fenster im 2. Obergeschoß.
PS 829o: Grundriß des Vorgängerbaus,
PS 8289: Grundriß Kellergeschoß,
PS 8286 und 8288: geringfügig variierende Erdgeschoßgrundrisse,
PS 8285: Grundriß 1. Obergeschoß.

Die Chronologie der Paläste, die wir hier außer acht gelassen haben, ist bei der mangelhaften Erforschung der Bauten bisher weitgehend unklar. Die Reihenfolge nämlich, zu der Richard Paulus, Zuccallis Monograph, aufgrund einer angenommenen stilistischen Entwicklungslinie kommt, (186) läßt sich, wie bereits den spärlichen Angaben der Grundbücher zu entnehmen ist, kaum halten. Feststeht jedenfalls, daß die beiden konventionellsten und einfachsten der genannten fünf Paläste, die Paläste Törring und Thürheim, n a c h dem ab 1693 entstandenen Palais Fugger-Portia zu datieren sind: das Törring-Palais nach 1695, das Palais Thürheim nach 1698 (187). Über die Bauzeit der Paläste Wahl und Au besitzen wir einstweilen keine Nachrichten. Das Palais Wahl war schon seit 1647 im Besitz der Familie und wurde von Ferd. Franz Albrecht um 167o übernommen (188). Sein Neubau gehört daher vielleicht zu den frühesten Palästen Zuccallis. Auch das Palais Au ist wahrscheinlich früh anzusetzen, denn die beiden Häuser, die an der Stelle des Palastes standen, kamen bereits 167o bzw. 1678 in den Besitz der Familie Au. (189)

Im Hinblick auf die von Paulus abweichende Chronologie ist zu bedenken, daß wahrscheinlich nicht zuletzt die jeweilige Baugeschichte zur Erklärung bestimmter Eigenheiten beitragen könnte. Andererseits ist Zuccalli als gestaltender Architekt, auch wenn es sich nur um Umbauten mit entsprechenden Vorgegebenheiten handelt, in der Instrumentierung der Fassaden immer faßbar. Aus der Schwierigkeit und den Irrtümern, die sich beim Versuch ergeben,

eine stilistische Entwicklung an den Palästen aufzuzeigen, darf man daher
vielleicht schließen, daß eine solche Entwicklung bei Zuccalli überhaupt schwer
sichtbar wird und infolgedessen unberücksichtigt bleiben kann.

a) Komposition

Der beherrschende Kompositionszug aller Zuccallipaläste ist die ausgeprägte
horizontale Linienführung, die durch die Fensterreihung entsteht und mit Vorliebe durch Simsbänder zwischen den Geschossen unterstrichen wird. Am
leichtesten läßt sich dieses Kompositionsprinzip an den Palästen Törring und
Thürheim ablesen, wo das Moment der Reihung so einseitig angewandt ist,
daß die Fassaden fast beliebig verläger- oder verkürzbar erscheinen und
auch der Sitz der - asymmetrisch angebrachten - Portale ohne Folgen für die
Gesamtwirkung verändert werden könnte. Aber auch bei den anderen drei Palästen, also dann, wenn vertikale Gliederungsmittel auftreten (Paläste Au und
Fugger) und die Mittelachse akzentuiert ist, werden die Fenster als durchgehende Reihe wahrgenommen.

Stellt diese Betonung des Horizontalzusammenhangs zunächst eine Gemeinsamkeit mit dem Preysing-Palais dar, so unterscheiden sich Zuccallis Fassaden
von Effners Palast jedoch durch die fehlenden oder nur wenig ausgeprägten
Gruppenbildungen: Wenn es zu Gruppierungen kommt, dann allein aufgrund von
Vertikalgliederungen, nicht aber durch eine formale Differenzierung der Fenster. So sind mit Ausnahme der Mittelfenster bei den Palästen Wahl und Fugger,
die - mit dem Portal zu einer Figur verwachsen - als Mittelakzent den Reihenzusammenhang aber nicht beeinträchtigen, und einer kaum sichtbaren Abweichung im 2. Obergeschoß des Palais Au die Fenster eines Geschosses immer
gleich oder regelmäßig alternierend gestaltet. Gerade beim Palais Au ist auffallend, daß die risalithaft vortretende Mittelachse nicht, wie es naheliegend
wäre, auch durch die Gliederung hervorgehoben ist, sondern - das machen die
vom Gebäudevorsprung durchgeschnittenen kleinen Pilaster besonders anschaulich - aus dem Fassadenverband lediglich herausgeschoben zu sein scheint.

Der fehlenden formalen Herausarbeitung des Risalits entspricht jedoch in charakteristischer Weise die undezidierte Fassadenteilung, die er zur Folge hat.
Denn ist eine Risalitbildung durch die Einteilung, die sie bewirkt, vor allem
dazu geeignet, feste Verhältnisse innerhalb einer Fassade wahrnehmbar zu
machen, so fällt beim Palais Au, vergleichbar den Palästen Törring und Thürheim, sofort eine "unfeste" Proportionierung ins Auge: In seiner Überhöhung
durch ein Zwerchhaus, im Gesamtzusammenhang der Fassade isoliert steht,
mit dem Risalit zusammengesehen aber als Geschoß zu dessen festem Bestandteil wird (ganz anders also als der aufgesetzte Giebel des Preysing-Palais),
erscheint der Vorsprung turmartig schmal und steht "in keinem Verhältnis"
zu den dreiachsigen Rücklagen. Beim Preysing-Palais dagegen sahen wir die
Fassaden (Ost-, aber auch Westfassade) in sinnvoll aufeinander abgestimmte,
vergleichbare Kompartimente eingeteilt.

Wie fern eine solche Kompartimentgliederung mit ihrer entschiedenen Definition aufeinander bezogener Fassadenteile Zuccallis Palästen steht, macht be-

sonders das Fugger-Palais deutlich, das einzige Beispiel unserer Reihe, wo
ebenfalls in überzeugender Weise eine Unterteilung der Fensterachsen durchgeführt ist. Als Mittel dazu dienen auch hier große Pilaster, jedoch im Gegensatz zum Preysing-Palais n u r sie, und sie sind völlig anders eingesetzt:
Sie dienen als Randmarkierung der drei Abschnitte, bei Effner dagegen als Akzentuierung e i n e s Kompartiments. Infolgedessen sind sie beim Palais
Fugger über die Fassade "verstreut", während sie beim Preysing-Palais auf
den Mittelrisalit konzentriert und von den Lisenen, den seitlichen Fassadenbegrenzungen, unterschieden sind. Wie die Fenster bringen somit auch Zuccallis
Pilaster keine formalen Abstufungen der Fassadenabschnitte mit sich: Die Einteilung beruht allein auf den Proportionsverhältnissen, die die Pilaster festlegen. Da diese zudem gegenüber den Fenstern stark zurücktreten und im Erdgeschoß keine Fortsetzung finden, bleibt die Unterteilung zurückhaltend und das
Moment der Gleichmäßigkeit ausschlaggebend.

Dem additiven Nebeneinander der Fensterachsen bei Zuccalli entspricht auch
das Verhältnis der Geschosse zueinander. Bei den einfacheren Palästen (Törring, Thürheim und Au) erscheint wie die Breitenerstreckung auch die Höhenentwicklung variabel: Es wäre durchaus denkbar, ein weiteres Geschoß, etwa
einen Mezzanin,aufzusetzen, und selbst nach unten zu, wo die Kellerfenster
bzw. die Rauhputzfelder zwischen ihnen (P. Au) vom Boden überschnitten werden, wirken die Grenzen fließend. Bei den Palästen Fugger und Wahl ist das
zwar nicht der Fall. Vor allem beim Fugger-Palais, dessen - obwohl auffallend
hohes - Sockelgeschoß aufgrund der Einfachheit und ähnlichen Gestaltung der
Fenster zum 2. Obergeschoß in Beziehung tritt und mit ihm den aufwendig gehaltenen Piano nobile rahmt, ist der Geschoßaufbau überzeugend. Der Vergleich mit dem Preysing-Palais, wo ja ebenfalls die betonten Hauptgeschosse
zwischen zwei einfache und formverwandte Fensterreihen eingestellt sind, zeigt
aber sofort den Unterschied. Während beim Palais Fugger die Geschosse als
ganzes kommunizieren, die lockere Übereinanderstellung angemessen abgestimmter Fensterreihen den Eindruck bestimmt, sind es beim Preysing-Palais durch die vorherrschenden Gruppen von Portalen und Kapitellen in erster
Linie die Rücklagenfenster, die eine rahmende Funktion übernehmen. Solche
Gruppenzusammenhänge aber, die durch die Abstufung zugunsten von Schwerpunktbildungen zu Verspannungen sowohl der Geschosse als auch der Kompartimente führen, sind Zuccalli fremd. Mit seiner klaren Kompartimentgliederung und der Bildung von formal differenzierten, aber kommensurablen Gruppen, die alle Fassadenteile miteinander verklammern, geht Effners Palast
über seine Vorgänger in München bei weitem hinaus.

b) Formensprache

Zu den grundlegenden Unterschieden der Paläste Zuccallis gegenüber dem
Preysing-Palais gehört das fast völlige Fehlen einer figürlichen oder ornamentalen Stuckdekoration. Die Fassaden wirken daher wesentlich strenger,
die einzelnen Formen treten klarer und gewichtiger hervor. Vergleichend
läßt sich Zuccallis Vokabular so charakterisieren, daß es Grundformen darstellt, die bei Effner in freie Formen übersetzt werden.

Das zeigt sich besonders deutlich an den Fensterverdachungen, die - abgesehen vom Palais Thürheim - hier wie dort das wichtigste Ausdrucksmittel sind. Bei Zuccalli sind sie einfach zu benennen: Segmentgiebel, Dreiecksgiebel, gesprengte Giebel, Fenstergesimse mit immer geradlinieger, manchmal verkröpfter Basis. Die Verdachungen des Preysing-Palais lassen sich von diesen Formen zwar ableiten, stellen aber eine Weiterentwicklung dar, die jeweils einer genaueren Beschreibung bedarf. Mit ihren vielfältigen Schweifungen und Brechungen wirken sie schon isoliert gesehen weitaus dynamischer und leichter; darüber hinaus aber können sie sich zu einer durchgehenden Bewegung verbinden, während sie bei Zuccalli als einzelne Glieder nebeneinander stehen und sich erst durch die Wiederholung der gleichen Form ein Zusammenhang ergibt. Es bedeutet hier daher keinen grundlegenden Unterschied, ob die Abstände zwischen den Verdachungen größer oder kleiner sind oder die Fenster durch Pilaster voneinander getrennt werden. Beim Preysing-Palais dagegen sahen wir, daß bei ähnlichen Verdachungsformen (Schneppengiebel) zwischen den nahe zusammengerückten der Rücklagen und den zwischen Pilastern eingestellten am Mittelrisalit bewußt differenziert ist.

Verschieden bei Zuccalli und Effner ist jedoch nicht nur das Verhältnis der Verdachungen zueinander, sondern auch das zu den Öffnungen und deren Rahmung. Während sich beim Preysing-Palais die Verdachungen gegenüber den Öffnungen weitgehend verselbständigen, sind sie bei Zuccalli fester Bestandteil des Fensters. Besonders ausgeprägt ist dies bei den Ädikulafenstern des Palais Fugger, aber auch bei den anspruchsloseren Fensterformen stehen sie stets in klarer Verbindung mit dem Rahmen, der in der Regel einfach und glatt ist und, wie alle Formen bei Zuccalli, immer streng in der Orthogonale verbleibt (im Gegensatz zum Preysing-Palais also). Der Eindruck größerer Festigkeit bei Zuccallis Fenstern entsteht vor allem dadurch, daß hier nie wie beim Preysing-Palais Bauglieder durch Stuckdekorationsformen ersetzt werden. Konsolen etwa, die bei Effner zu Blattranken werden können, gibt Zuccalli (Paläste Fugger und Wahl) immer in reiner Form, von der sich die Blattschnüre im 2. Obergeschoß des Palais Wahl unmißverständlich als schmückender Bestandteil des Rahmens unterscheiden: Sie sind kein Ersatz, sondern eine Zutat. Als Zutat mit vergleichsweise geringem Eigenwert ist auch die muschelförmige Verdachungsdekoration in den Hauptgeschossen der Paläste Fugger und Wahl aufzufassen, die sich dem strengen Formenkanon bruchlos einfügt. Die drei anderen Fassaden haben keine Stuckdekoration. Einen Hinweis verdienen jedoch die Madonnennischen, die mit Ausnahme des Palais Au bei allen Palästen Zuccallis über den Portalen erscheinen (besonders prächtig beim Palais Wahl, wo die Nische allerdings durch ein von Engeln getragenes Medaillon ersetzt ist). Sie sind eine typisch Münchner Eigenart, also auch bei früheren und späteren Palästen immer wieder zu finden.

Wenn die Dekoration beim Preysing-Palais gegenüber den Zuccallipalästen eine ganz andere Notwendigkeit besitzt, so liegt das nicht nur daran, daß sie stellenweise die Aufgabe von Baugliedern übernimmt; entscheidend ist, daß sie den Charakter vorhandener Bauglieder verändert. Die Rolle der Dekoration über den Öffnungen z.B. tritt schlagend zutage, wenn man Fenster mit annähernd identischen Verdachungs- und Rahmenformen, also etwa die Schneppengiebelfenster, an den drei verschiedenen Fassaden miteinander vergleicht: durch die Köpfe (Ostfassade), das Gitterwerk (Rücklagen Westfassade) und die kahle Fläche (Südfassade) ergibt sich jedesmal ein anderes Bild. So vermag es die Dekoration, wichtigste Ursache für die unterschiedliche Wirkung der beiden Hauptfassaden zu sein. Wie wenig dagegen Zuccallis Architektur durch Dekoration beeinflußbar ist, zeigt die Fassadenumgestaltung des Fugger-Palais durch Cuvilliés, die keine entscheidende Änderung herbeiführen konnte: Sie verleiht der Fassade eine neue Nuance, maßgeblich bleibt aber die Formensprache Zuccallis. Die Begründung für diese Beobachtung liegt darin, daß die Bauglieder bei Effner im Gegensatz zu Zuccalli so angelegt sind, daß sie eine Verbindung mit der Dekoration begünstigen - sie sind selber bereits ins Dekorative umgedeutet. Es ergibt sich dadurch ein "natürliches" Zusammenspiel, dessen Unentbehrlichkeit dort, wo es fehlt (Südfassade), sogleich spürbar wird.

Anders als bei Effner also gehen Zuccallis Bauglieder keine Synthese mit der Dekoration ein. Ihre Wirkung liegt in ihrer klaren Formenstrenge, in ihrem tektonisch logischen Aufbau, der ohne jede dekorative Zutat am durchsichtigsten ist. Eine Abstufung der Fassaden zugunsten größerer Repräsentation wird daher nicht wie beim Preysing-Palais mit Hilfe einer reicheren dekorativen Ausschmückung erreicht, sondern in erster Linie durch die Instrumentierung mit architektonisch bedeutenderen Baugliedern. Das läßt sich an den einzelnen Palästen, angefangen beim Palais Thürheim, das weder Verdachungen noch Pilaster, geschweigedenn Säulen aufweist, bis zum Palais Fugger gut verfolgen: Seine Fassade zeichnet sich vor allem durch die Verwendung der Säule bei Portal u n d Fenstern aus, nicht zuletzt aber durch die große Pilasterordnung, die über ihre Bedeutung als Mittel zur Fassadenrhythmisierung hinaus als Pathosmotiv verstanden werden muß und, im Münchner Adelspalastbau offenbar ohne Vorbild, bezeichnenderweise auf den erstrangigen Profanbau Münchens zurückgeführt werden kann: auf die Architekturmalerei der Maximilianischen Residenz.

c) Verhältnis zu Italien

Die unterschiedliche architektonische Gestaltungsweise Zuccallis und Effners wurde in der Kunstgeschichte bisher überwiegend damit erklärt, daß beide Baumeister Vertreter zwei verschiedener sitlistischer Einflußbereiche seien, die durch das Gegensatzpaar Italien-Frankreich schlagwortartig bezeichnet sind. Äußeren Fakten nach zu urteilen drängt sich die Einteilung geradezu auf. Scheint einem Zuccalli aufgrund seiner Herkunft aus einer der Graubündner Muratori-Familien die Italien-Orientiertheit von vorne herein vorbestimmt zu sein, so liegt bei Effner die Annahme nahe, daß er durch seine Ausbildung in Frankreich die französische Architektur als vorbildlich empfand. Zuccalli begann seine Tätigkeit in München, als eine Italienerin als Kurfürstin das kulturelle Leben wesentlich beeinflußte, während Effner unter einem Kurfürsten arbeitete, der viele Jahre in französischem Exil gelebt hatte. Hinzu kommt, daß während der baukünstlerischen Schaffenszeit Zuccallis unter den ausländischen Künstlern in München, also auch unter den Mitarbeitern des Architekten, die Italiener bei weitem überwogen, zu Effners Zeit dagegen die Franzosen. Die Folgerung aus diesen Tatsachen liegt also auf der Hand - der Nachprüfung an den Bauten selbst vermag sie allerdings kaum standzuhalten.

Den Nachweis, daß die Alternative Italien - Frankreich nicht nur eine starke Vereinfachung darstellt, sondern auch wenig zutreffend ist, hat ausführlich und fundiert zum erstenmal Erich Hubala erbracht. Die entscheidenden Ansatzpunkte für eine neue Beurteilung der Architektur Enrico Zuccallis sind hier vor allem in den Ergebnissen seiner Beschäftigung mit den Schloßbauten von Schleißheim (19o) und Austerlitz in Mähren (191) zu finden, an denen Zuccalli, wie Hubala anhand großenteils neu aufgefundenen Planmaterials darlegen konnte, maßgeblich beteiligt war. Als wichtigste Komponenten, denen gegenüber italienische Anregungen entschieden zurücktreten, nennt Hubala bei seiner stilistischen Beurteilung der Schloßbauten die Fortführung lokaler Traditionen und vor allem die Einwirkung der österreichischen Architektur. Aber auch französische Motive hat Zuccalli, wie schon Paulus erläutert (192), bereits frühzeitig verwendet. Es ist somit irreführend, ihn allein auf eine Richtung festlegen zu wollen. Gerade die Vielfalt der Anregungen ist das entscheidende Charakteristikum und zwar ein Charakteristikum, durch das sich seine Architektur zwanglos in den süddeutschen Raum einfügt. Denn selbst wenn die Anlehnung an bestimmte Vorbilder und damit auch ein Mangel an Selbständigkeit nicht zu übersehen ist, sind die Vorbilder doch immer so verarbeitet, daß zwar nicht Gleichrangiges, aber etwas neues, "typisches" entsteht. Wie sehr gerade Zuccalli ein beispielhafter Exponent bayrischer Baukunst ist, hat Hubala dezidiert hervorgehoben (193). Was er im Zusammenhang mit Schleißheim gezeigt hat, findet sich bei den Palästen eindeutig bestätigt. So wenig mit Schleißheim in seiner Abhängigkeit von Schönbrunn ein österreichisches Schloß nach Bayern verpflanzt ist, so wenig bedeuten Zuccallis Paläste einen italienischen Einbruch in München. Sie sind Zeugnisse einer stilistischen Weiterentwicklung, die sich o h n e Bruch vollzieht.

Am klarsten tritt dies zunächst bei den Palästen Thürheim, Törring und Au zutage, die in ihrer hölzernen Kleinteiligkeit durchaus dem Stil der Paläste entsprechen, wie sie etwa Stridbecks "Prospect zwischen der Carmeliter Kirch und dem Salz-Stadel in München" (194) wiedergibt, und auch bei auffallenden Dimensionen (Palais Törring) der bürgerlichen Baukunst wesentlich näher stehen als den monumentalen Palästen Italiens. Aber auch die Paläste Wahl und Fugger widersprechen nicht den Münchner Gepflogenheiten, die wir oben als Merkmal einer nicht nur auf Zuccalli beschränkten Zeit skizziert haben. Wenn sie sich von den meisten ihrer Vorgänger durch eine festere Proportionierung, klare Symmetrieverhältnisse und eine tektonischen Gesetzen stärker entsprechende Formensprache unterscheiden, so dokumentieren sich darin zwar zweifellos Maßstäbe, die in Italien gesetzt wurden. Das heißt aber nicht, daß in München nun italienisch gebaut worden wäre. Es äußert sich damit vielmehr eine Phase innerhalb der Münchner Architekturgeschichte, in der andernorts bereits vorformulierte Gesetze dem angestrebten Gestaltungsziel entgegenkamen und entsprechend eingeschmolzen wurden.

Wie sehr Zuccalli trotz seiner Aufnahmebereitschaft fremder Anregungen
der heimischen Überlieferung verpflichtet ist, wird besonders deutlich dann,
wenn außerbayrische Vorbilder unmittelbar zu fassen sind. So ist beim Palais
Wahl z. B. die Anlehnung an den Palazzo F a r n e s e in Rom nicht zu übersehen. In auffallender Weise zeigt dies schon das für München ganz ungewöhnliche ausladende Kranzgesims; vor allem aber ist die einfache, allein von
ho rizontalen Richtungslinien ausgehende Komposition jeweils mit den gleichen
Mitteln erreicht: durch durchgehende, auch die seitlichen Ortsteinbänder übergreifende Gurt- und Sohlbankgesimse, denen die gleichmäßig fortlaufenden
Fensterreihen aufgestellt sind. Das Portal bildet mit der darüberliegenden
Fenstertür jeweils den Mittelakzent, die Erdgeschoßfenster sind ähnlich.
Wenn sich trotz solcher Entsprechungen in München ein ganz anderes Bild ergibt als in Rom, so liegt das nicht an abweichenden Detailformen, sondern an
der grundsätzlich verschiedenen architektonischen Konzeption, die mit den
Begriffen baukörperlich und fassadenhaft umschrieben werden kann. Die starke Hervorhebung des Baukörperlichen in Rom drückt sich schon in den beachtlichen Dimensionen des Palastes und vor allem darin aus, daß er als machtvoller Block frei in das Straßengeviert gestellt ist, (195) während der kleine
Münchner Palast nur mit seiner Front in Erscheinung treten kann. Wichtig ist
aber, daß die unterschiedliche Auffassung auch an der Fassadengestaltung
selbst ablesbar ist: Der Betonung des Baukörperlichen entspricht die Organisation der Wand von der Baumasse her (P. Farnese), der Betonung des Fassadenhaften die Vorkehrung der Gliederungsmittel (P. Wahl). So gilt für die Gesamterscheinung der Fassade an der Piazza Farnese nicht nur die Fensterreihen und Gesimse ausschlaggebend, sondern nicht zuletzt die auffallend hohen
ungegliederten Wandstücke über den Fenstern. Das heißt, die Mauer ist hier
als Gestaltungsmittel eingesetzt, das als gewichtiger Faktor unmittelbar mitspricht. Beim Palais Wahl dagegen tritt sie hinter der Gliederung vollkommen
zurück, sie wird zum Hintergrund. Wie wenig es dabei besagt, daß sie ja gerade hier durch die Musterung eine besondere Belebung erfährt, zeigt der Vergleich mit römischen Palästen, wo die Mauer ebenfalls nicht als Masse charakterisiert ist, sondern hinter ihrer Oberfläche "verschwindet". Die Rustizierung des Palazzo Massimo alle Colonne z. B. ist wie beim Palais Wahl als
Musterung zu verstehen und nicht von einer Quaderschichtung her: Die Mauer
erscheint dünn, bildet aber nicht den Hintergrund, sondern ein Gegengewicht
für die Gliederungsmittel.

Die prinzipiell verschiedene Grundkonzeption, die die für Zuccalli in Italien
wichtigste, nämlich die römische Palastbaukunst gegenüber der Münchens auszeichnet, wird auch durch zeitlich wesentlich näherliegende Paläste bestätigt.
Als Beispiel bietet sich dabei Berninis 1664 begonnener (nur in veränderter
Form erhaltener) Palazzo C h i g i - O d e s c a l c h i (196) an, der zweifellos entscheidende Anregungen für das Palais Fugger lieferte. Beide Fassaden haben die gleiche Geschoßeinteilung, hier wie dort sind die Obergeschosse
durch eine große Pilasterordnung zusammengefaßt, die Details (Fensterformen,
Portal, Konsolgesims) sind teilweise fast wörtlich zitiert. Der bezeichnende
Unterschied der Paläste liegt jedoch in der Kompartimenteinteilung des Palazzo

Chigi, die nicht nur - wie beim Preysing-Palais - als Mittel zur Fassadengliederung dient, sondern zugleich zur Veranschaulichung von Baukörpern. Ähnlich wie beim Palazzo Farnese kommt diese Intention schon allein in der Hauptansicht zum Ausdruck, sie ist also nicht darauf angewiesen, daß der Palast, wie es ursprünglich der Fall war, freisteht. Neben der Reliefabstufung und der - dem Preysing-Palais vergleichbaren und dem Palais Fugger entgegenstehenden - Konzentration der Pilaster auf den Mittelrisalit ist dabei vor allem die Dachzone wichtig. Da der Risalit nämlich durch das Konsolgesims und die statuenbesetzte Attika, die um den gesamten Mitteltrakt herumgeführt war, über die Rücklagen hinausgehoben ist, sind die Gebäudeteile durch ihr eigenes Dach und die unterschiedliche Gestaltung der Dachzone als Baukörper klar voneinander geschieden. Diese Absetzung wird durch die Maueroberfläche, die an den Rücklagen im Gegensatz zum Risalit von oben bis unten genutet ist, zusätzlich unterstrichen. Die Mauer ist also auch hier als Gestaltungsmittel bewußt eingesetzt.

Die Bedeutung des Palazzo Chigi-Odescalchi für die Profanarchitektur nördlich der Alpen ist seit langem erkannt. Im Münchner Stadtpalastbau jedoch fand er keine echte Nachfolge. Denn soweit sich der Denkmalsbestand heute überblicken läßt, ist eine unmittelbare Abhängigkeit nur beim Palais Fugger und hier nur bei der Instrumentierung der Fassade nachweisbar. Die Aufteilung des Gebäudes in einzelne Kuben dagegen, die Gruppierung von Baublöcken ist dem Münchner Palastbau bis zum Klassizismus völlig fremd. So sehr sich die Paläste im einzelnen unterscheiden: Immer ist allein die Gebäudewand der Ausgangspunkt für außenarchitektonische Gestaltung, immer - selbst wenn es zur Reliefabstufungen kommt - ist der durchgehende Wandzusammenhang für die Fassaden charakteristisch. Den Einzelformen fällt hier daher die entscheidende Aufgabe zu: Sie sind das Mittel, eine Komposition zu verwirklichen. Während die Gliederung von Berninis Fassade z.B. auch dann noch klar zu erfassen wäre, wenn alle Fenster eines Geschosses die gleiche Form hätten, würde dies die Komposition der Preysingschen Hauptfassaden erheblich verändern, nämlich erheblich vereinfachen. Ist es aber in Italien möglich, durch die Einfachheit der Komposition die Kraftausstrahlung des Baublocks noch zu erhöhen (P. Farnese), so bringt in München eine solche Einfachheit sehr schnell Eintönigkeit mit sich. Bei den qualitätvollen Palästen wird daher hier einer spannungslosen Komposition durch kraftvolle Einzelformen, die sich vordrängen und den Gesamteindruck bestimmen, entgegengewirkt (Paläste Wahl und Fugger) oder aber die Komposition wird differenziert (Preysing-Palais). Eine Differenzierung der Kompositionszusammenhänge jedoch zieht dann zwangsläufig eine Differenzierung der Einzelformen nach sich.

Sind also, der cisalpinen Gepflogenheit entsprechend, allen Münchner Stadtpalästen einschließlich des Rokoko die fassadenhafte Wand als Ausgangspunkt und die Einzelform als Mittel für die Gliederung gemeinsam, so stehen die Paläste Zuccallis und das Preysing-Palais stellvertretend für zwei ganz verschiedene Möglichkeiten, die Aufgabe der Gestaltung zu bewältigen. Das Preysing-Palais läßt sich, wie der Vergleich gezeigt hat, weder in der Komposition noch in der Formensprache mit den Palästen Zuccallis in Verbindung bringen. Seine Fassadengestaltung ist im Münchner Palastbau ohne Vorbild.

II. Joseph Effner und Joh. Bapt. Zimmermann

Wie wir gesehen haben, ist die bei den Preysingschen Fassaden verwirklichte Konzeption untrennbar mit den Eigenschaften der Bauglieder und ihrer Dekoration verbunden. Da der formalen Ausbildung der Details somit eine erhebliche Bedeutung zukommt, verdient die Frage nach dem künstlerischen Anteil des entwerfenden Architekten zum einen und des ausführenden Stuckators zum anderen besondere Beachtung. Es ist also zu untersuchen, ob die Besonderheit der Preysingschen Fassaden mit der künstlerischen Entwicklung Effners erklärt werden kann oder ob sie auf die Zusammenarbeit mit Joh. Bapt. Zimmermann zurückzuführen ist. Als Methode bietet sich dabei der Vergleich von Wandgestaltungen an, die unter Effner mit bzw. ohne Beteiligung Zimmermanns entstanden, und von solchen, die von Zimmermann, aber nicht unter Effner ausgeführt worden sind.

1. Außenarchitekturen Effners ohne Beteiligung Zimmermanns

Da das Preysing-Palais der einzig erhaltene Stadtpalast Joseph Effners ist (197), können nähere Einsichten über die stilistischen Eigenheiten des Architekten nur mit Hilfe von Bauten gewonnen werden, die einer anderen Bauaufgabe entspringen und infolgedessen andere Baugedanken verwirklichen. Abgesehen von der Sakralarchitektur, über die wir nur spärlich unterrichtet sind (198), handelt es sich dabei ausschließlich um Arbeiten für den Münchner Hof, die, was die Außenarchitektur betrifft, mit Ausnahme der Pavillons im Nymphenburger Schloßrondell (199), alle zeitlich vor dem Preysing-Palais liegen. Denn obwohl Effner erst 1745 starb (2oo), scheint seine Tätigkeit nach dem Preysing-Palais mit den Innenausstattungen in der Münchner Residenz weitgehend erschöpft gewesen zu sein.

> Die naheliegende und zweifellos richtige Erklärung für die "Ausbootung" Effners ist, wie mehrfach in der Literatur geäußert, im allgemeinen künstlerischen Geschmackswandel zu suchen, der sich ungefähr zwischen 1725 und 1730 vollzog und mit dem neuen Kurfürsten Karl Albrecht von der Auftraggeberseite her einen maßgeblichen Impuls erhielt. Nach dem Einzug des Rokoko in München war Effner "altmodisch" geworden; er mußte dem moderneren, allerdings auch bedeutenderen Architekten Cuvilliés seinen Platz räumen. Es braucht wohl kaum hervorgehoben zu werden, daß ein solcher Vorgang durchaus nicht ungewöhnlich ist. Effner selbst hatte Zuccalli 1715 am Münchner Hof aus den gleichen Gründen abgelöst (2o1) und auch Cuvilliés' Bautätigkeit nimmt gegen sein Lebensende mehr und mehr ab. Die neuerdings von Friedrich Wolf aufgestellte Behauptung, Effner sei nur eine "Scheingröße" gewesen und sein "vermeintliches Werk" stamme "nur von Hintergrundkräften" (2o2), die Behauptung also, daß Effners Stellung im Hofbauamt nur aufgrund einer auffallenden Begünstigung (für die allerdings auch Wolf keine Erklärung weiß) zustandegekommen sei und sich schließlich nicht länger aufrecht erhalten ließ, entbehrt jeder sachlichen Grundlage.

Die Beurteilung von Effners Außenarchitektur ist durch verschiedene Umstände erschwert: zunächst vor allem dadurch, daß es sich bei allen größeren Projekten, die mit seinem Namen verbunden sind, den Schloßbauten nämlich, nicht um freie Neuschöpfungen handelt. Dachau, Fürstenried und der Nymphenburger Mittelpavillon sind Umbauten, Schleißheim war durch Zuccalli im wesentlichen bereits festgelegt, als Effner die Bauleitung übernahm. Die Pavillons im Nymphenburger Schloßpark aber, wo Effner unmittelbar zu fassen ist, sind jeweils unter ihren besonderen typologischen Voraussetzungen zu sehen ("indisches" Teehaus, Badehaus, Eremitage) und von da her in der Gesamterscheinung unvergleichbar. Hinzukommt, daß der Außenbau in den meisten Fällen durch spätere Veränderungen beeinträchtigt wurde. Soll daher versucht werden, gemeinsame Merkmale dieser zeitlich eng beieinanderliegenden Außenarchitekturen zu finden, so können dies im Großen nur prinzipielle, nicht wörtliche Übereinstimmungen sein oder aber Übereinstimmungen in den Einzelformen.

31
32
Obwohl sich Effner bei seinen Schloßbauten immer mit besonderen Vorgegebenheiten abzufinden hatte, machen nicht zuletzt die Umbauten deutlich, in welche Richtung seine Vorstellungen zielten. Der D a c h a u e r F l ü g e l (1715-17) (2o3) und der M i t t e l p a v i l l o n in N y m p h e n b u r g (ab 1715) (2o4) sind dafür Beispiele. Beide Bauten hatten ursprünglich eine einfache Fassadengliederung. Beim 1558-73 errichteten Schloß Albrechts V. in Dachau waren niedrige schmucklose Fenster in den glatten Mauerverband eingeschnitten und über asymmetrisch angeordnete Vorsprünge hinweg in unregelmäßigen Abständen eingesetzt. Das ab 1664 von Agostino Barelli erbaute Schloß der Kurfürstin Henriette Adelaide wurde durch einfach gerahmte Fenster und Gurtgesimse in fünf Geschosse gegliedert, deren Höhe von unten nach oben kontinuierlich abnahm. In beiden Fällen unterstrichen das massige Mauerwerk und - vor allem in Dachau - das kraftvolle Dach (2o5) die baukörperliche Schwere.

Die Mittel, die Effner bei seiner Umgestaltung anwendet, sind in Dachau und Nymphenburg prinzipiell die gleichen: Der Horizontalgliederung setzt er eine vertikale entgegen, indem er einen flachen Mittelrisalit einführt, der durch eine große Pilasterordnung ausgezeichnet ist. Die Fassaden werden somit in klar definierte über- und untergeordnete Kompartimente eingeteilt und in feste symmetrische Verhältnisse gebracht. (Die verschiedene Breite der Rücklagen in Dachau bleibt durch die ausgleichenden Fenstermaße weitgehend verborgen.) Ein wichtiges Merkmal, das das Preysing-Palais von seinen Vorgängern im Münchner Palastbau unterscheidet, ist damit von Effner im Schloßbau vorgebildet. Die für das Palais charakteristische Gruppierung allerdings findet sich hier nicht (Dachau) oder nur in nicht vergleichbarer Form (Nymphenburg). Die großen Rundbogenfenster nämlich, die Effner in Dachau und Nymphenburg (2o6) einführt, verändern zwar, indem sie den Mauerverband auflockern, das Gesicht der Fassaden erheblich; neue kompositionelle Zusammenhänge im Sinne des Preysing-Palais schaffen sie jedoch nicht. Die beiden Geschosse der Dachauer Fassaden stehen - formal fast identisch - ebenso wie die beiden Rundfenstergruppen in Nymphenburg gleichwertig übereinander. Innerhalb der Geschosse sind die Fenster an Mittelrisalit und Rücklagen zwar unterschieden; wegen der großen Fassadenlänge (jedes Kompartiment in Dachau hat fünf Achsen) treten sie jedoch nicht als überschaubare Gruppen in Erscheinung, sondern als Reihen, die sich durch die gleichmäßige Verwendung des Rundbogens ohne spannungsvollen Kontrast miteinander verbinden und, unterstützt durch das durchgehende Dach, über die Kompartimenteinteilung hinweg die Dominanz der horizontalen Richtungslinien unterstreichen.

Die Fenster der Nymphenburger Fassaden sind zwar wie beim Preysing-Palais in Dreiergruppen zusammengefaßt; die Gruppen stehen aber beziehungslos neben- und übereinander. Der Gegensatz von Mittelrisalit und Rücklagen ist so groß, daß sich kein Zusammenhang ergibt und nur die (bereits vor Effner vorhandene (2o7)) jeweils vor das Erdgeschoß gestellte Freitreppenanlage eine Verbindung herstellt. (Als Gegengewicht und Gegenbewegung zu dieser Treppe diente der - von Leo von Klenze beseitigte (2o8) - mit dem kurfürstlichen Wappen besetzte Frontispiz über dem Mittelrisalit; ähnlich wie beim Preysing-Palais wurde hier also über den Fassadenverband hinweg ein Zusammenhang hergestellt.) Innerhalb der Kompartimente lassen sich zwar mit der Geradlinigkeit der Formen an den Rücklagen und dem Vorherrschen der Rundung am Mittelrisalit durchgehende Eigenschaften feststellen; die übereinandergestellten Gruppen sind jedoch in kein Abhängigkeitsverhältnis gebracht. Wie wenig Effner in dieser Zeit ein Bau von den Proportionen Nymphenburgs mit seiner vielfachen Geschoßstaffelung entgegenkam, zeigt besonders die Ostfassade (Stadtseite). Zwischen den oberen Rundbogenfenstern und den querliegenden Okuli (an deren Stelle an der Gartenfassade hochovale Nischen mit antikisierenden Büsten treten) ist hier ein Architrav eingeklemmt, der die große Ordnung abschließt und eine zweite kleinere trägt. Durch diese Unterteilung stehen die beiden Rundbogenfenstergeschosse des Mittelrisalits gänzlich isoliert in der Fassade und wirken wie ein Stück nach Nymphenburg verpflanztes Dachau. Da ihre Absetzung nicht als Spiegelung der Inneneinteilung verstanden werden kann (denn auch die Okuli gehören noch dem Steinernen Saal an), ist der Hinweis auf Dachau kein Zufall: Es dokumentieren sich hier Vorstellungen, die sich am Nymphenburger Mittelpavillon nicht, aber in Dachau verwirklichen ließen und die zur Erklärung beitragen, warum die Nymphenburger Fassaden wesentlich unglücklicher ausfielen als die Dachauer.

Denn das Ziel, das Effner verfolgte, war nicht eine differenzierte Binnengliederung der Fassaden, sondern die große Form. Der enge geschoßweise Aufbau und die Vielzahl kleiner Fenster in Alt-Nymphenburg konnten dieser Forderung ungleich weniger gerecht werden als die langgestreckte, niedrige Bauanlage in Dachau, die eine weitaus großzügigere Gestaltung zuließ. Ein Merkmal dieser Gestaltung ist die klare, leicht faßliche Komposition, die einfache Großgliederung in Kompartimente und Geschosse. Formale Mittel sind kräftig zusammenfassende große Pilaster - an den langen Dachauer Fassaden sind sie gekuppelt - und gleichmäßig angeordnete, oft zu einer Kette verbundene umrißbetonte Fenster. Dabei ist hervorzuheben, daß solche Merkmale außenarchitektonischer Gestaltung weitläufige Dimensionen erstrebenswert erscheinen lassen, aber nicht an sie gebunden sind. Effner tritt zwar, da sein Eingriff in den Nymphenburger Schloßbau nicht auf die Umgestaltung des Mittelpavillons beschränkt blieb, gerade hier zunächst durch die Großzügigkeit seiner

Gesamtkonzeption, die den Mittelpavillon in einen neuen Zusammenhang einbindet, in Erscheinung: Seine riesigen Erweiterungsbauten (2o9) lassen - zweigeschossig wie Dachau, also niedrig - die Schloßanlage weit ausgreifen und verhelfen ihr durch ihre Ausmaße zu einer Wirkung, die die Uneinheitlichkeit der Gestaltung übertönt. Auch das Karlstadtprojekt, das vom Schloßrondell seinen Ausgang nehmen sollte (21o), bezeugt Effners Fähigkeit, große angelegte Gesamtplanungen zu entwickeln. Seine Herkunft von der Gartenbaukunst, mit der er durch seine Beteiligung an der Nymphenburger Gartengestaltung auch weiterhin verbunden blieb (211), findet hier zweifellos einen Niederschlag. Das Denken in großen achsial geordneten Zusammenhängen war jedoch eine allgemeine Zeiterscheinung; zur Erklärung für die durchgehenden Eigenschaften von Effners Außenarchitektur trägt es wenig bei. Denn das, was wir als "große Form" bezeichnet haben, ist ein Gestaltungsprinzip, das am einzelnen Bau unabhängig von seiner Situation und seinen Ausmaßen ablesbar ist, an Kleinarchitekturen nämlich ebenso wie an den großen Anlagen. Das beweisen die kleinen Nymphenburger Parkburgen, die als selbständige Bauten Effners in seinem Werk eine Schlüsselstellung einnehmen: die Pagodenburg und die Badenburg, die 1716-19 bzw. 1718-21 errichtet wurden (212). (Die 1725-28 im Ruinenstil erbaute, mit gotisierenden Elementen durchsetzte Magdalenenklause (213) stellt typologisch und damit formal einen Sonderfall dar, der hier nicht erörtert werden kann.)

33 Die P a g o d e n b u r g baut sich in zwei Geschossen über einer zentralisierten Grundrißfigur auf, einem Oktogon, dem vier querrechteckige Kreuzarme angesetzt sind. Der Außenbau hat somit vier Stirnseiten und ebensoviele verbindende Rücksprünge; er hat vier Hauptansichten, die sich nur dadurch unterscheiden, daß im Erdgeschoß der nördlichen und südlichen Stirnseite die Fenster als Eingänge heruntergezogen sind. (Durch die Gartengestaltung war ursprünglich die Südseite, vor der sich ein Gartentheater befand (214) als point de vue angelegt.) In den Hauptansichten präsentiert sich der Bau jeweils mit drei Fensterachsen - der vorspringenden Mittelachse und zwei Diagonalachsen - und zwei rahmenden fensterlosen Achsen, den Seitenansichten der benachbarten Kreuzarme. Die Fensterachsen sind ähnlich, aber nicht gleich gestaltet: Alle Öffnungen schließen im Erdgeschoß rundbogig, im Obergeschoß stichbogig - eine Abstufung, die den Hauptgeschossen/Mittelrisalit beim Preysing-Palais (Ostfassade) entspricht. Die Hauptachsen sind im Erdgeschoß durch die Eingänge nur an zwei Seiten ausgezeichnet, im Obergeschoß aber ringsum: anstelle der flachen Gitter vor den Fenstertüren der Diagonalachsen erscheinen hier kleine Balkons mit demgleichen, nun jedoch seitlich ausgebauchten Gitterwerk. Die Fenster tragen also ähnlich wie in Dachau dazu bei, die betonten Bauteile (Mittelrisalit dort, Kreuzarme hier) abzusetzen, um andererseits den geschoßweisen Zusammenhang, der alle Bauteile horizontal zusammenbindet, klar hervortreten zu lassen. Auch hier wird der Horizontalzusammenhang zusätzlich von der Dachzone unterstrichen: heute von einer Attika, ursprünglich, wie der Kupferstich Matthias Disels zeigt, von einer statuenbesetzten Balustrade. Die Vertikalgliederung ist durch die zahlreichen einachsigen Vor- und Rücksprünge hier wesentlich entschiedener als bei den übrigen Bauten Effners

schon im Grundriß mitangelegt; durch die großen Pilaster, die die Geschosse kräftig zusammenfassen, wird sie jedoch nachdrücklich betont. Wie in Dachau und Nymphenburg (Mittelpavillon) tragen die Pilaster zur Hervorhebung der akzentuierten Bauteile bei, denn nur die vorspringenden Ecken der Kreuzarme sind mit vollständigen Pilastern besetzt, während in die einspringenden Ecken jeweils ein geknickter Pilaster gestellt ist. Selbständig gerahmte Achsen sind daher nur die Stirnseiten. Die geknickten Pilaster aber dienen als Bindeglied und als Mittel zur Veranschaulichung der Kontinuität, die dem besonderen Bautyp, der hier vorliegt, dem Zentralbau also, Rechnung trägt.

Im Gegensatz zur klaren stereometrischen Form der Pagodenburg scheint die B a d e n b u r g zunächst uneinheitlich und verschachtelt. Dieser Eindruck ist jedoch ausschließlich auf die Umgestaltung ihrer Umgebung in einen Landschaftsgarten zurückzuführen, der hier eine starke Beeinträchtigung bedeutet. Denn anders als die Pagodenburg, deren ursprünglich prospekthafte Anlage sich in ihrer Architektur nicht ausdrückt, war die Badenburg allein auf ein vorderes und ein hinteres Gartenparterre ausgerichtet, während die Seiten, die heute freiliegen, nicht als Ansicht konzipiert sind und durch Hecken verstellt waren (215). Die beiden unterschiedlich gestalteten, hintereinandergesetzten Baukörper, aus denen das Gebäude besteht, traten daher nicht wie heute in ihrer unhomogenen Verbindung in Erscheinung, sondern nur in der Frontalansicht oder in der Schrägsicht: in der Frontalansicht von weitem als point de vue und in der Nahsicht, während sich die Schrägsicht in der Zwischenstufe ergab, da der Bau aufgrund der Wasserbecken - ein großes im Norden, ein kleineres, von Broderien umgebenes im Süden - nicht über eine Mittelachse erreicht werden konnte. Dabei präsentierte er sich nach Süden hin als nur ein Baukörper, der von Norden gesehen zur Rücklage des kleineren Festsaalvorbaus wurde. Jeder Baukörper aber bot dann immer in überzeugender Durchgestaltung ein geschlossenes Bild.

Die Nordseite mit dem Festsaalvorbau ist als Eingangsseite der Südseite rangmäßig übergeordnet. Der Vorbau hat eine dreiachsige Front, von der jeweils eine einachsige Rundung den Übergang zu den ebenfalls einachsigen Seiten schafft. Durch diese Abrundung, die, wie die Süd-Ostecke und auch wiederholt die Innenräume des Preysing-Palais zeigten, bei Effner sehr beliebt ist, sind die drei Hauptachsen ähnlich wie bei der Pagodenburg, ohne isoliert zu sein, schon durch ihre Ausrichtung abgesetzt. Außerdem sind sie durch große, die $1\frac{1}{2}$ Geschosse übergreifende Pilaster, die wie in Dachau und beim Nymphenburger Mittelpavillon diesen Hauptachsen vorbehalten sind, ausgezeichnet und wurden dem Disel-Stich nach ursprünglich von einer statuenbesetzten Attika gekrönt. Die Geschlossenheit des Vorbaus drückt sich auch hier in den Öffnungen aus, die - rundbogige Fenstertüren unten, querovale Okuli darüber - nun alle gleich sind, und dadurch, daß er ein eigenes Dach hat, das mit seinen Abwalmungen die verschieden gerichteten Achsen in sich sammelt.

So sehr sich die auf der Südseite des Schloßparks gelegene Badenburg von ihrem Pendant in der nördlichen Parkhälfte unterscheidet, sind die Bezüge auf die Pagodenburg an der ihr zugewendeten Badenburger Nordseite nicht zu übersehen. Daß es sich hier um eine Absicht handelt, geht besonders daraus hervor, daß alle die Merkmale, auf denen die Verwandtschaft mit der Pagodenburg beruht (vortretende Mitte, rundbogige Öffnungen, Pilaster, Attika), an der Südseite fehlen. Nord- und Südseite nämlich sind konsequent gegensätzlich gestaltet. Während an der Nordseite die Rundung als Element vorherrscht (Grundriß, Öffnungen), wird der Südtrakt durch Geradlinigkeit bestimmt: Er hat einen streng orthogonalen Grundriß und rechteckige Öffnungen (die Rundung wurde erst von der später geänderten, aus dem Halbkreis entwickelten Freitreppe aufgenommen). Nicht die Mitte tritt vor, sondern die zweiachsigen Eckrisalite, die nicht von Pilastern, sondern von Ortsteinbändern gerahmt werden. Die horizontale Zusammenfassung dieser somit vertikal gegliederten Front ist jedoch auf gewohnte Weise erreicht: alle Öffnungen innerhalb beider Geschosse sind gleich – die mittleren im Erdgeschoß reichen als Fenstertüren lediglich weiter herab – und die Dachung ist in eine gemeinsame Firstlinie eingebunden.

Die vorstehenden Bemerkungen haben gezeigt, daß die einfache, im Sinne der großen Form auf horizontale und vertikale Zusammenfassung zielende Komposition als durchgehendes Merkmal von Effners Außenarchitektur der Zeit zwischen 1715 und 1720 angesehen werden kann. Für die Vielschichtigkeit der kompositionellen Zusammenhänge, die über die Geschosse hinweggreifenden Verspannungen der Preysingschen Fassaden findet sich hier kein Vergleichsbeispiel. Unvergleichlich mit dem Preysing-Palais sind die genannten Bauten aber auch im Hinblick auf die Einzelformen, in denen die in der Komposition verwirklichte Absicht ihren Niederschlag findet. Der Wille zur großen Form äußert sich hier in der Reinheit und Strenge der Durchbildung, in stark herausgearbeiteten einfachen Umrissen und in der Vorliebe für ein horizontal und vertikal straff durchgezogenes Lineament. Aufschlußreich ist bereits ein Vergleich der Pilaster, die nirgends in der freien Übersetzung des Preysing-Palais gegeben sind, also nie als Hermenpilaster und nie mit der ornamentalen Ausgestaltung des Schafts wie dort. Ihr einziger Schmuck sind die Kapitelle, die in der Regel korinthisch oder komposit klassifiziert sind, nur an der Badenburg dorisch. Die glatt verputzten Schäfte treten daher auf dem ebenfalls glatt verputzten Grund als ununterbrochen durchgehende lange Bahnen mit zarten Schattenlinien in Erscheinung. Diesem vertikalen Lineament ist immer ein horizontales entgegengesetzt, das auf verschiedene Weise motiviert sein kann. Die nächstliegende Form, das Gurtgesims, findet sich nur in Dachau und Nymphenburg/Mittelpavillon; im übrigen aber entwickelt es sich im Zusammenhang mit den Fenstern. An den Rücklagen des Nymphenburger Mittelpavillons und dem Südtrakt der Badenburg ist die horizontale Linienführung bereits in den rechteckigen Fensterformen angelegt, zu denen die immer geradlinigen, überwiegend nur aus einem waagerechten Bügel bestehenden Verdachungen hinzukommen – Verdachungsformen also, die sich von denen des Preysing-Palais grundlegend unterscheiden, aber mit ihnen gemeinsam haben, daß sie sich optisch zu einer durchgehenden, allerdings unbewegten Linie verbinden. Die ungebrochenen waagerechten Verdachungsbügel dienen jedoch nicht immer nur zur Unterstreichung der Fensterform; sie können, wie die Dachauer Rücklagen zeigen, auch als Gegensatz zu ihr auftreten. Die unverwischte Gegeneinandersetzung des Halbkreises und der Geraden, die sich dann ergibt, ist für alle Rundbogenfenster der Bauten, von denen hier die Rede ist, kennzeichnend. Von den Rücklagenfenstern in Dachau abgesehen sind es allerdings nicht Verdachungen, sondern die Kämpfergesimse, die den Gegensatz zum Rundbogen darstellen.

Ein besonders charakteristisches Leitmotiv Effners, das er später auch bei den Erweiterungsbauten in Nymphenburg verwendet, ist nämlich die Aneinanderreihung der Rundbogenfenster zu einer Fensterarkade: Die Fenster haben über rahmenlos in die Mauer einschneidenden oder (bei der Pagodenburg) einfacher profilierten Seiten reich profilierte Archivolten, deren Kämpfer als Kämpfergesims hinter den Pilastern durchzulaufen scheinen und sich im Sprossenwerk der Öffnungen fortsetzen. Die Öffnungen scheinen daher in eine durchgehende Schiene eingehängt zu sein und sind zu einer Kette zusammengeschlossen, die bei den beiden Parkburgen sogar um die Ecken herumgeführt ist. Dabei tritt die Rundform der Archivolten durch ihre scharfe Trennung von den Seiten und durch die Betonung ihres Umrisses als Kontrast zu den geradlinigen Pilastern und Gesimsen besonders ins Auge. Ihre Bedeutung für die Wirkung der Fassaden wird zudem noch dadurch gesteigert, daß sie nie nur einem Geschoß vorbehalten ist: Entweder sind zwei gleiche oder fast gleiche Fensterarkadengeschosse übereinandergesetzt oder es treten andere gerundete Fensterformen hinzu - Stichbogenfenster, Okuli -, die immer ebenfalls durch eine kräftige Rahmung hervorgehoben sind.

Diese Rahmenbehandlung, die der klaren Herausarbeitung der umschriebenen Formen dient, zieht ein vom Preysing-Palais gänzlich verschiedenes Verhältnis zur Stuckdekoration nach sich. Die Rahmung wird hier von der Stuckdekoration umspielt, aber nie durch sie übertönt: Eindrucksbestimmend bleibt das Lineament der Profile. Die Dekoration ist also - dem Cuvilliésstuck beim Palais Fugger vergleichbar - eine Bereicherung von Bauformen, die selber nicht ins Dekorative umgedeutet sind. Sie spricht als Auflockerung im Gesamtbild mit; die Architektur wird in ihren Grundzügen jedoch nicht durch sie verändert.

Ist das Verhältnis von Dekoration und Bauformen also bereits mit dem Preysing-Palais unvergleichbar, so kommen die Unterschiede der Ausführung noch hinzu: Zimmermann war an keiner der erwähnten Außenarchitekturen beteiligt (216). Es sind daher allein die Motive, nach deren Ähnlichkeit gefragt werden kann und hier lassen sich, vor allem an den Fassaden des Nymphenburger Mittelpavillons, deren Stuck von Charles Dubut stammt, tatsächlich auffallende Übereinstimmungen feststellen. Die wie beim Preysing-Palais in der Ausrichtung unterschiedenen Helme über den Verdachungen der Rücklagenfenster im 1. Hauptgeschoß, die frontal gegebenen Köpfe mit gekreuzten Zweigen darunter, die Frauenköpfe über den Rundbogenfenstern des gleichen Geschosses (nur an der Ostfassade) und schließlich das ursprünglich vorhandene von Waffenarrangements umgebene Giebelwappen sind trotz der schwerfälligeren Ausführung Dubuts ihren Entsprechungen am Preysing-Palais so ähnlich, daß es naheliegend erscheint, sie hier wie dort auf den Entwurf des für beide Bauten verantwortlichen Architekten zurückzuführen. Der Beweis, daß Effner nicht nur bei seinen frühen Außenarchitekturen, sondern auch beim Preysing-Palais die Motive der Stuckdekoration bestimmte, ist damit jedoch noch nicht erbracht. Die genannten Motive finden sich nämlich in der Folgezeit an Münchner Palästen so häufig, daß sie beim Preysing-Palais - wie später bei den Cuvilliéspalästen - von Zimmermann auch ohne Angaben Effners verwendet worden sein können. Vor allem aber erklären solche Motivähnlichkeiten in keiner Weise die prinzipiellen Unterschiede, die das Preysing-Palais, wie wir sahen, gegenüber den genannten Außenarchitekturen Effners auszeichnen.

2. Außenstuckaturen Zimmermanns unter anderer Leitung:
   Cuvilliés' Palais Piosasque de Non

Die Frage nach dem künstlerisch-selbständigen Anteil des Stuckators ist, wie sich gezeigt hat, bei den frühen Außenarchitekturen Effners wesentlich einfacher zu beantworten als beim Preysing-Palais: Der Stuckator spielt dem Architekten gegenüber eine eindeutig untergeordnete Rolle. Da Zimmermann an keinem der genannten Außenbauten beteiligt war, scheint daher die Annahme berechtigt, daß Effners Vorstellungen hier "unverfälscht" zutagetreten, die Besonderheiten des Preysing-Palais dagegen mit der Eigenständigkeit seines Stuckators zu erklären seien. Wäre Zimmermanns Anteil jedoch tatsächlich maßgebend, so müßten entscheidende Grundzüge des Preysing-Palais auch dort zu finden sein, wo er unter einem anderen Architekten arbeitete. Das ist leicht zu überprüfen.

Als Effners Palast noch im Bau war, 1726, wurde nur wenige Schritte entfernt in der Hinteren Schwabinger Gasse, der heutigen Theatinerstraße, der erste bekannte Stadtpalast von Francois de Cuvilliés begonnen: das Palais Piosasque de Non (217). Die Stuckarbeiten der Fassade, die nach der Zerstörung des Gebäudes im letzten Krieg nur noch durch das Tafelwerk von Aufleger/Trautmann überliefert ist (218), wurden - wie auch bei Cuvilliés' 1733-37 gebautem und heute noch erhaltenem Palais Holnstein in der Kard. Faulhaberstraße - von Zimmermann ausgeführt (219).

Cuvilliés gliedert seine Fassade analog dem Preysing-Palais in neun Achsen, von denen die drei mittleren einen Risalit bilden und von einem Dreiecksgiebel gekrönt werden. Das Palais erscheint jedoch niedriger als Effners Palast, da es zwar auch drei volle Geschosse, aber keinen Mezzanin hat: Das 4. Geschoß ist, mit Lukarnen durchfenstert, in das Mansarddach gelegt (vor dem 19. Jahrhundert das einzige mir bekannte Beispiel in München für diese Dachform). Dient die scheinbare Verringerung der Höhe bereits einer stärkeren Horizontalentwicklung, so kommen die kräftigen Horizontallinien des Gesimses und des Gebälks noch hinzu, durch die im Gegensatz zum Preysing-Palais j e d e s Geschoß scharf vom anderen getrennt wird, und außerdem das Sohlbankgesims im 1. Obergeschoß, das sich über die Brüstung des drei Achsen umfassenden Balkons am Mittelrisalit fortsetzt.

Einen bemerkenswerten Unterschied zum Preysing-Palais stellt aber vor allem die Vertikalgliederung dar. Sie ist nicht mit Hilfe von aufgelegten Gliederungsmitteln wie Pilastern oder Lisenen erreicht, sondern in erster Linie durch die Mauer, die in der Mittelachse des Risalits zurückgesetzt ist und dadurch drei vertikale Bahnen bildet. Dieser entschiedeneren Einsetzung der Mauer als Kompositionselement entspricht, daß sie im Hinblick auf Bauglieder und Dekoration hier nicht allein als Hintergrund dient; es kann sich vielmehr ein echtes Zusammenspiel ergeben. Das zeigen vor allem diejenigen Bauglieder, die beim Preysing-Palais ebenfalls erscheinen, dort aber als "ablösbare" Motive wahrgenommen werden, während sie hier - und zwar nicht zuletzt durch ihr Verhältnis zur Mauer - untrennbar in den Fassadenverband einbezogen sind. Gemeint sind einmal die Säulen, die im Erdgeschoß den Mauervorsprung der seitlichen Risalitachsen ersetzen (also nicht nur durch Portal und Balkon motiviert werden) und im 1. Obergeschoß, wo sie in die Mauerecken eingestellt sind, zwar nicht wie im Erdgeschoß als Mittel zur Reliefabstufung dienen, aber als Mittel zu deren Hervorhebung. Fest in die Fassadengestaltung integriert ist hier aber auch der (vom Dach überragte!) Frontispiz: Der Rücksprung der Mittelachse ist bis in den Giebel hinein hochgeführt, die Giebelbasis entsprechend durchbrochen.

Trotz der Abstufung der drei Achsen wird ihr Zusammenschluß als Kompartiment in jedem Geschoß sichtbar gemacht: durch die einheitliche Mauerschicht im Erdgeschoß, den alle drei Achsen umfassenden Balkon, das leicht versetzte, aber undurchbrochene Gesims über dem Mittelfenster/1. Obergeschoß und schließlich die übergreifende Form des Frontispiz. Wichtig ist aber nicht zuletzt die Absetzung des gesamten Risalits durch die Öffnungen.

Die Fenster sind wie beim Preysing-Palais in Dreiergruppen zusammengefaßt und - in offensichtlicher Anlehnung an Effners Palast - über die Geschosse hinweg aufeinander bezogen. Die Bezüge sind jedoch mit anderen Mitteln erreicht, nämlich allein mit Hilfe der Öffnungsformen. Fensterverdachungen dagegen finden sich nur im Erdgeschoß, wo sie sich aber unmittelbar an die Fensterrahmung anschließen. Cuvilliés verwendet nur zwei Fenstertypen: Das Rundbogen- und das Stichbogenfenster. Mit Ausnahme des 1. Obergeschosses/Mittelrisalit sind die Fenster innerhalb einer Gruppe jeweils gleich, nie aber sind zwei Gruppen des gleichen Fenstertyps neben- oder übereinander gesetzt. Durch diesen regelmäßigen Wechsel sind alle Fenstergruppen - nicht nur wie beim Palais Preysing die der Hauptgeschosse - schachbrettartig verspannt. Die Gewichtsverteilung der Geschosse ist daher, obwohl das Erdgeschoß von den Obergeschossen durch die Nutung der Maueroberfläche, die härteren Einzelformen und vor allem durch die Portalzone klar unterschieden ist, wesentlich gleichmäßiger als bei Effners Palast - eine Tatsache, die durch die schon erwähnte scharfe Trennung a l l e r Geschosse noch unterstrichen wird. Damit ist die Fassade aber zugleich spannungsloser: Der Mittelrisalit setzt zwar Akzente, aber fast ausschließlich aufgrund seiner oben genannten Merkmale. Was dagegen die Öffnungen betrifft, so stellt hier - vom Portal abgesehen, das aber auffallend einfach gehalten ist - nur das Mittelfenster eine Besonderheit dar. Durch seinen Rundbogen hebt es sich gegen die nebenstehenden Stichbogenfenster ab und unterstreicht zudem noch einmal den Vertikalzusammenhang der Mittelachse, der somit einzigen Achse nämlich, die in jedem Geschoß die gleiche Bogenform hat. Wichtiger als die Öffnungsform bleiben aber sowohl für die Akzentuierung des Fensters als auch für seinen Zusammenhang innerhalb des Risalits die Säulen: Weitaus energischer, als es die Öffnungsform vermag, verbinden sie Mittelfenster und Säulenportal zu einer einprägsamen Figur.

Gerade das Mittelfenster macht daher den Unterschied zum Preysing-Palais besonders deutlich. Da die gruppenweise Verspannung dort in erster Linie mit Hilfe subtilerer Mittel (Verdachungen, Dekoration) erreicht ist, kann die Differenzierung der Öffnungsformen als Mittel zur Akzentuierung zusätzlich eingesetzt werden. Beim Palais Piosasque dagegen, wo die Öffnungsformen allein die Gruppenunterschiede bzw. -zusammenhänge herstellen, aber nur zwei Fenstertypen verwendet sind, bleibt für eine Akzentuierung mit Hilfe der Öffnungen nur die Möglichkeit, die gewohnte Regelmäßigkeit innerhalb einer Gruppe zu durchbrechen. Daß dieses Mittel wenig Durchschlagskraft besitzt und andere, die Säulen also, hinzugenommen werden müssen, liegt einmal daran, daß die Öffnungsform des Mittelfensters im Hinblick auf die Gesamtfassade keineswegs einzigartig ist; hinzukommt aber, daß Rund- und Stichbogenfenster einander zu ähnlich sind, um einen wirklichen Kontrast ergeben zu können. Hierin liegt ein weiterer Grund für die schon beobachtete Spannungslosigkeit der Fassade: in der mangelnden Entschiedenheit nämlich, mit der die Gruppen voneinander abgesetzt sind (im zweiten Obergeschoß sind sie durch die schmiedeeisernen Gitter sogar noch zusätzlich einander angeglichen). Der Wechsel der Öffnungsformen tritt daher zunächst als willkürliche Mischung in Erscheinung und wird erst verständlich, wenn seine kompositionelle Motivierung gedanklich nachvollzogen ist.

Es ist offensichtlich, daß Cuvilliés hier ein Kompositionsschema gebraucht, das den gestalterischen Mitteln wenig entspricht. (Bei seinem späteren Palast, dem Palais Holnstein, gibt er es zugunsten einer strafferen kompositionellen Durchgestaltung dann auch auf.) Lehnt er sich nämlich kompositionell ans Preysing-Palais an, so sind die Fensterformen, die diese Komposition veranschaulichen, Effners frühen Außenarchitekturen verwandt: Auch Cuvilliés verwendet, ohne jedoch das Ziel, das Effner mit solchen Mitteln verfolgte, anzustreben, das Motiv der Fensterarkade (1. Obergeschoß/Rücklagen), auch er bevorzugt die kräftig durchgezogene Fensterrahmung. Damit spielt aber auch die Dekoration eine andere Rolle als beim Preysing-Palais. Der Unterschied wird besonders deutlich da, wo die Motive auffallende Ähnlichkeit zeigen. So lassen die Helme und Köpfe über den Fenstern des 2. Obergeschosses sofort ans Preysing-Palais denken. Während sie dort aber mit den Verdachungen zusammengesehen werden und mit ihnen den Eindruck der Fenster bestimmen, sind sie hier allein dem Fensterrahmen zugeordnet, ohne sich jedoch gegen ihn durchsetzten zu können: Maßgebliches Ausdrucksmittel bleibt der Rahmen, der durch die Dekoration an seiner wichtigsten Stelle, dem Bogenscheitel, eine Akzent erhält. Dabei scheint es zunächst vergleichsweise unwichtig zu sein, wie dieser Akzent im einzelnen gestaltet ist. Denn wenn wir oben feststellten, daß sich die Kompositionszusammenhänge der Fenstergruppen hier nur aufgrund der

Öffnungsformen ergeben, dann nicht allein deshalb, weil die Dekoration gegenüber der Rahmung zurücktritt; hinzukommt, daß sie im Gegensatz zum Preysing-Palais diesen Zusammenhängen nicht angepaßt ist. Das heißt jedoch nicht, daß sie willkürlich angeordnet wäre. Es sind vielmehr andere Zusammenhänge, nämlich die Horizontal- und Vertikaleinteilung, die sie berücksichtigt. So wird die Mittelachse durch die Aufwendigkeit der Dekoration (Wappen, Madonnenrelief) hervorgehoben; die seitlichen Risalitachsen zeichnen sich durch die motivische Abstimmung (Waffen- und Rüstungsmotive) und die Ähnlichkeit der Dekorationsrahmung aus. An den Rücklagen schließlich sind es die Kartuschen, die dem Vertikalzusammenhang Rechnung tragen, wobei im 1. Obergeschoß zur Verringerung der Höhe allerdings der figürliche Schmuck fehlt: mit Rücksicht auf den Geschoßzusammenhang sind die Kartuschen hier den nebenstehenden Risalitfenstern entsprechend nur bis zum Gebälkfries hochgeführt und damit der formverwandten Madonnenkartusche gegenüber abgestuft. Eine ähnliche Beziehung zwischen Mittelfenster und Rücklagen ergibt sich im 2. Obergeschoß (durch die Köpfe), wo zudem alle Fenster durch die weitgehend übereinstimmende Umrahmung der figürlichen Motive den Horizontalzusammenhang unterstreichen.

Der entscheidende Unterschied zum Preysing-Palais liegt also darin, daß sich die Dekoration kompositionell gegenüber den Baugliedern, denen sie beigegeben ist, verselbständigt und auch formal keine enge Verbindung mit ihnen eingeht. (Symptomatisch sind auch die Madonnenkartusche, die nachträglich in die Lücke über dem Mittelfenster hineingedrückt zu sein scheint, und die Dekoration im Erdgeschoß, die scheinbar fast lose an der Mauer hängt.) Es ist daher hier zunächst weitaus naheliegender als beim Preysing-Palais, den künstlerischen Anteil des Stuckators über die Ausführung hinaus auf den Entwurf der Dekoration ausdehnen zu wollen und damit Architektur und Dekoration als klar zu trennende Aufgabenbereiche anzusehen. Gerade die Beobachtungen, die der Vergleich mit Effners Palast ergab, sprechen jedoch gegen eine solche Annahme. Es ist nämlich bemerkenswert, daß die Dekoration eben die Kompositionslinien unterstreicht, die, wie wir sahen, mit Mitteln zum Ausdruck gebracht sind, die Cuvilliés' Fassade vom Preysing-Palais unterscheiden, und daß sie andererseits die Zusammenhänge, die eine Anlehnung erkennen lassen, nicht berücksichtigt. Wenn sie aber offensichtlich mit den individuellen Vorstellungen Cuvilliés' in Einklang steht, darf daraus zweifellos geschlossen werden, daß ihre Konzeption nicht vom architektonischen Entwurf zu trennen ist. Wenn umgekehrt die Abhängigkeit, also die für das Preysing-Palais charakteristische Verspannung der Fenstergruppen, hier von der Dekoration nicht unterstützt wird, kann sie auch nicht auf die Mitwirkung des Stuckators zurückgeführt werden. Die eingangs gestellte Frage, ob entscheidende Grundzüge des Palais Preysing aufgrund des Einflusses Zimmermanns auch bei Fassaden anderer Architekten wiederzufinden seien, muß daher für das Palais Piosasque de Non eindeutig verneint werden. Als Vergleichspunkte, die den Stuckator betreffen, bleiben allein die Dekorationsmotive und ihre Ausführung, auf die wir im Hinblick auf unsere Fragestellung nun jedoch nur noch kurz einzugehen brauchen.

Da sowohl bei Effners als auch bei Cuvilliés' Palast die kompositionellen Zusammenhänge der Dekoration offensichtlich vom Architekten gezielt in den Gesamtplan einbezogen sind, kann der jeweilige Baumeister zweifellos auch an der Wahl und Anordnung der Motive nicht unbeteiligt gewesen sein. Die motivischen Ähnlichkeiten, die die Dekoration beider Paläste zeigt, müssen somit aus der Abhängigkeit des frühen Cuvilliés von Effner heraus gesehen werden. Doch sind auch bestimmte Eigenheiten beim Palais Piosasque nicht zu übersehen, die bereits an die späteren Außendekorationen Cuvilliés' denken lassen. So sei nur auf die Vorliebe für Kartuschen hingewiesen (Palais Holnstein, Amalienburg) und auf die zierlichen Waffengehänge (Amalienburg, Palais Preysing/ Prannerstraße (22o)). Auf der anderen Seite stehen, wie schon der Nymphenburger Mittelpavillon zeigte, die Motive des Preysing-Palais in Effners Werk keineswegs vereinzelt da. Dennoch muß immer der Spielraum in Betracht gezogen werden, der dem Stuckator bei der Umsetzung eines zeichnerischen Entwurfs zwangsläufig verbleibt. Das gilt vor allem für die figürlichen Motive, deren endgültige Gestalt von den künstlerischen Fähigkeiten des ausführenden Stuckators in besonderem Maße abhängig ist, aber auch für kleine Details, mit denen sich der Architekt kaum abgegeben haben dürfte. Es braucht daher nicht betont zu werden, daß auch bei verschiedener Herkunft der dekorativen Entwürfe die künstlerische Handschrift des Stuckators immer wieder zum Durchbruch kommt.

Wenn sich also die Dekoration der Paläste Preysing und Piosasque de Non mit geringen Einschränkungen im einzelnen gut vergleichen läßt, so ändert das nichts daran, daß sie jeweils Bestandteil ganz verschiedener Fassadengestaltungen ist. Ihre enge Verwachsenheit mit den Baugliedern beim Palais Preysing, die Umdeutung der Bauglieder und damit der gesamten Fassadenerscheinung ins Dekorative findet bei Cuvilliés' Palast keine Parallele.

3. Innendekorationen Effners mit und ohne Beteiligung Zimmermanns

Da sich, wie wir zu zeigen versucht haben, von den frühen Außenarchitekturen Effners kaum eine Brücke zu seinem Stadtpalast schlagen läßt und wir am Beispiel des Palais Piosasque de Non sahen, daß die Beteiligung Zimmermanns nicht als Erklärung für die Besonderheiten der Preysingschen Fassaden dienen kann, ist die Frage nach einem Bindeglied zum Preysing-Palais weiterhin offen. Bisher haben wir zum Vergleich lediglich Außenarchitekturen herangezogen. Ein entscheidender Unterschied, der das Palais gegenüber allen erwähnten Bauten auszeichnet, liegt jedoch darin, daß das Erscheinungsbild seiner Fassaden auf eine bis dahin in München unbekannte Weise von Elementen der Innenarchitektur bestimmt wird. Aufgrund dieser für die kunsthistorische Bedeutung des Palastes grundlegende Beobachtung müssen, wenn in Effners Werk nach Vorstufen zu den Fassadengestaltungen des Preysing-Palais gefragt werden soll, die Innendekorationen von erhöhtem Interesse sein.

Im Gesamtwerk Effners nimmt die Innendekoration einen breiten Raum ein. Unter seiner Leitung wurde der größte Teil der Ausstattungen in den Bauten, die er selbst neu errichtet oder umgebaut hatte, ausgeführt und außerdem die Neugestaltung zahlreicher Räume in der Münchner Residenz vorgenommen (221). Nicht bekannte verlorene Arbeiten dürften hinzuzuzählen sein. Bei einer solchen Fülle von Innendekorationen muß zwangsläufig die Frage, die sich auf dem Gebiet der Außenarchitektur stellte, erneut in den Vordergrund treten - die Frage also, wieweit Effner im einzelnen auf die Gestaltung Einfluß nahm: Nur wenn ihm ein maßgeblicher Anteil zugestanden werden kann, ist es möglich, die Innendekorationen als Bestandteil des Effnerschen Entwicklungsganges heranzuziehen. Bisher wurden in diesem Punkt unterschiedliche Auffassungen vertreten. Während für Max Hauttmann kein Zweifel bestand, daß Effner als Entwerfender seine Innendekorationen weitgehend selbst bestimmte, tritt als Extremfall neuerdings Friedrich Wolf auf, der ihn hinter den ausführenden Künstlern völlig zurücksetzen zu können meint und Wilhelm de Grof die führende Rolle in der Dekorationskunst der Effnerzeit zuweist (222) - eine Hypothese, die, wie sich zeigen wird, eindeutig widerlegt werden kann.

Bei den Effnerschen Dekorationen sind aufgrund der Ausführungstechnik die Stuckdekorationen von den Boiserien zu unterscheiden. Da es im Rahmen dieser Arbeit nicht möglich ist, die gesamte Dekorationskunst Effners zu untersuchen, und im Zusammenhang mit dem Preysing-Palais - was seine Fassaden, aber auch die wiederhergestellte oder in Abbildungen überlieferte Innenausstattung betrifft - die Stuckarbeiten vorrangig sind, müssen wir uns auf diese Dekorationsart und zudem auf den Zeitraum, der dem Preysing-Palais vorausgeht, beschränken. Im Hinblick auf den Anteil Effners ergibt sich für die Stuckdekorationen die Aufteilung in Wandgestaltungen und Hohlkehlen: Hier werden jeweils verschiedene Ergebnisse festzuhalten sein. Bei den Wandgestaltungen, auf denen in unserem Zusammenhang der Schwerpunkt liegen muß, sind vor allem zu nennen: das Dachauer Treppenhaus, der Festsaal der Badenburg, die Südliche Anticamera, das Treppenhaus und der Große Saal in Schleißheim und natürlich das Treppenhaus im Preysing-Palais selbst, das immer wieder zum Vergleich heranzuziehen ist. Die Stuckatoren, die uns dabei begegnen, sind: Wilhelm de Grof, Charles Dubut und Joh. Bapt. Zimmermann.

a) Dachau

Das Dachauer T r e p p e n h a u s, das in die Jahre 1716/17 zu datieren ist und von de Grof stuckiert wurde, ist von Peter Volk bereits eingehend behandelt worden (223). Wir brauchen daher nur einige unsere Fragestellung betreffende Bemerkungen hinzuzufügen. Die Wandgestaltung stellt hier insofern einen Sonderfall dar, als sie sich, wie Volk gezeigt hat, eng an ein Vorbild anlehnt, an das Treppenhaus von Germain Boffrand im Pariser Palais du Petit-Luxembourg nämlich, und daher nur sehr bedingt als selbständige Leistung Effners angesehen werden kann. Einen besonderen Hinweis verdient aber, daß sich bis zum letzten Krieg in der Graphischen Sammlung München ein Effner zugeschriebener Entwurf für die Westwand erhalten hatte, der bei Hauttmann abgebildet ist (224) und in einzelnen, bei Volk (225) angeführten Punkten von der Ausführung abweicht.

Es handelt sich vor allem um vier Punkte, die wir von Volk wörtlich übernehmen können:
1. Die Ordnungen sind jonisch und korinthisch anstatt toskanisch und komposit,
2. die oberen Fensterumrahmungen zeigen die durchlaufende Girlandenbewegung wie im unteren Vestibül anstelle der auf Kämpfern aufsitzenden Bögen,
3. die Zwickelfüllungen über diesen Bögen gleichen noch Boffrands Lösung,
4. und ebenso zeigt das Gewölbe in den Ecken noch die Boffrandschen Felder mit den Wappen.

Entwurf und Ausführung ist jedoch zunächst gemeinsam, daß sie nach dem gleichen Gestaltungsprinzip angelegt sind, das die frühen Außenarchitekturen Effners kennzeichnet. Das betrifft nicht nur die gleichmäßige Durchführung der Wandgliederung, die ja schon durch die an zwei aneinanderstoßenden Seiten eingeschnittenen Fenster naheliegt, sondern vor allem die formalen Eigenschaften der Gliederungsmittel. So seien insbesondere die strengen Formen der Pilaster erwähnt, die mit glatten Schäften auf ebenfalls glatten, hohen Sockeln stehen, und die kräftig ausgebildeten Profile der Bogenrahmungen. Bemerkenswert ist aber, daß das von der Außenarchitektur her bekannte Arkadenmotiv, das wie bei Boffrand auch in der Ausführung - allerdings nur im Obergeschoß - erscheint, im Entwurf fehlt. Bogenrahmungen und Kämpfer sind hier statt dessen zu einem durchgehenden Band verschmolzen, das, wie Volk beschreibt, eine Girlandenbewegung ergibt. Diese Verselbständigung des Bandes bedeutet gegenüber dem Arkadenmotiv eine stärkere Hinwendung zum Dekorativen und läßt bereits an die durchlaufende Bewegung der optisch zusammengeschlossenen Verdachungen beim Preysing-Palais denken. Formale Vergleichsmomente ergeben sich dabei allerdings nicht. Wenn auf die Preysingschen Fassaden nämlich Elemente der Innendekoration übertragen sind, müssen wir trotz der genannten Abweichung des Entwurfs - die Änderung in der Ausführung erklärt vielleicht das französische Vorbild - hier umgekehrt immer wieder auf die Außenarchitektur verweisen. Die Stuckdekoration spielt entsprechend eine so untergeordnete Rolle, daß das Treppenhaus geradezu kahl erscheint: Sie beschränkt sich, von der Corniche abgesehen, auf die Bogenzwickel im Obergeschoß und auf Kapitelle und Agraffen. Daß Effner ihr nur geringe Bedeutung beimaß, bestätigt auch die nicht unerhebliche Differenz zwischen Entwurf und Ausführung in diesem Punkt. Über pauschale Angaben hinaus - Trophäen in den Zwickeln, Akzentuierung des Hohlkehlenstucks - dürfte der Stuckator hier weitgehend freie Hand gehabt haben.

Wenn das Dachauer Treppenhaus in seiner Abhängigkeit von Boffrands Pariser Treppe im Gesamtwerk Effners und innerhalb der Münchner Hofkunst eine Sonderstellung einnimmt, so ist es gerade zur Abgrenzung der Innendekorationen, die für Effner als charakteristisch angesehen werden können, lehrreich. In der Folgezeit verwirklicht Effner, wie wir sehen werden, Vorstellungen, die sich von Dachau erheblich unterscheiden; eine mit seinem Erstlingswerk vergleichbare Wandgestaltung findet sich später nur noch an untergeordneter Stelle: im Erdgeschoß des Preysingschen Treppenhauses.

b) Badenburg

Unter den Nymphenburger Arbeiten Effners steht in unserem Zusammenhang der F e s t s a a l der Badenburg, der 1721 von Charles Dubut stuckiert wurde, (226) an erster Stelle. Der Raum hat einen rechteckigen Grundriß mit abgerundeten, leicht einspringenden Ecken und wird, wie schon aus der Beschreibung des Außenbaus hervorging, durch sieben Fensterachsen belichtet. Die übrigen fünf Achsen sind diesen entsprechend gestaltet: Sie haben rundbogige Fenstertüren in rechteckiger Füllung unten - von der Mitteltür abgesehen sind sie als blinde Türen mit Spiegeln verglast - und querovale Okuli darüber, in die jeweils antikische Marmorbüsten gestellt sind. Die beiden inneren Ecken sind durch muschelförmige Rotmarmorbecken ausgezeichnet, so daß die Spiegelverglasungen hier entsprechend höher ansetzen. Zusammen mit dem Deckenfresko stellen die Marmorarbeiten die einzigen farbigen Akzente dar: Im übrigen sind die Wände weiß gehalten (für Dachau muß die Frage der Farbigkeit offen bleiben).

Die gleichmäßig um den Saal herumgeführten echten oder imitierten Öffnungen bilden den Ausgangspunkt für die Wandgliederung. Die Stuckdekoration ist jedoch weniger als schmückende Umrahmung dieser Öffnungen angelegt (wie am Außenbau); ihr Schwergewicht liegt vielmehr auf den Intervallen. Allein auf die Öffnungen bezogen sind lediglich die weiblichen Köpfe im Scheitelpunkt der Okuli und die Blütenschnüre, die sie aussenden. Die Sphingen und phantastischen Tiere über den Türen dagegen nehmen auf die Öffnungsrahmungen so wenig Rücksicht, daß sie sie überschneiden, und sind, was wichtiger ist, auf die Intervalle ausgerichtet. Im Mittelpunkt dieser Intervalle sind auf Konsolen wieder Marmorbüsten angebracht, die von der Stuckdekoration durch Festons umrahmt werden. Während die Büsten als vollplastisches Element einmal im Hinblick auf die Gesamthöhe der Wand angeordnet sind und sich zum anderen an den Türhöhen orientieren, ist die Stuckdekoration in zwei Zonen eingeteilt, die mit den Höhendimensionen der Öffnungen nicht übereinstimmen. Die untere Zone besteht aus einem gerahmten Feld, das die Büsten aufnimmt und in der verbleibenden Fläche mit Blattzweigen locker gefüllt ist, die obere aus Gehängen, die an einer Leiste unter der Corniche befestigt sind und jeweils verschiedene Motive zeigen. Einen Hinweis verdienen außerdem die Puttenreliefs der vier Jahreszeiten, die in den Ecken oberhalb der Corniche erscheinen, also in das Deckenfresko eingreifen und damit an die - allerdings durch Gurte isolierten - in Stuck gedachten Wappen erinnern, die Effners Dachauer Entwurf Boffrands Lösung entsprechend zeigt.

Wenn die Dekoration auch so verteilt ist, daß ihr Schwergewicht auf der oberen Wandhälfte liegt, so muß doch hervorgehoben werden, daß sie sich - vom niedrigen Holzsockel abgesehen - über die gesamte Mauerfläche ausbreitet: Sie verselbständigt sich weitgehend gegenüber den tektonischen Gliederungsmitteln und übernimmt ganz im Gegensatz zu Dachau hier eindeutig die führende Rolle. Daß diese Wandlung nicht dem ausführenden Stuckator zu verdanken sein kann, geht aus dem Zusammenhang hervor, der sich zu späteren Wandgestaltungen Effners herstellen läßt, und zwar nicht zuletzt zu den Preysingschen Stuckaturen Zimmermanns. Die schwere, kraftvolle und vergleichsweise altertümliche Ausdrucksweise Dubuts ist zwar mit der Zimmermanns nicht zu verwechseln; das Effnersche Vokabular ist als gemeinsamer Nenner hier wie dort jedoch ebenfalls nicht zu übersehen. So verweisen die mit Lambrequins geschmückten Sphingen, die später auch bei einem von Effner entworfenen Ofen in den Reichen Zimmern der Münchner Residenz wiederkehren, (227) und die phantastischen Tiere auf die Supraporten im 1. Obergeschoß des Preysingschen Treppenhauses, während die ausgebreiteten Gehänge zwischen den Okuli mit den Trophäen im dortigen 2. Obergeschoß vergleichbar sind. Im Hinblick auf den Außenbau des Preysing-Palais können die Köpfe über den Okuli genannt werden, denen wir schon am Nymphenburger Mittelpavillon begegneten (dort fanden sich auch schon die in Okuli eingestellten Büsten - also erneut ein Motiv, das bei Effner innen und außen erscheinen kann). Erwähnenswert sind aber nicht zuletzt die volutenförmigen Abschlüsse der Felder zwischen den Türen, die bereits an die Verdachungen der Rundbogenfenster/Ostfassade denken lassen. Dieses Motiv wird in Schleißheim weiter zu verfolgen sein.

c) Schleißheim

Das Neue Schloß des Kurfürsten Max Emanuel in Schleißheim ist im wesentlichen das Werk Enrico Zuccallis. Seine Planungen und die Aufführung des Baus unter seiner Leitung (1701-4) stellen, wie Erich Hubala eingehend geschildert hat (228), die erste und entscheidende Phase des Schloßbaus dar. Als die Bauarbeiten aufgrund des Spanischen Erbfolgekriegs eingestellt wurden, war der Rohbau des Corps de Logis bereits vollendet und die südliche Galerie mit dem Herkulespavillon schon begonnen. Der Zustand des Baus entsprach allerdings nicht mehr Zuccallis ursprünglicher Planung, denn ein Bauunglück im Sommer 1702 hatte einschneidende Änderungen erforderlich gemacht. Hubala hat überzeugend nachgewiesen, daß dieses Ereignis und seine Folgen für die Weiterführung des Bauvorhabens als wichtigste Ursache für die unbefriedigende Wirkung des bestehenden Schloßbaus angesehen werden müssen. Auch Effner hatte somit, als er 1719 zur Fortsetzung der Arbeiten die Schleißheimer Bauleitung übernahm, keine Gelegenheit mehr, hier korrigierend einzuwirken. Da außerdem die von Zuccalli geplante und auch von Effner zunächst noch vorgesehene Verbindung des Corps de Logis mit dem alten Schloß Maximilians I. zu einer Vierflügelanlage fallengelassen wurde, besteht Effners Anteil vornehmlich in der Stuckdekoration der Fassaden und vor allem in der Innenausstattung des Schlosses, die er bis 1726 leitete.

Eine entschiedene Weiterentwicklung der Dekoration des Badenburger Festsaals läßt sich in der S ü d l i c h e n   A n t e c a m e r a im Erdgeschoß von Schleißheim verfolgen. Ihre Stuckierung wird von Hauttmann und Hager (229) um 1723/24 datiert und Joh. Bapt. Zimmermann zugeschrieben - eine Zuschreibung, die, wie der Vergleich mit den nun gesicherten Preysingschen Stuckaturen zeigt, ohne jeden Zweifel richtig ist. Der rechteckige, tonnengewölbte Raum hat an den Längsseiten jeweils drei rundbogige Öffnungen (Fenstertüren zum Garten bzw. Durchgänge zum Treppenhauskomplex), die bis zur Corniche hinaufreichen, an den Schmalseiten jeweils zwei rechteckige Türen mit rundbogigen Supraporten, die mit Band- und Blattwerk ausgefüllt sind. Wie bei der Badenburg konzentriert sich die Stuckdekoration, die wahrscheinlich farbig abgestuft war, auf die Öffnungsintervalle, auch hier finden sich analog den Sphingen und phantastischen Tieren Vermittler zwischen den beiden Momenten der Wandgliederung: die Hermen, die gleichzeitig die Öffnungen und die Zwischenfelder rahmen.

Diese Hermen, die sofort ans Preysingsche Treppenhaus denken lassen, nehmen in unserem Zusammenhang eine Schlüsselstellung ein: Als dekoratives Element treten sie an die Stelle eines Baugliedes, das hier somit eine ähnliche Wandlung erfährt wie die Säulen im Treppenhaus des Preysing-Palais (zu Hermenatlanten und -karyatiden) und die Pilaster an der dortigen Ostfassade (zu Hermenpilastern). Dieser Umdeutung entsprechend tragen die Hermen der Antecamera keine Archivolten, sondern Palmwedel, die zusammen mit bandförmigen Leisten Archivolten lediglich markieren. Die äußere Leiste ist zudem - eine abgeschwächte Variante des Dachauer Girlandenmotivs - als weiterer Vermittler zwischen Öffnungen und Intervall in das Zwischenfeld hineingeführt, um dort in volutenförmigen Einrollungen zu enden, wie wir sie ähnlich in der Badenburg fanden. Das Zwischenfeld ist damit auch hier in zwei klar unterscheidbare Zonen eingeteilt, die aber miteinander verklammert sind: Zwischen den Voluten sitzt ein Widderkopf, dessen Fell sich über den Rahmen des unteren Feldes legt - erneut ein Hinweis auf die Ostfassade/Preysing-Palais -, während aus den Voluten heraus Hermen wachsen, die in Anspielung auf die Hermen der unteren Zone das Rundmedaillon der oberen einschließen. (Das Motiv erscheint hier in seiner freiesten Form: Es hat nicht einmal eine scheinbare tektonische Funktion, geschweigedenn eine echte wie im Preysing-Palais.) Beide Zonen - das kräftig gerahmte aufsteigende Feld unten und das Rundmedaillon darüber - verweisen so nachdrücklich auf das Münchner Treppenhaus, daß sie als unmittelbare Vorstufe angesehen werden müssen. Der geschweifte Abschluß des unteren Feldes nimmt zudem wieder den Schwung der Fensterverdachungen vorweg (diesmal den der Rundbogenfenster/Westfassade).

Das untere Feld steht, wie die Stuckfelder der Ost- und Westwand des Preysingschen Treppenhauses, unmittelbar auf dem Wandsockel auf und hat daher nur oben einen geschweiften Abschluß. Seine Dekoration - sie ist überall gleich - besteht aus einem aus Bandwerk aufgebauten Tisch, von dem ein Lambrequin herabhängt und - von Greifen flankiert - ein baldachinartiger Aufbau mit Mittelvase aufsteigt, wie er ähnlich im 2. Obergeschoß des Münchner Treppenhauses wiedererscheint. Die Rundmedaillons in der oberen Zone, über die von den Hermen gehaltene Blütenschnüre herabhängen (ein Motiv aus der Badenburg), zeigen jeweils verschiedene Puttenszenen. Auch sie verweisen auf das 2. Obergeschoß im Preysingschen Treppenhaus.

Mit der Ausbreitung der Stuckdekoration über die gesamte Maueroberfläche
ist in der Südlichen Antecamera die Tendenz des Badenburger Festsaals weitergeführt. Die Dekoration ist nun jedoch so dicht angelegt, daß der Grund
kaum noch sichtbar wird (bezeichnenderweise sind die Bogenzwickel, die keine
figürlichen Motive zeigen, mit Gitterwerk überzogen). Die Gewichtsverteilung
ist damit so ausgeglichen, daß sich die obere und die untere Zone zwar durch
ihre Dimensionen unterscheiden, nicht aber wie bei der Badenburg durch eine
ungleiche Verteilung des Stucks.

Trotz ihrer gleichmäßigen Ausbreitung ist die Dekoration jedoch streng -
strenger als bei der Badenburg - gegliedert, nämlich durch die klare Linienführung der Rahmenleisten. Während in der Badenburg die Öffnungen das feste
Gerüst für die Wandgliederung abgeben, bietet somit hier die Dekoration selbst
ein solches Gerüst: Das untere Feld mit dem Medaillon darüber wird mit den
Türen und den Okuli der Badenburg vergleichbar, und zwar dies umso mehr,
als ja auch den Okuli durch die eingestellten Büsten ein bildhafter Wert beigegeben ist. Die gegenüber der Badenburg verstärkte Festigkeit der Dekoration
muß besonders hervorgehoben werden, denn sie ermöglicht einen fließenden
Übergang von den dekorativen Elementen zu den tektonischen, die dann ihrer-
seits durch ihre Umdeutung den dekorativen entgegenkommen. Dieser Vorgang,
der, wie immer wieder betont wurde, für das Preysing-Palais von grundlegender Bedeutung ist, läßt sich an den Wandgestaltungen des Treppenhauses und
des Großen Saals in Schleißheim gut verfolgen.

Das Schleißheimer T r e p p e n h a u s ist das Ergebnis einer Planungsfolge,
in deren Ablauf sowohl seine Position innerhalb des Schloßgebäudes als auch
die Form der Anlage verschiedene Änderungen erfuhr. Erich Hubala hat die
einzelnen Planstufen, die noch in der Zeit Enrico Zuccallis fallen, genau herausgearbeitet und auch die Begründungen für die jeweiligen Planänderungen
beigebracht (23o). Als Effner in Schleißheim auftrat, waren die Umfassungs-
mauern des Treppenhauses einschließlich der südlichen Stützmauer im Erdgeschoß bereits festgelegt. Die Treppe selbst war noch nicht begonnen, aber
schon von Zuccalli, der zunächst eine Flügeltreppe über quadratischem Grundriß geplant hatte, der Ausführung entsprechend als dreiläufige Anlage konzipiert (der Treppe liegt also der gleiche Typ zugrunde wie der Preysingschen).
Zuccalli hatte allerdings nördlich des Vestibüls ein zweites Treppenhaus vorgesehen, das dem südlichen entsprechen sollte, aber nicht zur Ausführung kam.
Der Ausbau des südlichen wurde 1719 als erstes in Angriff genommen (231)
und im Hinblick auf die Hochzeit des Kurprinzen Karl Albrecht (1722) energisch
vorwärtsgetrieben. Am 4.8.172o schloß Effner mit Joh. Bapt. Zimmermann
den Kontrakt über die Stuckierung, die in spätestens sieben Monaten beendet
sein sollte und, was den oberen Teil des Treppenhauses betrifft, es wahrscheinlich auch war. Im gleichen Jahr arbeitete C.D. Asam, auf den auch die Malereien der Antecamera zurückgehen, bereits am Kuppelfresko. Die Treppe mußte aus Zeitmangel allerdings zunächst provisorisch aus Holz errichtet werden.
Ihre Ausführung in Marmor, die 1724 abgeschlossen sein sollte, wurde 1723
sogleich begonnen, aber erst unter Ludwig I. fertiggestellt. Über den Verlauf
ihres Ausbaus und die Urheberschaft des endgültigen Entwurfs herrscht weitgehende Unklarheit. (232)

43 Der 172o/21 von Zimmermann stuckierte obere Teil des Treppenhauses ist wie in Dachau und im Preysing-Palais als Saal konzipiert. Er hat einen annähernd quadratischen Grundriß und umfaßt 1 1/2 Geschosse. Das Mezzaningeschoß, das durch eine Corniche vom unteren Geschoß getrennt ist, liegt bereits in der Zone des Spiegelgewölbes, das sich in der Mitte zu einer ovalen Tambourkuppel öffnet. Die Wände sind jeweils in drei Achsen eingeteilt und einander entsprechend gestaltet. Die sechs Öffnungen der Westseite und die drei Mezzaninfenster im Osten, die die eingeschoßige Große Galerie östlich des Treppenhauses überragen, führen das Licht ein, das, unterstützt durch die weiße Farbe der Wände und der Gewölbezone, den Raum strahlend erhellt. Im übrigen treten mit Ausnahme der drei Durchgänge zum Großen Saal an die Stelle der Öffnungen spiegelverglaste Blindfenster bzw. -fenstertüren (nur die westliche Fenstertür der Südwand ist ein echter Durchgang).

Die Fenstertüren des Hauptgeschosses sind alle rundbogig und werden von Pilastern flankiert, die ein voll ausgebildetes Gebälk tragen. Da sie zudem durch bis an die Corniche reichende Pilaster voneinander getrennt sind, bieten sich hier zwei verschiedene Pilasterformen zum Vergleich an. Die "großen" Pilaster sind sowohl im Aufbau als auch in der Durchbildung konventionell. Sie haben einen kannelierten Schaft (im unteren Drittel mit Pfeifenkanneluren) und Kompositkapitelle (233). Die Kannelierung ist hier jedoch symptomatisch: Sie bedeutet eine Belebung der Schaftoberfläche, deren zartes Lineament in seiner strengen Geradlinigkeit der Wandgliederung Straffheit verleiht, durch die Auflockerung der Oberfläche aber gleichzeitig die Verbindung der Pilaster mit den übrigen Gliederungsmitteln ermöglicht: Trotz ihrer Andersartigkeit werden sie neben den kleinen Pilastern nicht als Fremdkörper empfunden. Daß sie in erster Linie auf die Wirkung ihrer Oberfläche berechnet sind, beweisen auch die Postamente, die zwar nicht in der Form, aber mit ihrer Dekoration denen der kleinen Pilaster entsprechen: Sie sind jeweils nicht nur als Bestandteil eines Baugliedes, als Unterbau, anzusehen, sondern als dekoratives Gegengewicht zum ornamentalen (nicht zum figürlichen) Schmuck der Fenster, also der Bogenzwickel, des Frieses und schließlich der kleinen Pilaster. Diese sind nämlich als Hermenpilaster mit ornamentiertem Schaft gegeben und stellen damit die unmittelbare Vorstufe zu den Pilastern der Preysingschen Ostfassade dar: Von den Kapitellen, die aus dem Kompositkapitell entwickelt und wie beim Preysing-Palais mit Blütenschnüren verziert sind, hängt ein Lambrequin herab; der übrige Teil des Schafts ist wie an der Münchner Ostfassade als gerahmtes, mit Ranken verziertes Feld ausgebildet. Der Lambrequin verweist außerdem auf die Pilaster im Obergeschoß des Preysingschen Treppenhauses, wo die dekorative Behandlung des Schafts noch eine Stufe weitergeführt ist und sich die Entwicklung zu den Pilastern der Westfassade ablesen läßt.

Hinweise auf den Außenbau des Preysing-Palais sind weiterhin die nun schon hinlänglich bekannten Köpfe über den Bogenscheiteln, die Löwenköpfe im Fries über den Hermenpilastern und vor allem die prächtigen Waffenarrangements über den seitlichen Bogen jeder Wand. Über den mittleren dagegen erscheint an der Nord- und Südseite das kurfürstliche Wappen, an der Ost- und Westseite eine Monogrammkartusche, die von Genien gehalten werden und als Mittelakzent jeweils die drei Fenstertüren bzw. die drei Durchgänge im Sinne einer Über- und Unterordnung zu einer Gruppe zusammenbinden. Obwohl diese Darstellungen faktisch mit dem Gesims, auf dem sie aufruhen, verbunden sind (den Genien dient es als Sitzgelegenheit), bleiben Gebälk und Dekoration zwei klar voneinander getrennte Größen: Zu einer Verschmelzung wie bei den Verdachungen des Preysing-Palais kommt es noch nicht. Ein echter Zusammenschluß von Dekoration und Baugliedern findet sich jedoch im Mezzanin.

Auffallend ist hier vor allem die "ornamentale" Form der Öffnungen. In der Mitte erscheint jeweils ein Stichbogenfenster, das unterhalb des Bogens nochmals bogenförmige Einziehungen hat. Die kleinen seitlichen Fenster sind aus dem Oval entwickelt und haben ebenfalls - diesmal doppelte - bogenförmige Einziehungen. Die Gruppierung wird hier also schon durch die Dimensionen und die bildhafte Zuordnung der Öffnungsformen erreicht, denen sich die Dekoration so anpaßt, daß sie - besonders an den Seitenfenstern - ganz mit ihnen verwächst.

> Die seitlichen Öffnungen werden von phantastischen Tieren mit Fischleibern gerahmt, deren Flügel sich in die Einziehungen legen. Über den Scheitel sind wieder Köpfe gesetzt, die durch Gitterfelder mit den Tierflügeln verbunden sind und somit zu einer geschlossenen Einfassung der Öffnung führen (die Form der Gitterfelder läßt bereits an die Supraporten im Obergeschoß des Preysingschen Treppenhauses denken). Das Mittelfenster wird von Trophäen mit hoch aufsteigenden Fahnen flankiert und von einer Muschel gekrönt. Die Fensterlaibungen sind ebenfalls mit Stuckdekoration überzogen, wobei in den Laibungsbogen der Seitenfenster Kopfmedaillons angebracht sind.

Im Gegensatz zur Antecamera ist die Dekoration des Treppenhauses also immer auf die Bauglieder bezogen: Von den durchgehenden Pilastern und der Corniche abgesehen entwickelt sie sich ausschließlich im Zusammenhang mit den Öffnungen. Das gilt weitgehend auch für die Dekoration des anschließenden G r o ß e n S a a l s , der um 1723/25 von Charles Dubut und J.B. Zimmermann stuckiert wurde (234).

Der Raum hat einen rechteckigen Grundriß und reicht durch zwei volle Geschosse, so daß er wie das Treppenhaus durch zwei Fensterreihen im Westen und die oberen, die Galerie übersteigenden Fenster im Osten belichtet wird (die Farbigkeit der Wände ist hier ebenfalls hell, aber mit gelblichen und rosa Tönen abgestuft). Die beiden Längsseiten sind in fünf, die Schmalseiten in drei Achsen eingeteilt. Alle Öffnungen sind rundbogig, wobei mit Ausnahme der Durchgänge (drei offene an der Südwand zum Treppenhaus, einer an der Nordseite zum Viktoriensaal und einer im Osten zur Großen Galerie, beide mit holzgeschnitzten Türen) an den Innenwänden wieder spiegelverglaste Blindfenstertüren erscheinen, in die an der Nordwand Kamine eingesetzt sind. An den Schmalseiten sind die Öffnungen des oberen Geschosses durch große Schlachtengemälde von F.J. Beich ersetzt.

Wie im Treppenhaus sind die Fensterachsen der Längsseiten durch große kannelierte (ebenfalls mit Pfeifenkanneluren) Kompositpilaster geschieden, die auf hohen gebauchten Postamenten stehen. Diese Postamente sind in ihrer Massigkeit mit den zarten "Postamentfeldern" des Treppenhauses nicht zu vergleichen; dennoch findet sich dort eine Parallele: nämlich mit den seitlichen Mezzaninfenstern. Wie diese werden sie von figürlicher Stuckdekoration eingefaßt, und zwar ebenfalls von langgezogenen geflügelten Tieren (Greiffen), die mit dem Kopf, der wie dort in der Mitte sitzt, verbunden sind. Das Postament und seine Dekoration sind somit unlöslich miteinander verwachsen. Dem Unterbau der Pilaster entsprechend ist auch ihr "Aufbau" dekorativ gestaltet: Sie tragen kein Gebälk, sondern breite, reich verzierte Konsolen, die mit fratzenbesetzten Kartuschen den Rundstab der Decke übergreifen. (Das Fresko von Amigoni setzt unmittelbar über dem Rundstab an; eine Corniche fehlt hier.)

Besonders bemerkenswert ist jedoch die Gestaltung der Öffnungen im unteren Geschoß. Sie werden von perspektivisch über Eck gestellten und somit zwei Seiten präsentierenden Pilastern flankiert, die einen herkömmlichen Aufbau nur noch erahnen lassen: Ornamentierte bandartige Streifen bilden den Schaft und markieren oben lediglich durch ihre Schwingung und den geänderten Dekor den Ansatz eines "Kapitells". Von den Pfeilern steigen ebenfalls schräggestellte eingerollte Konsolen auf, die mit Akanthus und Faunsköpfen besetzt sind und volutenförmig eingerollte Verdachungsbügel tragen. Die Verdachungen der Rundbogenfenster an der Preysingschen Ostfassade sind damit hier erstmals in fast identischer Form vorgebildet. Auch die Anordnung der Dekoration über den Bügeln entspricht ihnen weitgehend. Die Mitte ist hier mit Büsten akzentuiert, die nach den Seiten Trophäen mit Fahnen aussenden, bzw. mit Vasen, die mit Putti und Fruchtzweigen flankiert sind. Die Felder zwischen Archivolten und Verdachungen sind mit Gitterwerk bzw. gekreuzten Waffen besetzt und verweisen auf das Obergeschoß des Münchner Treppenhauses, wo ja ebenfalls ähnliche Verdachungsbügel wiederkehren.

Die Fenster des oberen Geschosses haben eine einfache Umrahmung, die jedoch unter den Sohlbänken und über den Archivolten durch Stuckdekoration (vornehmlich Blatt- und Bandwerk) akzentuiert ist. Die Dekoration über den Archivolten - sie läuft ähnlich wie bei den großen Stuckfeldern der Antecamera in Tierköpfen aus - verbindet sich dabei mit den Konsolen über den Pilastern und deren Kapitellen zu einem durchgehenden Bogenfries.

Die Wände der Schmalseiten sind zunächst ähnlich wie in der Badenburg durch Konsolen mit Büsten zwischen den Öffnungen ausgezeichnet, vor allem aber durch die reiche Stuckumrahmung der Gemälde, die aus dem von fliegenden Genien gehaltenen kurfürstlichen Wappen und einem Stuckvorhang mit zahlreichen Putti besteht, während von unten - ähnlich wie bei den mittleren Mezzaninfenstern des Treppenhauses - Trophäen mit Fahnen aufsteigen.

Diese Umrahmung stammt zweifellos von Zimmermann, dem auch die Supraporten mit den Büsten und Trophäen und außerdem die Büsten an den Schmalseiten zugeschrieben werden müssen. Die übrigen figürlichen Dekorationsteile dagegen, also die Supraporten mit den Putti und die Dekoration der Postamente, zeigen die Handschrift Dubuts. Der Saal bietet daher die besondere Gelegenheit zu sehen, wie trotz der Beteiligung von zwei verschiedenen ausgeprägten Künstlerpersönlichkeiten der gleichen Gattung ein einheitlich durchgestalteter Raum entstehen konnte. Die Frage nach der Abhängigkeit vom Entwurf des Architekten, die als Erklärung für diese Beobachtung naheliegt, rückt somit erneut in den Vordergrund und zwar umso mehr, als, wie wir sahen, gerade das Treppenhaus und der Große Saal wichtige Voraussetzungen für die Fassaden des Preysing-Palais bieten.

Für beide, das Treppenhaus und den Saal, besitzen wir aufschlußreiche Dokumente: Den Kontrakt Effners mit Zimmermann vom 4. 8.172o und einen Aufriß Effners für die Nordwand des Großen Saals und des darunterliegenden Vestibüls, der verschollen, aber bei Hauttmann abgebildet ist (235).

Der Kontrakt über die Stuckierung des Treppenhauses, dessen vollen Wortlaut wir im Anhang wiedergeben, ist in eine Vorrede und neun Punkte eingeteilt. Die Punkte 1 - 3 beziehen sich auf die geplanten Stuckarbeiten im unteren Teil des Treppenhauses, die, wie oben dargelegt, nicht ausgeführt worden sind; die letzten drei Punkte enthalten vertragliche Regelungen für die Ausführungspraxis, Bezahlung etc. Das Hauptinteresse richtet sich hier somit neben der Vorrede auf die Punkte 4 - 6, auf die Anweisungen für die Stuckierung des oberen Treppenhausteils: Punkt 4 betrifft das Hauptgeschoß, Punkt 5 den Mezzanin und Punkt 6 die Kuppel.

Von grundlegender Bedeutung ist zunächst die in der Vorrede getroffene Vereinbarung, daß Zimmermann sich verpflichtet, das Treppenhaus "nach Weisung der ihme vorgezaichneten riss und modell" zu stuckieren. Damit steht fest, daß er auf keinen Fall selbst Entwürfe dafür angefertigt hat, sondern an die zweifellos von Effner stammende Planung gebunden war (236). Auch in Punkt 3 wird nochmals auf das Modell und die vorgegebenen Entwürfe hingewiesen. Daß Effner auch Detailangaben machte, geht aus der Bemerkung hervor, daß er das Ornament des Deckenrundstabes noch vorzeichnen werde (Punkt 4), - eine Angabe, der entnommen werden kann, daß die ungewöhnliche, aber charakteristische Führung der Cornicheleisten im Balkonzimmer des Preysing-Palais, die ja wie der Rundstab Teil des Dekorations g e r ü s t e s sind, ebenfalls auf Effners Konto geht. Was dagegen die Cornichedekorationen, auf die wir unten zurückkommen, betrifft, so läßt die Anweisung in Punkt 4 hier auf Variationsmöglichkeiten schließen. Im Hinblick auf die Wanddekorationen ist jedoch bemerkenswert, daß Effner, obwohl der Kontrakt nur die wichtigsten Angaben enthält, eine Reihe von Einzeldarstellungen aufführt, die jeweils genau lokalisiert sind: nicht nur die Wappen und Trophäen, sondern auch die Köpfe, wobei ausdrücklich unterschieden wird zwischen menschlichen Köpfen (die nicht näher bezeichnet sind), Löwen-, Adler- und Greiffenköpfen. Zimmermann hatte also in der Wahl der Motive durchaus nicht freie Hand und hielt sich, wie der Vergleich des Kontrakts mit der Ausführung erweist, auch tatsächlich streng an die Vorschriften Effners, mit dem etwaige Änderungen abzusprechen er sich zudem in Punkt 7 verpflichtet.

Als einzige geringe Abweichung im Hauptgeschoß fehlen die beiden Rosen am Gebälk über den Fenstern (Punkt 4), die an den Mittelfenstern durch Löwenköpfe ersetzt sind; im Mezzanin (Punkt 5) erscheinen an den kleinen Fenstern z. T. andere Tierköpfe. Einen Hinweis verdient hier außerdem die Erwähnung von "tachungen": Die Einfassung der Gitterfelder mit C- und S-Bogen - wir verwiesen bereits auf die Supraporten im Preysingschen Treppenhaus - ist damit wahrscheinlich als Reduktion ähnlich geschwungener Verdachungen zu erklären.

Auch der Aufriß für den Großen Saal bestätigt, daß Effner nicht nur die Großgliederung der Wände genau angab, sondern auch auf die Einzelformen der Stuckdekoration entscheidend Einfluß nahm. Obwohl der Entwurf nicht den letzten Planungszustand wiedergibt (die größte Abweichung besteht - vom Vestibül abgesehen - in den Füllungen der Rundbogen und in der Führung des Dekkenansatzes), entspricht er in den wichtigsten Punkten bereits der Ausführung. Im Vestibül, das nicht in dieser Form realisiert wurde, zeigt er außerdem zahlreiche Motive, die von anderen Dekorationen Effners bekannt sind und dort auf ähnliche Weise vorgezeichnet worden sein dürften: Sphingen (Badenburg, Preysing-P.), Büsten (Nymphenburg/Mittelpavillon, Badenburg), Waffenarrangements (Nymphenburg/Mittelpavillon, Schleißheim/Treppenhaus, Preysing-P.) und schließlich nach unten sich verjüngende Felder, die an die Hermenpilaster (Schleißheim/Treppenhaus und Antecamera, Preysing-P.) denken lassen.

Trotz der detaillierten Angaben läßt der Entwurf aber gleichzeitig auch das Maß an Selbständigkeit erkennen, das für die Ausführung verblieb. Man wird nämlich voraussetzen können, daß Effner für die beiden Schmalseiten des Saals nur einen Entwurf anfertigte und daß keineswegs daran gedacht war, die figürliche Dekoration der Nordwand schablonenhaft an der Südseite zu wiederholen. So erklärt es sich, daß einige Motive an der Südwand, wo übrigens auch das dargestellte Beich-Gemälde angebracht ist, dem Entwurf näher stehen als die Entsprechungen an der Nordseite: z.B. die linke Wappenträgerin mit der Trompete (bei der rechten entspricht die Nordwand weitgehend dem Entwurf) und der Putto (links), dessen Kopf unter dem Rundstab verschwindet. Die figürlichen Darstellungen des Entwurfs sind also jeweils variiert und von Effner zweifellos auf eine solche Variierung berechnet. Die Grenzen der Entfaltungsmöglichkeiten für den Stuckator sind dabei jedoch klar abgesteckt: durch das unabänderliche Gerüst, dem sich die figürliche Dekoration einfügen mußte und durch die Festlegung des "Grundthemas", das zu variieren war. Maßgebend bleibt somit die Konzeption des entwerfenden Architekten, also Effners.

Diese Feststellungen, die unschwer die Einheitlichkeit des Großen Saals erklären, lassen sich auch auf die übrigen Wandgestaltungen übertragen. Dabei ist es naheliegend, daß die persönlichen Eigenarten des Stuckators umso deutlicher zum Ausdruck kommen, je mehr Gelegenheit er hatte, figürliche Darstellungen auszuführen und zu variieren. So sind etwa die Hermen und die

Puttenszenen der Tondi in der Antecamera ebenso wie die Hermen und die Darstellungen der Felder im 1. Obergeschoß des Preysingschen Treppenhauses in besonderem Maße als eigenständige Werke Zimmermanns anzusehen. Wie sehr ihm solche Aufgaben entsprachen, beweist auch ein eigener Entwurf für eine unbekannte Wanddekoration in der Graphischen Sammlung München (237), der zwar später zu datieren ist als die hier im Mittelpunkt stehenden Stuckdekorationen, sich aber mit ihnen, obwohl sie unter Effner entstanden, ohne weiteres vereinen läßt. (Der Entwurf zeigt auch das Hermenmotiv und außerdem in der Mitte eine Vase mit einem Widderkopf, die an den Vasenaufbau an der Süd-Ostecke des Preysing-Palais erinnert.)

Gerade bei den genannten Arbeiten - und das betrifft in gleicher Weise die Gemäldeumrahmungen im Großen Saal -, nämlich dann, wenn im Gegensatz zu den Dekorationen der Fenster eine stärkere Auflockerung der Symmetrieverhältnisse und damit eine größere Freiheit erlaubt war, wird auch der Unterschied zu Dubut besonders deutlich. Während Zimmermann diese Freiheit, die ein erhöhtes Ausmaß eigener schöpferischer Leistung zuließ, voll ausnutzte, blieb Dubut viel stärker an ein strenges System gebunden, das durch die festen Regeln der Symmetrie bestimmt wird. Seine Arbeiten wirken dadurch, wie besonders schlagend der Vergleich der Zimmermannschen Hermen mit denen Dubuts im Schleißheimer Viktoriensaal beweist, wesentlich gleichförmiger und starrer: Sie scheinen nach einem bestimmten Rezept ausgeführt zu sein; die Zimmermannsche Phantasie und Lebendigkeit fehlt ihnen ebenso wie dessen spielerische Eleganz.

Sind die Unterschiede zwischen Dubut und Zimmermann, die hier nur angedeutet werden können, in der figürlichen Dekoration leicht festzustellen, so ist dies im Hinblick auf die Ornamentik insofern schwieriger, als ganz im Gegensatz zu Zimmermann die bekannten Arbeiten Dubuts auf diesem Gebiet so spärlich sind, daß sie kein umfassendes Bild vermitteln können. Anhand des Badenburger Festsalls wird man jedoch sagen dürfen, daß sich Dubuts Ornamentik von der Zimmermanns durch eine größere Plastizität und durch schwerere, großförmigere Details unterscheidet. Ornament und Grund sind daher stärker als Gegenspieler angelegt. Zimmermanns Ornamentik dagegen liegt wie ein leichtes, kleinteiliges Netz auf der Maueroberfläche und geht eine engere Verbindung mit ihr ein. Bezeichnend ist so die Vorliebe für das Gitterwerk, für zarte Bandverschlingungen und leichtes Rankenwerk.

Solche Unterschiede, die Zimmermann, den zweifellos Begabteren, als Repräsentanten einer vorgeschrittenen Entwicklungsstufe ausweisen, sind im Hinblick auf die für beide verbindlichen Entwürfe Effners mit der individuellen Art der Umsetzung zu erklären, also nicht wie bei der figürlichen Dekoration schon damit, daß im Entwurf bereits von vorne herein eine Variierung der angegebenen Motive eingeplant worden wäre. Wenn nicht Detailzeichnungen vorlagen, was in der Regel kaum der Fall gewesen sein dürfte, konnte, wie der Entwurf zum Großen Saal zeigt, die ornamentale Ausschmückung der Bauglieder oder der Felderungen nur andeutungsweise festgelegt werden. Daß Blattranken etwa dann so dürftig wie zwischen den Fenstertüren in der Badenburg oder so üppig wie über den Supraporten des Preysingschen Treppenhauses ausfielen, ist dem jeweiligen Stuckator zuzuschreiben. Dennoch aber bleibt, ähnlich wie bei der figürlichen Dekoration, mit der Festlegung des dekorativen Gerüstes und der Angabe von Motiven und deren Anordnung der Entwurf des Architekten als übergeordnete Einheit ausschlaggebend.

d) Hohlkehlen

Wenn bei den Wandgestaltungen also trotz ihrer unterschiedlichen Ausführung Effner als Entwerfender immer faßbar ist, so gilt dies für die Hohlkehlen nur mit erheblichen Einschränkungen. Dubut und Zimmermann vor allem entfernen sich hier so weit voneinander, daß man einen gemeinsamen Nenner vergeblich sucht.

Was bei Dubuts Cornichen möglicherweise auf Effner zurückgeführt werden kann, sind die immer wiederkehrenden Konsolen. Sie tauchen nämlich bei Effnerschen Ausstattungen auch dort auf, wo Dubut nicht arbeitete - z. B. in der Südlichen Antecamera und im Billiardzimmer in Schleißheim -, und sind auch dann zu finden, wenn - wie im Großen Saal in Schleißheim und im Preysingschen Treppenhaus - nur ein Rundstab zur Decke überleitet und sie somit von der Wandgestaltung nicht zu trennen sind. Dieses Merkmal ist auch im Hinblick auf die Hohlkehlen wichtig, denn es zeigt, daß es trotz der häufigen Verwendung von Cornichekonsolen dabei dennoch bezeichnende Unterschiede gibt. Soweit es sich um stuckierte Wanddekorationen handelt, sind die in der Regel verdoppelten Konsolen zwar durchweg als Akzente auf die darunterliegende Wandgliederung bezogen; die Entschiedenheit aber, mit der dies etwa in der Antecamera geschieht, ist bei Dubut, wie im Badenburger Festsaal leicht nachzuprüfen ist, stark herabgesetzt. Da seine Cornichekonsolen, denen zudem die sonst gewöhnlich aufgesetzten Fratzen fehlen, nicht über den Deckenrundstab greifen, bleiben sie stärker in den Zusammenhang der Hohlkehle eingebunden und dienen in erster Linie als Mittel für deren gleichmäßige Unterteilung. Dabei verrät bereits die Tatsache, daß Dubut, soweit sich übersehen läßt, regelmäßig Konsolen verwendete, einen Schematismus, der dann bei den figürlichen Darstellungen der einzelnen Cornicheabschnitte besonders zum Ausdruck kommt und für eine Reihe von Hohlkehlen nur einen, immer wieder verwendeten Entwurf wahrscheinlich macht. Die Darstellungen nämlich, die meistens, aber nicht immer, vom Mittelpunkt der Corniche aus symmetrisch angeordnet sind, sind offensichtlich wiederholt und ohne Rücksicht auf ihre Ikonographie abgegossen worden. So können die Hohlkehlen des Viktoriensaales, der Großen Galerie und des Großen Kabinetts der Kurfürstin in Schleißheim unmittelbar auf die Badenburg zurückgeführt werden: Die immer wiederkehrenden Motive (die ganzfigurigen Darstellungen Poseidons und einer Meeresgöttin mit ausfließenden Wasserkrügen, Arrangements aus Poseidons Attributen und mit Wassertieren spielende Putten) sind durch ihren Bezug aufs Wasser in der Badenburg ikonographisch sinnvoll, in Schleißheim dagegen stehen sie beziehungslos da.

Eine mehrmalige Verwendung der gleichen Motive findet sich auch bei Zimmermann. Wenn dies jedoch zunächst weniger ins Auge springt als bei Dubut, so liegt das daran, daß seine Hohlkehlen ganz anders angelegt sind. Zimmermann teilt sie nicht in einzelne selbständige "Bilder" ein wie Dubut, sondern läßt die Stuckierung ununterbrochen durchlaufen. Die figürlichen Darstellungen, die auch hier in der Regel von der Cornichemitte aus symmetrisch angeordnet sind, werden durch Band- und Rankenwerk, Gitterfelder etc. zu einem frieshaften Band zusammengeschlossen und spielen daher eine vergleichsweise untergeordnete Rolle. Selbst in der Antecamera und im Billiardzimmer in Schleißheim, deren Hohlkehlen mit großer Wahrscheinlichkeit auf Zimmermann zurückgehen, sind die Abschnitte zwischen den Konsolen so gestaltet, daß eine Verbindung durchaus denkbar erscheint.

Da diese allgemeinen Merkmale jedoch keineswegs nur für Zimmermann allein zutreffen, ergaben sich bei den Zuschreibungen einzelner Hohlkehlen bisher immer wieder Schwierigkeiten, die zu teilweise sehr unterschiedlichen Meinungen führten. Auch hier ist es nicht möglich, in jedem Fall Klarheit zu schaffen, und es würde den Rahmen der Arbeit übersteigen, auf alle Hohlkehlen Effnerscher Bauten einzugehen. Anhand der für Zimmermann jetzt gesicherten Cornichen im Preysing-Palais sind wir jedoch immerhin in der Lage, eine bestimmte Gruppe von Hohlkehlen für ihn nun eindeutig in Anspruch nehmen zu können. Es handelt sich zunächst um die im Untergeschoß der Pagodenburg und im Schlafzimmer, Kabinett und Badesaal der Badenburg, die einander weitgehend entsprechen und von Wolf neuerdings Wilhelm de Grof zugeschrieben wurden (238). Daß diese Zuschreibung unhaltbar ist, beweist der Vergleich mit der Corniche des Südlichen Eckzimmers im 1. Obergeschoß

2o-23 des Preysing-Palais schlagend: Wie die Fotos zeigen, war sie mit den genannten Hohlkehlen über weite Strecken fast vollkommen identisch und es kann kein Zweifel bestehen, daß trotz der erheblichen Zeitabstände - die Corniche des Badesaals ist 1736 datiert (239) - in allen fünf Fällen der gleiche Entwurf Zimmermanns zugrundeliegt.

25 In der Pagodenburg (Erdgeschoß/Mittelraum) taucht außerdem das Motiv der geflügelten weiblichen Büste auf, das im nördlichen Eckzimmer des 1. Obergeschosses/Preysing-Palais wiederkehrt. Wie bei fast allen erwähnten Cornichen findet sich dort auch das Motiv des langhalsigen Vogels mit ausgebreiteten Flügeln, das sich zusammen mit dem umgebenden Band- und Rankenwerk der Pagodenburger Kreuzarme schließlich fast wörtlich im Depeschenkabinett des Ersten Nördlichen Pavillons von Nymphenburg (1. Obergeschoß) wiederholt: Seine Corniche, die die gleiche Anlage der Dekoration zeigt wie die genannten Hohlkehlen, geht mit Sicherheit ebenfalls auf Zimmermann zurück.

19 Nimmt man diese Gruppe als Grundlage, so läßt sich eine Reihe von Hohlkehlen in Schleißheim anschließen, die vor allem der dritten für Zimmermann gesicherten Corniche im Preysing-Palais nahestehen: der des Mittelzimmers im 1. Obergeschoß. Gemeint sind folgende sechs Räume: das Treppenhaus, die Vorzimmer und Paradeschlafzimmer des Kurfürsten und der Kurfürstin und das Rote Kabinett. Gemeinsam mit der ersten Gruppe ist diesen Hohl-

kehlen die luftige Leichtigkeit der Dekoration, die ununterbrochen durchfließende Bewegung durch die überall vergleichbare Führung des verbindenden Band- und Rankenwerks und eine Reihe von figürlichen Motiven.

Die Arrangements mit Maske und Palette bzw. mit dem Globus z. B. erscheinen im Schlafzimmer der Kurfürstin, die sitzenden Putti mit Flöte und Noten im Schlafzimmer des Kurfürsten. Die sitzenden Vögel tauchen erneut im Roten Kabinett auf, das wiederum motivische Gemeinsamkeiten mit den übrigen genannten Schleißheimer Cornichen aufweist (z. B. die gekreuzten Köcher und Pfeile) und auch die geflügelten weiblichen Büsten (Preysing-P. /Nördl. Eckzimmer, Pagodenburg/Kreuzarme) zeigt.

Die zweite Gruppe unterscheidet sich jedoch von der ersten durch die häufigere Verwendung von Gitterfeldern, für die, wie auch die Wanddekorationen zeigten, Zimmermann eine wachsende Vorliebe entwickelte. Daß diese Felder durch ihre dynamische Form und die immer vorhandenen Anschlußglieder in die erwähnte durchfließende Bewegung einbezogen sind, hebt sie deutlich von den Hohlkehlen in den Audienzzimmern des Kurfürsten und der Kurfürstin ab. Die Gitterfelder dort haben einen viel weniger bewegten Umriß und sind jeweils voneinander getrennt: Die Cornichen bestehen aus einzelnen "stehenden" Feldern. Sie sind daher nicht Zimmermann zuzuschreiben, sondern möglicherweise Johann Georg Baader.

Luisa Hager schreibt die Corniche im Audienzzimmer der Kurfürstin J. G. Baader zu, die im Audienzzimmer des Kurfürsten dagegen Zimmermann (24o). Diese Zuschreibung ist besonders unverständlich deshalb, weil die sich entsprechenden Räume der beiden Appartements auch einander entsprechende Hohlkehlen haben, die somit jeweils auf denselben Stuckator zurückgehen. Wenn Baader daher für eines der beiden Audienzzimmer in Frage kommt, muß dies auch für das andere gelten.

Gerade in Schleißheim, wo innerhalb eines Appartements Dubut, Zimmermann und Baader (?) verglichen werden können, muß es besonders fragwürdig erscheinen, Effners Anteil auch auf die Hohlkehlen ausdehnen zu wollen. Die Unterschiede sind hier so offensichtlich, daß sie im Gegensatz zu den Wandgestaltungen mit dem Spielraum, den die Umsetzung eines Entwurfs zuläßt, keinesfalls mehr erklärt werden können. Am weitesten abseits steht Dubut, aber auch die übrigen Hohlkehlen Effnerscher Bauten sind durch die Anlage der Dekoration klar zu trennen. Das gilt neben den genannten Beispielen ebenso für de Grof (Dachau) oder für die, die sich einstweilen keinem Künstler zuweisen lassen, etwa im Obergeschoß der Pagodenburg oder im Nördlichen Vorzimmer von Nymphenburg.

Zimmermann am nächsten steht die Corniche im (jetzt waagerecht unterteilten) Mittelsaal von Fürstenried. Von den wesentlich steiferen und schwerfälligeren Einzelformen abgesehen (241) hat sie mit ihm - im Gegensatz etwa zur Corniche im Pagodenburger Obergeschoß - die ununterbrochene Durchgängig-

keit durch verbindende Zwischenglieder gemeinsam und auch eine Reihe von
Motiven (z. B. die sitzenden Putti und die gekreuzten Köcher und Pfeile).
Falls Effner diese frühe Corniche gezeichnet haben sollte, wäre es daher
möglich, von einer Abhängigkeit Zimmermanns von Effnerschen Corniche-
Entwürfen zu sprechen, von einer Abhängigkeit, die im Hinblick auf Ähnlichkeiten einzelner figürlicher Motive in geringerem Umfang auch bei anderen
Stuckatoren nachgewiesen werden könnte. Eine solche Abhängigkeit schließt
jedoch eigene Entwürfe der Stuckatoren nicht aus: Aufgrund der vollkommen
divergierenden Ergebnisse sind sie unbedingt vorauszusetzen.

III. Effners Stellung in der Architekturgeschichte Europas

1. Zusammenfassung des Effnerschen Entwicklungsgangs

Um die kunsthistorische Beurteilung des Palais Preysing über den lokalen
Einflußbereich hinaus auszudehnen, ist es zweckmäßig, die einzelnen Stationen des Effnerschen Entwicklungsgangs, die schließlich zu seinem hier im
Mittelpunkt stehenden Hauptwerk führten, noch einmal zusammenfassend zu
verfolgen und zu ergänzen.

Eine geschlossene Gruppe bilden, wie wir sahen, die frühen Außenarchitekturen, die Effner zwischen 1715 und 1720 für den Münchner Hof in Dachau und
Nymphenburg als Neu- oder Umbauten schuf. Alle Bauten dieser Gruppe -
31,34 stellvertretend können der Dachauer Schloßflügel und die Badenburg genannt
werden - sind durch das gleiche Gestaltungsprinzip bestimmt: durch die "große Form". Unabhängig von den Dimensionen und typologischen Besonderheiten
der einzelnen Bauten bezeichnet dieser Begriff eine künstlerische Vorstellung,
die sich sowohl in der Komposition als auch in den Einzelformen ausdrückt.
Sie zielt nicht auf eine differenzierte, vielschichtige Binnengliederung der
Fassaden, sondern auf die Prägnanz weniger, klar herausgearbeiteter Zusammenhänge und Formen.

Die Komposition ist daher immer einfach und durch horizontal und vertikal
zusammenfassende Großgliederungen gekennzeichnet. Die Vertikalgliederung
kommt meistens schon im Grundriß zum Ausdruck: durch vor- und rücksprin-
gende Gebäudeteile. Sie wird im Aufriß aber immer zusätzlich verdeutlicht.
Die betonten Bauteile sind in der Regel durch große Pilaster ausgezeichnet
und können zudem durch die Gestaltung der Öffnungen abgesetzt sein. Dabei
ist jedoch wichtig, daß die Öffnungsformen nie kontrastierend nebeneinander-
stehen (242), sondern, wenn sie nicht alle gleich sind, lediglich variiert werden. Der durchgehende Horizontalzusammenhang der einzelnen Geschosse
wird daher nie unterbrochen. Auch im Verhältnis der Geschosse zueinander
kommt es zu keinen Kontrastwirkungen. Die übereinanderstehenden Öffnungen
sind zwar in der Regel nicht identisch, aber - meistens im Sinne einer Abstufung - aufeinander abgestimmt: Sie basieren immer auf dem gleichen Grund-
element (der Rundung oder der Geraden). Eindrucksbestimmend bleibt daher
die spannungslose Gleichmäßigkeit der kompositionellen Durchgestaltung.

Der großzügigen, leicht überschaubaren Komposition entspricht die klare und strenge Ausbildung der Einzelformen. Das Prinzip der großen Form kommt hier in der nachdrücklichen Herausarbeitung des Lineaments zum Ausdruck, das - horizontal und vertikal straff durchgezogen - die Kompositionslinien nachzeichnet und in kräftigen Konturen die Formen umschreibt. Das vertikale Lineament ergibt sich vor allem durch die langen, glatten Bahnen der Pilasterschäfte und deren Schattenlinien, das horizontale - von selten auftretenden Gurtgesimsen abgesehen - in Zusammenhang mit den Öffnungen. Als Mittel können dabei waagrechte Fensterstürze und geradlinige, meist nur aus einem ebenfalls waagrechten Bügel bestehende Verdachungen dienen: besonders eindrücklich sind jedoch die Kämpfergesimse der Rundbogenfenster, die die rahmenlosen oder einfach profilierten Öffnungsseiten gegen die reich profilierten Archivolten absetzen und die Fenster miteinander zu einer Arkade verbinden. Das Charakteristische solcher Fensterarkaden - ein Leitmotiv Effners in dieser Zeit - ist die scharfe Gegeneinandersetzung des Halbkreises und der Geraden. Als Kontrast zu den krümmungslos durchgezogenen Linien sind durch ihre kräftig profilierte Rahmung aber auch die übrigen gerundeten Öffnungsformen herausgearbeitet: Das Lineament der ungebrochenen Rahmenprofile ist als entscheidender Ausdrucksträger fest in die Gesamtgestaltung eingebunden und so dominierend, daß die Stuckdekoration, die die Öffnungen umspielt, lediglich als auflockerndes Beiwerk in Erscheinung tritt; sie dient als Bereicherung der streng durchgebildeten Hauptformen, ohne jedoch die Grundzüge der Gestaltung anzugreifen.

Die Weiterentwicklung der Gedanken, die sich in den frühen Außenarchitekturen Effners niederschlagen, vollzog sich auf dem Gebiet der Innenarchitektur. Im Hinblick auf das Preysing-Palais entscheidend sind hier die steigende Bedeutung der Stuckdekoration und die Aufweichung der scharfen Trennung von Dekoration und Baugliedern, die von subtilen Verklammerungen und Bezugssystemen innerhalb der Wandgliederung begleitet ist. Die Herausbildung dieser Merkmale läßt sich vom Dachauer Treppenhaus über den Badenburger Festsaal bis zu den Innendekorationen von Schleißheim genau verfolgen.

40   Während die Wandgestaltung des Dachauer Treppenhauses noch nach den gleichen Prinzipien angelegt ist wie der Außenbau und die Stuckdekoration dementsprechend eine untergeordnete Rolle spielt, übernimmt sie im Badenburger
41   Festsaal bereits die Führung. Sie dient nicht mehr allein als schmückende Bereicherung der Öffnungen, sondern verselbständigt sich weitgehend und verlagert ihr Schwergewicht auf die Öffnungsintervalle. Das Gerüst für die Wandgliederung bilden jedoch nach wie vor die streng und kräftig gerahmten Öffnungen, die noch keine echte Verbindung mit der Stuckdekoration eingehen: Der Zusammenhang wird erst durch vermittelnde Zwischenglieder (die Sphingen und phantastischen Tiere) hergestellt.

Zu einer Aufhebung des Gegensatzes von Dekoration und Baugliedern kommt es erst in Schleißheim und zwar einerseits durch die verfestigte Gliederung der Dekoration, andererseits durch die dekorative Umdeutung der Bauglieder. Den Unterschied zur Badenburg macht die ebenfalls auf die Öffnungsintervalle konzentrierte Dekoration der Südlichen Antecamera sofort deutlich: Sie breitet sich wesentlich dichter und gleichmäßiger aus, ist aber straff in einzelne Felder gegliedert, deren Rahmenleisten nun neben den Öffnungen ein festes Gerüst liefern und damit also Funktionen übernehmen, die zuvor den tektonischen Gliederungsmitteln allein zufielen. Dabei ist bemerkenswert, daß die einzelnen Felder trotz ihrer klaren Begrenzung nicht isoliert neben- oder übereinanderstehen; es ergibt sich vielmehr ein ununterbrochener, nun die g e s a m t e Wandgliederung verspannender Zusammenhang, der auf dreifache Weise erreicht wird: 1. durch Verklammerungen des Gerüstes, 2. durch vermittelnde Einzelmotive, 3. durch Bezugsverhältnisse zwischen einander entsprechenden Motiven.

Als Beispiel für die beiden letzten Punkte kann das Hermenmotiv angeführt werden, das zwischen den einzelnen Dekorationszonen und den Öffnungen vermittelt. Die "Mittlerstellung des Motivs äußert sich jedoch nicht nur im Hinblick auf die Zusammenhänge innerhalb der Wandgestaltung; sie beruht auch auf den Eigenschaften des Motivs selbst, und zwar in Bezug auf das Verhältnis von Dekoration und Baugliedern: Hermen können als lediglich schmückende Umrahmung dienen (antecamera/Oberzone); sie können als Bestandteil der Stuckdekoration an die Stelle eines Baugliedes treten (antecamera/Unterzone) und schließlich über die Verbildlichung einer Stütze hinaus auch tatsächlich tektonische Funktion übernehmen (Preysing-P./Treppenhaus). Dekoration und Bauglieder sind somit in ihrer Gestaltung auf den gleichen Nenner gebracht.

Eine solche Annäherung läßt sich in Schleißheim immer wieder verfolgen. Die Hermenpilaster des Treppenhauses z. B. sind ebenso wie die Pilaster, die die Öffnungen im Erdgeschoß des Großen Saals flankieren, zwar von herkömmlichen Pilasterformen ableitbar: eindrucksbestimmend ist jedoch die Wirkung ihrer ornamentierten Oberfläche, die sie zum Bestandteil der Stuckdekoration werden läßt. Selbst die Öffnungen können nun ins Dekorative umgedeutet sein. So ist den Mezzaninfenstern des Treppenhauses ihre schmückende Umrahmung nicht lediglich beigefügt: die Öffnungsformen selbst sind "ornamental" geschweift und mit der Dekoration unlöslich verwachsen. Das gleiche gilt für die Verdachungsformen und die Postamente im Großen Saal. Daß die Bauglieder nun einen neuen Sinn erhalten haben, zeigen nicht zuletzt auch die Zusammenhänge, in die sie eingebunden sind: Pilaster können aufgrund ihrer Dekoration mit ornamentierten Flächen zusammengesehen werden (Treppenhaus); Konsolen lassen sich mit dekorativen Öffnungsumrahmungen optisch verbinden (Großer Saal); Öffnungen schließen sich zu einer bildhaften Gruppe zusammen (Mezzanin/Treppenhaus).

Da die einzelnen Formen zwar aus herkömmlichen Baugliedern entwickelt, aber nun zu Dekorationselementen umgebildet sind, bedeutet es gegenüber der Antecamera keinen prinzipiellen Unterschied, daß das Gerüst der Wandgliederung im Treppenhaus und im Großen Saal von Formen gebildet wird, die den zugrundeliegenden Baugliedern entsprechend bezeichnet werden müssen: Hier wie dort wird die Wandgestaltung durch die Dekoration bestimmt. Im Hinblick auf die entwicklungsgeschichtliche Bedeutung für die Außenarchitektur, die hier aufgezeigt werden soll, sind die Antecamera einerseits, das Treppenhaus und der Große Saal andererseits jedoch verschieden einzustufen. Trotz der zahlreichen Öffnungen liegt in der Antecamera das Schwergewicht der künstlerischen Gestaltung auf der dekorativen Ausschmückung geschlossener Mauerflächen. Die Stuckdekoration dient damit der Lösung einer Aufgabe, die sich speziell bei Innenraumgestaltungen stellt und auch von Boiserien oder Tapeten erfüllt werden kann. Wenn im Treppenhaus und im Großen Saal dagegen die Öffnungen und Pilaster als Gegenstand für die dekorative Gestaltung dienen, so bedeutet das, daß den Ausgangspunkt für die Wandgestaltung hier Gliederungsmittel bilden, die von der Außenarchitektur her geläufig sind. Die Besonderheit der beiden Innenraumgestaltungen gegenüber herkömmlichen außenarchitektonischen Lösungen liegt daher nicht in der Wahl der Gliederungsmittel, sondern in ihrer Ausbildung. Diese Ausbildung aber bietet die Voraussetzung für die neuen Möglichkeiten außenarchitektonischer Gestaltung, wie sie sich am Preysing-Palais verwirklicht finden.

Wenn also die Effnerschen Innendekorationen, und zwar in erster Linie die Schleißheimer, als unmittelbare Vorstufe für die Gestaltungsmittel der Preysingschen Fassaden angesehen werden können, so stellt die Übertragung der in der Innenarchitektur vorgebildeten Elemente auf den Außenbau nun den entscheidenden Schritt dar. Erste Ansätze für dieses Mittel der Fassadengestaltung lassen sich ebenfalls in Schleißheim nachweisen; entscheidend dürfte jedoch der nur fragmentarisch dokumentierte Verlauf der Planungen fürs Preysing-Palais selbst gewesen sein.

Die Schleißheimer Fassaden, die ihre Stuckdekoration wahrscheinlich ein bis zwei Jahre früher als die Preysingschen Fassaden erhielten (243), haben mit dem Stadtpalast zunächst wenig gemeinsam. Dabei ist allerdings zu berücksichtigen, daß sich Effners Dekoration am Mittelteil des Corps de Logis in die durch Zuccalli weitgehend vorgegebene Fassadeneinteilung einfügen mußte und vor allem, daß sie den nach Zuccallis Plänen ausgeführten Seiten anzupassen war. Eine Dekoration, ähnlich wie beim Preysing-Palais, wäre daher hier kaum angebracht gewesen. Dennoch finden sich vereinzelt Hinweise auf die neue Wendung im Effnerschen Entwicklungsgang. So sind etwa an der Westfassade (Hofseite), die nach Veränderungen durch Leo von Klenze heute wieder annähernd in den ursprünglichen Zustand zurückversetzt ist, die aus der Orthogonale herausgebogenen kleinen Pilaster zu nennen, die im Erdgeschoß zwischen Zuccallis große Pilaster eingestellt sind (244). In Effners außenarchitektonischem Frühwerk haben sie keine Parallele; sie lassen aber an die Türpfosten im Schleißheimer Großen Saal denken und schließlich an die ausgestellten Fensterrahmungen der Preysingschen Fassaden. Auch die Ornamentierung des Frieses zwischen dem 2. und 3. Vollgeschoß – vor allem wie sie Effners Modell in Schleißheim zeigt – ist dem Preysing-Palais verwandt: nämlich den Parapetten und Gittern im 1. Obergeschoß der Hauptfassaden. – An der Ostfassade (Gartenseite) ist es die Verdachung über der Mitteltür, die im Hinblick auf den Münchner Stadtpalast hervorgehoben werden kann. Sie hat zwar entsprechend den übrigen Verdachungen noch eine streng horizontale Basis; mit ihren volutenförmigen Einrollungen und dem Helm- und Waffenarrangement darüber nimmt sie aber die Verdachungen der Rundbogenfenster an der Preysingschen Ostfassade unmittelbar voraus.

Nur wenig später als die Planungen Effners für die Dekoration der Schleißheimer Fassaden, dürften die Planungen fürs Preysing-Palais anzusetzen sein, die, was die Fassadengestaltung betrifft, der im Zusammenhang mit der Baugeschichte bereits erörterte Entwurf für die Ostfassade (245) repräsentiert.

Kompositionell bietet dieser Entwurf noch keine Besonderheiten; in den Einzelformen jedoch rückt er bereits in die Nähe der ausgeführten Fassaden. Das gilt vor allem für die Fensterverdachungen, die - ohne Basis - schon die volutenförmigen Einrollungen und die konkav einschwingenden Bügel zeigen, die das Bild der ausgeführten Fassaden wesentlich mitbestimmen. Die Erdgeschoßfenster stehen mit dem von einem breiten, seitlich einschwingenden Band eingefaßten Feld über den Öffnungen vor allem den seitlichen Erdgeschoßfenstern am Mittelteil der Schleißheimer Ostfassade nahe. Die Stichbogenform der Öffnungen, die der Entwurf auch im Mezzanin (wie bei der ausgeführten Fassade) und in abgeschwächter Form im 1. Obergeschoß zeigt, findet sich in Schleißheim nicht, aber bereits im Frühwerk Effners (Fürstenried, Pagodenburg): Zuccalli verwendete sie noch nicht. - Schließlich sei noch auf die Parapetten des 2. Obergeschosses hingewiesen, die in der Ornamentierung mit dem erwähnten Fries des Schleißheimer Modells nahezu identisch sind und damit die ausgeführten Parapetten der Münchner Fassaden vorbereiten. - Aufgrund der genannten Merkmale, in denen sich die individuelle Formensprache Effners unübersehbar niederschlägt (246), läßt sich der Entwurf mühelos in das Effnersche Gesamtwerk eingliedern und als Stufe innerhalb des Entwicklungsgangs erkennen, der zur endgültigen Gestalt des Preysing-Palais führte. Damit kann aber auch die Frage der Zuschreibung als beantwortet gelten: Da der Plan, soweit die Abbildungen bei Hauttmann (247) ein Urteil erlauben, auch mit dem zeichnerischen Stil der übrigen Entwürfe Effners durchaus zu vereinbaren ist, dürfte er zweifellos von Effner stammen und - abgesehen vom Grundrißentwurf für Ottobeuren (248) - wahrscheinlich seine einzige erhaltene Zeichnung sein.

Wenn in der Dekoration der Schleißheimer Fassaden und im Entwurf für die Preysingsche Ostfassade also die neuen Vorstellungen Effners bereits andeutungsweise zum Ausdruck kommen, so war dadurch, daß in beiden Fällen ein vorhandener Baubestand den Ausgangspunkt bildete, eine freie Entfaltung schöpferischer Gedanken hier nur beschränkt möglich. Zum Durchbruch konnte die neue Richtung daher erst dann kommen, als durch den Neubau der Preysingschen Ostfassade solche Einschränkungen weitgehend fortfielen: Erst in der endgültigen Form des Münchner Palastes dokumentiert sich Effners entwicklungsgeschichtlich, aber auch künstlerisch bedeutsamste Leistung.

2. Effner und der style régence

Mit der Übertragung innenarchitektonischer Elemente auf den Außenbau leitet das Palais Preysing in der Geschichte der Münchner Palastbaukunst eine neue Phase ein. In der Folgezeit findet dieses Mittel der Fassadengestaltung bei den

Palästen und Bürgerhäusern Münchens eine solche Verbreitung, daß ganze
Straßenzüge durch die Stuckdekorationen ein anderes Gesicht erhielten. Daß
dabei den jeweiligen Künstlerpersönlichkeiten entsprechend die unterschied-
lichsten Lösungen erreicht werden konnten, braucht nicht betont zu werden.
Der Einfluß des Preysing-Palais aber ist immer wieder faßbar und, was
wichtiger ist: Effner gab mit seinem Stadtpalast den Anstoß zu neuen Gestaltungsformen.

Die mit dem Preysing-Palais eingeschlagene Richtung bildet stilgeschichtlich
den Übergang zur Profanbaukunst des bayrischen Rokoko. Während das Rokoko
jedoch innerhalb der deutschen Architekturgeschichte einen klar fixierten Begriff darstellt, stößt die stilistische Kennzeichnung der Bauten, die das Preysing-Palais repräsentiert, auf erhebliche Schwierigkeiten. Der Begriff Régence
nämlich, der sich in Analogie zu Frankreich anzubieten scheint, läßt sich im
Gegensatz zum Rokokobegriff vom Ursprungsland des Stils nicht ohne weiteres
auf die süddeutsche Baukunst übertragen.

Aufschlußreich für die Anwendbarkeit der Begriffe Régence und Rokoko ist be-
reits ihre Herleitung. Das Rokoko, der Style rocaille, verdankt seinen Namen
einem künstlerischen Gestaltungsmittel, einer "kritischen Form", die als
Symptom den in Frankreich und Deutschland verschiedenen Ausprägungen des
Stils übergeordnet ist (249). Der Begriff Régence dagegen ist der politischen
Geschichte Frankreichs entnommen: Er bezeichnet, wie die Begriffe Louis XIV
oder Louis XV eine nationale Situation und ihren Niederschlag in der Kunst.
Als Stilbegriff bezieht sich die Régence daher im Gegensatz zum Rokoko zunächst ausschließlich auf die französische Kunst und kann für andere Kunst-
landschaften nur dann übernommen werden, wenn die stilistischen Merkmale
der französischen Régence hier als maßgebliche Komponente in den Vordergrund treten.

Zeitlich deckt sich der style régence mit der Regentschaft Philipps von Orléans
(1715-23) insofern nicht, als seine Anfänge wesentlich früher, und zwar bereits
um 1700 anzusetzen sind (auch für die übrigen Stilbezeichnungen können die entsprechenden politischen Daten nur als grobe Anhaltspunkte dienen). Die Voraussetzung für die stilistische Wende in dieser Zeit wurde vor allem durch
veränderte soziologische Verhältnisse geschaffen, die einen neuen Auftragge-
berkreis und damit neue Aufgabenstellungen mit sich brachten. Während im
Louis XIV der Hof und infolgedessen die großen höfischen Projekte außerhalb
von Paris im Mittelpunkt des künstlerischen Lebens standen, wird die Kunst
der Régence vornehmlich von "den Kreisen des neuen Pariser Geld- und Be-
sitzadels als eine ironische und unpathetische Reaktion gegen den trostlosen
Spätstil am Hof Ludwigs XIV." (250) getragen. Mit den neu entstehenden Pariser Stadtpalästen tritt im Gegensatz zur gravitätisch-pompösen Staatskunst
des 17. Jahrhunderts, die der Idee des "großen Menschen" weitgehend untergeordnet war, nun das Private, Intime, Anmutig-Leichte in den Vordergrund.
Die Architektur nimmt damit ein anderes Gesicht an: "Von den Fassaden der
Paläste, bald auch aus ihren Innenräumen, verschwinden - wahrhaft revolutio-
näres Ereignis - die antiken Ordnungen. 'Niedere' Formen der Baukunst,

bis dahin nur in der Sockelzone zugelassen, schmucklose Rund- und Stichbogenfenster, steigen in die oberen Etagen auf und bestreiten von da ab die neue sparsame Eleganz der zarten, schwebenden Flächen. In der Einteilung der Innenräume, in den Formen der Möbel siegt das Bequeme über das Würdevolle .... Anti-antikisch, anti-repräsentativ, anti-rational, anti-historisch demaskiert sich der Geist der Régence." (Hans Sedlmayr (251)) Das Neue "besteht vornehmlich in der Nuance und darin, daß die Architektur lernt, pianissimo zu spielen, so daß schon der mäßige plastische Akzent, die unauffällige Steigerung von Größe oder Linienführung mehr wirkt als früher. Es ist eine Kunst der Abstufung, aber von der Grundlage des Feinsten her" (Erich Hubala) (252).

Nimmt man diese Charakterisierungen der Régencearchitektur als Ausgangspunkt, so wird schnell deutlich, daß sie sich mit der Architektur Effners nicht in Einklang bringen lassen. Bei seinen frühen Außenarchitekturen ist zwar die französische Schulung des Architekten nicht zu leugnen; das "Französische" muß hier jedoch präzisiert werden: Es ist nicht die Architektur eines Robert de Cotte etwa, der als Hauptvertreter der Régence angesehen werden kann, sondern die Germain Boffrands, der Effner entscheidende Anregungen verdankt. Boffrand aber, bei dem Effner in Paris ausgebildet wurde (253), nimmt in seiner Zeit eine Sonderstellung ein, die seine Außenarchitektur mit dem Begriff Régence als stilistischer Kennzeichnung nicht vereinbaren läßt. Seine Pariser Stadtpaläste, die er teilweise als Spekulationsobjekte baut, zeichnen sich zwar ebenfalls durch die Sparsamkeit der außenarchitektonischen Mittel aus; Sparsamkeit ist hier jedoch nicht mir Zurückhaltung gleichzusetzen: Sie steigert vielmehr die Wirkung der einzelnen Kompositionszüge und Formen. Dem zart abgewogenen Linien- und Flächenspiel, den feinen Abstufungen der Régencearchitektur setzt Boffrand einfache, klare Großgliederungen und stark ausgeprägte Einzelformen entgegen - das Prinzip der großen Form, das Effner in seinen frühen Außenarchitekturen übernimmt. Den Gepflogenheiten seiner französischen Zeitgenossen paßt er sich daher nur scheinbar an: Wenn auch Boffrand einfache Rund- und Stichbogenfenster bevorzugt (254) und bei seinen Stadtpalästen weitgehend auf antike Ordnungen verzichtet (als Ausnahme können die großen Pilaster an der Hofseite des Hôtel Amelot angeführt werden (255)), so wird er durch die straff gliedernde, leicht überschaubare Komposition und die rein durchgebildeten, kräftig hervortretenden Einzelformen, zum Sonderfall. Es ist weniger die französische Architektur als die Andrea Palladios, der er in seiner Gesamtvorstellung verpflichtet ist. Damit aber ist er weder anti-historisch noch anti-antikisch, wie auch nicht anti-rational oder anti-repräsentativ genannt werden kann.

Wenn also Boffrands Außenarchitektur vom style régence nicht unerheblich abweicht und somit für Effners Außenarchitektur, deren Beziehung zu Frankreich auf die Beziehung zu Boffrand reduziert werden kann, das gleiche gilt, so bleibt die Frage nach der Innendekoration und damit nach der Ornamentik.

Die Innendekoration der Régence ist durch die Aufteilung der Wand in einzelne Felder gekennzeichnet, die durch Rahmenleisten voneinander getrennt werden und in der Regel als Flächenschichten mit klar herausgearbeiteten Rändern in sich abgestuft isnd. Wie bei der Außenarchitektur spielen also die Abgewogenheit und Nuancierung von Linien und Flächen die maßgebliche Rolle. Im Gegensatz zum Außenbau kommt im Innenraum jedoch die Ornamentik hinzu, die als Dekorationselement entscheidend mitspricht, sich zugleich aber dem Grundsystem der Wandgliederung kompositionell und formal anpaßt. Wichtig ist dabei zunächst, daß sie den Felderfüllungen vorbehalten bleibt und damit die durch die Rahmenleisten markierte Einteilung berücksichtigt. Auch dann, wenn sie ausnahmsweise den Rahmen übergreift, kommt es zu keiner Verschmelzung: Ornamentik und Rahmung bleiben - im Gegensatz zum Rokoko - klar zu trennende Elemente. Entsprechend ist auch das Verhältnis von Wand und Decke angelegt. Während das Rokoko hier fließende Übergänge bevorzugt, tritt in der Régence zwischen Wand und Decke eine Corniche oder ein Rundstab, die die Decke als Decken f e l d umschließen, auf. Innerhalb dieser festen Grenzen - das gilt für die Wandfelder ebenso wie für die Régenceplafonds - ist die Dekoration immer bestimmten Zonen vorbehalten: Stets streng symmetrisch angeordnet, ist sie, von der Mitte oder den Rändern ausgehend, so sparsam und gezielt eingesetzt, daß große Teile des Grundes sichtbar bleiben, die freie Grundfläche also das Gesamtbild wesentlich mitbestimmt und die Raumbegrenzung luftig-leicht erscheinen läßt.

18,19 Für dieses Dekorationssystem gibt es bei Effner durchaus Parallelen. Die Boiserien im Schleißheimer Viktoriensaal und im Obergeschoß der Pagodenburg etwa oder auch die Stuckdecke im 1. Obergeschoß des Preysing-Palais stehen mit dem style régence vollkommen im Einklang. Als d u r c h g e h e n d e s von der Régence übernommenes Merkmal kann jedoch allein die klare Trennung von Wand und Decke angeführt werden. Die genannten Beispiele dagegen repräsentieren lediglich e i n e Dekorationsmöglichkeit, und zwar keineswegs die in Effners Werk vorherrschende. Charakteristisch für Effner ist vielmehr, daß er sich, ohne an ein festes Schema gebunden zu sein, in Material (Stuck, Holz, Tapeten etc.) und Gestaltungsform der jeweiligen Aufgabe anpaßt und dabei entsprechende Anregungen verarbeitet. So ist auch das Verhältnis der Effnerschen Innendekorationen zur französischen Kunst mit dem Hinweis auf den style régence keineswegs erschöpfend bezeichnet. Zumal im Hinblick auf die Stuckdekorationen muß hier eine zweite Komponente erwähnt werden: die Ornamentik Jean Bérains.

42

19,30 Die Bérainschen Dekorationsentwürfe, die in zahlreichen gestochenen Vorlageblättern überliefert sind, unterscheiden sich vom style régence einmal durch die größere Selbständigkeit, den größeren Eigenwert der einzelnen Panneaus im Gesamtgefüge der Wand, zum anderen durch die gleichmäßige Verteilung der Dekoration über die Fläche der Wandfelder - beides Merkmale, die sich bei Effner in der Südlichen Antecamera von Schleißheim wiederfinden. Kennzeichnend für Bérain ist weiterhin das von der Groteske herleitbare Nebeneinander von räumlichen und flächigen Gebilden, das z. B. die stuckierten Baldachine in der Südlichen Antecamera und im Preysing-Palais ebenfalls bestimmt. Vor allem aber kann eine Fülle von Einzelmotiven Effnerscher Dekorationen auf Bérain zurückgeführt oder zumindest als Gemeinsamkeit heraus-

47 gestellt werden. Erwähnt seien beispielsweise die Hermenatlanten, die Sphingen und phantastischen Tiere, Masken, Medaillons und Lambrequins (256), nicht zuletzt aber die Führung der Bandwerkstreifen, die - wie etwa ein Vergleich der Umrahmung unserer Abbildung (257) mit den Lisenen der Preysingschen Fassaden zeigt - die Abhängigkeit der Dekorationen Effners von den Entwürfen Bérains schlagend beweist.

Dieser Hinweis - die Verwandtschaft der Effnerschen Bandwerkornamentik mit der Ornamentik Jean Bérains zum einen und die Abweichungen Bérains vom style régence zum andern - ist insofern wichtig, als das Bandwerk, nachdem es von Bérain in die Geschichte der Ornamentik eingeführt worden war (258), zum maßgeblichen Ornamentmotiv der Régence wurde und damit zunächst auf einen unmittelbaren Zusammenhang der Bauten des deutsch-österreichischen Raumes zum style régence hinzudeuten scheint. Dem muß nun jedoch entgegengesetzt werden, daß das Bandwerk, das - im Gegensatz zur modellierten Form der Rocaille - mit seinen scharf geschnittenen Streifen fest auf dem Grund aufliegt und sich so dem Prinzip der Flächenschichtung anpaßt, zwar dem Dekorationssystem der Régence besonders entgegenkommt, aber schon innerhalb der französischen Kunst keineswegs an dieses System gebunden ist. Daraus folgt bereits und wird gerade durch Effner bestätigt, daß aufgrund einer nachweislichen Anlehnung an französische Vorbilder der Bandwerkornamentik nicht ohne weiteres eine Verbindungslinie von der außerfranzösischen Kunst zum style régence gezogen werden kann. Hinzukommt aber, daß das Bandwerkmotiv außerhalb Frankreichs so frei weiterentwickelt wurde, daß - im Gegensatz also zu Effner - unmittelbare französische Vorbilder meist nicht mehr angeführt werden können und daß es zudem auch in neuen Zusammenhängen erscheint, also - wie bei Effner - auch innerhalb von Dekorationssystemen, die in der französischen Kunst keine Parallele haben.

Abschließend bleibt also festzuhalten:
Der Begriff Régence kann als stilistische Kennzeichnung einer Epoche der deutschen Kunstgeschichte nicht übernommen werden. Es lassen sich zwar, insbesondere in der Innenarchitektur, häufig Elemente des style régence nachweisen; dabei handelt es sich aber immer nur um e i n e Komponente neben anderen im Gesamtwerk des Künstlers oder auch innerhalb des einzelnen Kunstwerks. Der erste Fall kann - z. B. bei einer Raumfolge - eine Addition in sich geschlossener, im Verhältnis zueinander aber heterogener Einzelwerke nach sich ziehen, wie es etwa in Schleißheim (Großer Saal - Viktoriensaal) zu beobachten ist. Im zweiten Fall dagegen kommt es zu einer Synthese, die durch die Verarbeitung verschiedener Einzelkomponente etwas Neues, Eigenständiges darstellt. Insofern sind die Stuckdekorationen einschließlich der Preysingschen Fassaden in Effners Gesamtwerk entwicklungsgeschichtlich - nicht in jedem Fall qualitativ - vorrangig. Sie sind Ausdruck einer eigenen künstlerischen Vorstellungswelt, die sich durch die Auseinandersetzung mit anderen Gestaltungsmöglichkeiten herausbildete. Die Aufgeschlossenheit gegenüber Anregungen aus verschiedener Richtung aber heißt, daß Effner - und damit ist er ein echter Vertreter süddeutscher Baukunst - an Traditionen anknüpft, die es ermöglichen, ihn in den Gesamtzusammenhang

der b a r o c k e n Kunstentfaltung einzuordnen. Im Gegensatz zu Frankreich also, wo die einzelnen Entwicklungsabschnitte - Louis XIV, Régence etc. - wesentlich klarer zu trennen sind und dementsprechend punktueller gefaßte Stilbegriffe ihre Berechtigung haben, lassen sich in Deutschland weiter gespannte Begriffe kaum umgehen: Der Begriff Spätbarock, der im Titel unserer Arbeit erscheint, ist nicht geeignet, das B e s o n d e r e der Bauten, die hier behandelt werden, schlagwortartig zu erfassen; er besagt aber, daß sie aus der barocken Tradition heraus verstanden werden können und müssen. Um dies zu verifizieren, liegt es nahe, nun nach dem Verhältnis Effners zur Kunst Italiens, dem Ursprungsland des Barock, zu fragen.

3. Effner und Italien

Nach der achtjährigen Ausbildung in Paris ist die dreimonatige Italienreise, die Effner Anfang 1718 auf Geheiß des Kurfürsten unternahm (259), sein einzig bezeugter Auslandsaufenthalt. Die Eindrücke dieser Reise, die ihn über Venedig bis Neapel, vor allem aber nach Rom führte, wirken sich verschiedentlich auf sein Werk aus. So verweist Luisa Hager (26o) mit Recht auf den Zusammenhang der Badenburg mit dem Typ des italienischen Gartenkasinos, das in Anknüpfung an die Idee des antiken Nymphäums das Wasser als reales Element in die Gestaltung einbezog. Die Beziehung zu Italien spiegelt dabei weniger der Badesaal selbst, der in dieser Form ohne Vorbild ist, als vielmehr der Festsaal, wo das Wasser ikonographisch ebenfalls im Mittelpunkt steht und in Form von Wandbrunnen auch materiell vorhanden ist. Wie die schweren Stuckgehänge und die antikischen Darstellungen der Corniche und der Büsten stehen diese Brunnen auch formal in Zusammenhang mit Italien: Ihre großen Muschelschalen dürften - ebenso wie der Delphin des Vasenaufbaus an der Süd-Ostecke des Preysing-Palais - letztlich auf Berninis römischen Tritonenbrunnen zurückzuführen sein.

Die Kenntnis des römischen Hochbarocks schlägt sich auch in Schleißheim nieder. Besonders augenfällig ist hier - wie bereits mehrfach in der Literatur erwähnt - die Verwandtschaft der Fensterumrahmungen am Mittelteil des Corps de Logis (2. und 3. Vollgeschoß/Westfassade, 3. Geschoß/Ostfassade) mit dem Palazzo Barberini in Rom. Aber auch die borrominesk ausgestellten Pilaster der Westfassade und des Großen Saals und die Fensterumrahmungen in den Hauptgeschossen (Rücklagen) der Preysingschen Ostfassade sind hier zu nennen.

Trotz solcher Hinweise auf Italien aber bleibt das "Italienische" bei Effner eine Randerscheinung. Es sind vereinzelte Übernahmen, die jedoch nie, auch nicht bei der Badenburg, das Bauwerk als Gesamtheit prägen. Wenn daher oben von einer Anknüpfung an barocke Traditionen die Rede war, so kann damit nicht gemeint sein, daß Effner in Bayern die unmittelbare Nachfolge der italienischen Barockarchitekten antrat; die Verbindungslinie nimmt vielmehr einen Umweg, nämlich den Umweg über Österreich, also über Architekten, die von der italienischen Kunst ihre maßgeblichen Impulse erhielten, diese Impulse aber bereits in die eigene Entwicklung eingeschmolzen hatten.

121

4. Das Preysing-Palais und die österreichische Barockbaukunst

In Zusammenhang mit dem Palastbau Enrico Zuccallis haben wir bereits darauf hingewiesen, daß die Bedeutung der österreichischen Architektur für die bayrische bisher fast ausnahmslos weit unterschätzt worden ist. Kein Bau in München aber vermag die Abhängigkeit von Wien schlagender zu beweisen, als gerade das Preysing-Palais.

Als erster hat das Cornelius Gurlitt gesehen, der schon 1889 über das Palais Preysing schreibt: "Viele Details dieses Baues weisen auf Prag und Wien, so daß wir in den dortigen Meistern seine (Effners) Lehrer zu suchen haben". Und: "In vieler Beziehung ist die Verwandtschaft des Baues mit dem Palais Kinsky so groß, daß man ihn als eine Studie nach dem über 2o Jahre früher vollendeten Werk Johann Lukas von Hildebrandts bezeichnen kann, das es an Formenreichtum übertrifft, wenngleich an Vornehmheit nicht in allen Teilen erreicht" (261).

Daß dieser Ansatz in der Folgezeit fast gänzlich in Vergessenheit geriet, dürfte in erster Linie auf die Forschungen Hauttmanns zurückzuführen sein. Nachdem er, was die Ausbildung Effners betrifft, Gurlitt widerlegen konnte, wurde die Frankreich-Orientiertheit so einseitig hochgespielt, daß - ebenfalls durch die archivalischen Zeugnisse nahegelegt - außerdem allenfalls italienische Einflüsse Berücksichtigung fanden. Auf Wien verweist Hauttmann lediglich einmal in einer Anmerkung (262), wo er sich auf Gurlitt bezieht.

Hinweise am Rande finden sich auch später gelegentlich. So stellt Wolfgang Braunfels zwar in üblicher Weise Frankreich und Italien als die beiden Komponenten in Effners Kunst heraus, vermutet aber beim Preysing-Palais: "Wiener Einflüsse mögen hier mitgespielt haben" (263) und erwähnt auch die nach oben sich verbreiternden Pilaster Hildebrandts. Einen weiteren Gedanken bringt Sedlmayr mit der Bemerkung, das Preysing-Palais stehe "durch Hildebrandt vermittelt in der Filiation: Berninis Palazzo Chigi - Fischers Palais Battyány" (264). Daß sich Erich Hubala, der in diesem Zusammenhang ebenfalls das Palais Preysing anführt (265), schließlich mit Entschiedenheit für die Berücksichtigung der österreichischen Architektur bei der Beurteilung der bayrischen einsetzte, wurde bereits hervorgehoben (266).

Aufgrund des verfügbaren Quellenmaterials muß angenommen werden, daß Effner die Wiener Bauten, die hier zur Sprache kommen, nicht aus eigener Anschauung kannte. Das besagt jedoch keineswegs, daß sie ihm unbekannt waren. Schon Hauttmann weist in der zitierten Anmerkung daraufhin, daß Zeichnungen und Stiche damals häufig verschickt wurden und Preysing in reger Korrespondenz mit Wien stand. Wie eng die Beziehungen Max' IV. zu Österreich und seine Verbindung zum Wiener Adel waren, geht tatsächlich aus den Archivalien immer wieder hervor und wurde zu Beginn dieser Arbeit bereits geschildert (267). So ist es naheliegend, daß der Bauherr durch die Kenntnis der Wiener Repräsentativbauten geschmacklich geprägt und in den Vorstellungen von seinem eigenen Palast beeinflußt wurde und daß er daher seinem Architekten zu dem entsprechenden Anschauungsmaterial verhalf.

Dabei muß allerdings gleich daran erinnert werden, daß das Preysing-Palais zwar innerhalb der Münchner Palastbaukunst einen Durchbruch darstellt, daß seine Gestaltungsmittel in Effners Werk - vor allem in Schleißheim - aber durchaus vorbereitet sind. Preysing mag daher Effner Anregungen geliefert haben; er kam damit den eigenen Intentionen des Architekten ganz zweifellos aber sehr entgegen.

a) Johann Bernhard Fischer von Erlachs Palais Batthyány-Schönborn

Die wichtigsten Vergleichspunkte im Hinblick auf die Beziehungen des Preysing-Palais zum Wiener Palastbau sind einmal der Gliederungstypus, also die Fassadeneinteilung in einen durch eine große, die Obergeschosse zusammenfassende Ordnung ausgezeichneten Mittelrisalit und Rücklagen, zum anderen die formalen Eigenschaften der Gliederungsmittel, wobei die Verwendung von Hermenpilastern den auffallendsten Hinweis auf Affinitäten lieferte, wenn solche zur Sprache kamen.

Die von Sedlmayr zweifellos richtig aufgestellte (oben zitierte) Filiation geht zunächst vom Gliederungstypus aus, der von Bernini mit dem Palazzo Chigi-Odescalchi geprägt wurde. Die Vorstufen zu diesem Typus sind zwar schon in der palladianischen Villenarchitektur angelegt; die Dreiteilung der Schauseiten ist hier jedoch insofern unvergleichbar, als Palladio den Mittelteil jeweils als offenen antikischen Säulenportikus ausbildet, als Vorhalle also, die sich mit den Seiten nicht zu einer Fassade, sondern zu einem baukörperlichen Gefüge zusammenschließt. Das gilt besonders für die Bauten, deren Protikus - auf hohem Postament - vor dem Kernbau steht (Villa Rotonda in Vicenza, Villa Foscari in Malcontenta (268)), bleibt aber auch dort eindrucksbestimmend, wo die Vorhalle in den Kern eingetieft ist (Villa Badoer in Fratta Polésine, Villa Emo in Fanzolo (269)). Wenn es vor Bernini aber Fassaden mit durchgehendem Wandzusammenhang gibt, die durch die Dreiteilung bestimmt werden - also etwa der venezianische Stadtpalast oder als Beispiel aus dem 16. Jahrhundert: Vignolas Villa Giulia - fehlt die vom Portikusmotiv herzuleitende große Ordnung des Mittelkompartiments. Die Verbindung des dreiteiligen Fassadentypus mit dem Grundgedanken der palladianischen Villen wurde erst von Bernini vollzogen und als neuer Typus nicht zuletzt für den Palastbau nördlich der Alpen - mit dem Schwerpunkt Wien - vorbildlich.

Auch das von Sedlmayr bereits angeführte, um 1699 von Johann Bernhard Fischer von Erlach erbaute Palais Batthyány-Schönborn, (27o) das im Hinblick auf das Preysing-Palais zudem durch seine Instrumentierung mit Hermenpilastern besondere Beachtung verdient, nimmt den genannten Typus auf und lehnt sich in seiner Fassadengliederung unübersehbar an den Palazzo Chigi an. Es hat die gleiche Horizontaleinteilung - hohe, durch ein Gesims abgetrennte Sockelzone, betontes Hauptgeschoß und ein niedriges Geschoß darüber - und ebenfalls eine ausgeprägte Breitenlagerung, wobei der Risalit, obwohl nur fünf- statt siebenachsig, schon durch seine Ausmaße stark dominiert. Verschieden ist jedoch das Verhältnis der Fassadenkompartimente zum Gesamtgebäude. Im Gegensatz zum Palazzo Chigi und im Gegensatz auch zu Fischers späteren Palästen, der Böhmischen Hofkanzlei oder dem Palais Trautson etwa, wird beim Palais Batthyány zwar das Gebäude als ganzes baukörperlich-blockhaft empfunden, nicht aber die einzelnen Gebäudeteile: Mittelrisalit und Rücklagen gliedern - wie beim Preysing-Palais - allein die Fassade, das allerdings mit großer Entschiedenheit.

Die Absetzung des nur flach vortretenden Risalits wird dabei nicht wie später bei Fischer und wie beim Preysing-Palais von einer Differenzierung der Einzelformen begleitet, sondern ähnlich wie bei Bernini durch zusätzliche Gliederungsmittel erreicht: Von der Portalgruppe abgesehen sind die Öffnungsformen und - im Gegensatz zum Palazzo Chigi - auch die Musterung der Maueroberfläche gleichmäßig durchgeführt. Die Auszeichnung des Mittelrisalits beruht daher in erster Linie auf den eingestellten großen Pilastern und der statuenbesetzten Balustrade in der Dachzone (deren Beseitigung das Bild der Fassade heute entscheidend beeinträchtigt). Hinzukommt das dekorative Element, das den Rücklagen fehlt: die Relieffelder zwischen den Obergeschossen, der Schmuck der Pilaster und (heute beseitigt) des Gebälks, das sie tragen, und schließlich die Balustraden im Piano nobile, die auf das Motiv der Dachbalustrade antworten. Den Hauptakzent des Mittelrisalits stellt jedoch die Portalgruppe dar.

Wie häufig bei Fischer dreiteilig und mit säulengetragenem, leicht vorgewölbtem Balkon in der Mittelachse läßt das Portal sofort ans Preysing-Palais denken. Trotz der auffallenden Ähnlichkeiten macht es aber zugleich die Unterschiede der beiden Paläste besonders deutlich. Mit dem Mittelfenster des 1. Obergeschosses zu einer großen Figur verbunden, ist das Portal - einschließlich der Portalsäulen - bei Fischer fester Bestandteil des Fassadenverbands. Wie auch die Dachbalustrade (im Gegensatz zum Frontispiz des Preysing-Palais) ist das Balkonmotiv hier also nicht "ablösbar", sondern zusammen mit der reichen Bekrönung des Mittelfensters Gipfelpunkt einer Kräftebewegung, sie sich von den Rücklagen über den Mittelrisalit energisch steigert: von den freien Wandflächen der Rücklagen (wie bei Bernini ist die Maueroberfläche hier also keineswegs nur Hintergrund!) über die Pilaster des Mittelrisalits zu den Vollsäulen des Portals. Damit zeigt sich aber trotz der sensiblen Feinheit der Wandbehandlung auch hier, daß es der plastische Wert der Bausubstanz ist, der bei Fischer den Ausgangspunkt für die Gestaltung bildet. Die Dekoration dagegen verleiht der Fassade zwar eine für Fischer ungewöhnliche Grazilität, bleibt aber den mit architektonischen Mitteln verwirklichten Zielen untergeordnet. Ein Motiv wie die Hermenpilaster besitzt hier daher nicht die "Notwendigkeit" wie bei Effner; wie Fischers übrige Paläste beweisen, wäre es durchaus denkbar, sie durch konventionelle Pilaster zu ersetzen. Aufgrund der - von Effner völlig verschiedenen - architektonischen Grundauffassung aber ist es erklärlich, daß eine Weiterentwicklung der am Mittelrisalit des Palais Batthyány anklingenden dekorativen Gestaltungsweise nicht bei Fischer selbst stattfand, sondern bei seinem großen Antipoden: bei Johann Lukas von Hildebrandt.

b) Johann Lukas von Hildebrandts Palais Daun-Kinsky

Nur wenige Schritte vom Palais Batthyány entfernt baute Hildebrandt in den Jahren 1713-16 das Palais Daun-Kinsky (271). Obwohl die Fassade unübersehbar an Fischers Palasttyp anknüpft, bietet sie ein ganz anderes Bild.

Die auffallendste Gemeinsamkeit sind die Hermenpilaster des Mittelrisalits, der auch hier eine Dachbalustrade mit Statuen trägt. Vergleichbar sind weiterhin die Fenster im Erdgeschoß und im 1. Obergeschoß, die - vom ebenfalls wappenbekrönten Mittelfenster abgesehen - die gleichen Verdachungen haben wie beim Palais Batthyány. Die von Fischer übernommenen Gliederungsmittel sind hier jedoch in eine völlig eigene architektonische Grundkonzeption eingearbeitet.

Der größte Unterschied gegenüber dem Palais Batthyány liegt in der Entspannung aller Kraftlinien, in der auf Gleichmäßigkeit zielenden Durchgestaltung. Das äußert sich bereits in der Gesamtproportion, nämlich im ausgewogenen Verhältnis von Höhe und Breite, vor allem aber in der Binnengliederung. Wie das Preysing-Palais hat das Palais Daun zwei Hauptgeschosse, die die Wirkung der Fassade bestimmen. Das rustizierte Erdgeschoß dagegen ist niedrig gehalten und wie bei Effner, im Gegensatz aber zum Palais Batthyány nicht als Sockelgeschoß aufzufassen, sondern, und zwar zusammen mit der Dachzone, als Rahmung für die Hauptgeschosse, die durch ihre entschiedene Abgrenzung nach unten u n d oben hier somit konsequenter als beim Preysing-Palais als "Fassadenmitte" gekennzeichnet sind.

Auch vertikal gesehen ist die Fassadenmitte, der Mittelrisalit, durch ein vom Preysing-Palais abweichendes Merkmal ausgezeichnet: durch den Gegensatz von drei Achsen zu nur zweien an den Rücklagen. Dieser Unterschied ist insofern wichtig, als er die für Effners Palast charakteristischen Gruppenbezüge von vorneherein ausschließt. Der Zusammenhang zwischen Mittelrisalit und Rücklagen beruht hier daher vornehmlich auf horizontal gleichmäßig durchgeführten Gliederungsmitteln, die jedoch nicht wie beim Preysing-Palais tonangebend sind, sondern sich mit den vertikalen Richtungslinien annähernd die Waage halten. So sind die Fenster im Erdgeschoß (dort auch die Rustizierung) und im 1. Obergeschoß bis zur Mittelachse überall gleich, im 2. Obergeschoß und im Mezzanin, der in das Dachgebälk fällt, dagegen an Mittelrisalit und Rücklagen verschieden (272). Die Pilaster sind als durchgängiges Vertikalelement hier zwischen jede Achse eingestellt und durch gleiche Kapitell- und Basisformen einander angenähert; der Mittelrisalit hebt sich jedoch durch die keilförmigen Schäfte und deren Schmuck ab. In der Dachzone schließlich wird der Zusammenhang der Kompartimente dadurch berücksichtigt, daß die Dachbalustrade über die Rücklagen weitergeführt ist und - ein bezeichnender Unterschied zum Palais Batthyány - von der durchgehenden Firstlinie des Daches überragt wird; um den Mittelrisalit abzusetzen, ist sie aber formal differenziert.

Dabei ist auffallend, daß die Mittel zur Differenzierung fast ausschließlich in der oberen Fassadenhälfte liegen und daß dort auch der Schmuckreichtum größer ist als unten. Dadurch kommt es wiederum zu einem Ausgleich: zum Ausgleich für das - hier einachsige - mit dem Mittelfenster verbunde Portal, das wie bei Fischer und Effner den stärksten plastischen Akzent der Fassade bildet und in seinem Verhältnis zur Fassadenebene auch hier symptomatisch ist.

Im Gegensatz zum Palais Batthyány nämlich, aber wie beim Preysing-Palais sind die (schräggestellten) dorischen Säulen, die Vasenaufbauten tragen, also keinen Balkon, und die eingeschlossenen Atlanten - sie unterstützen einen figurengeschmückten Sprenggiebel - beim Palais Daun der Fassade vorgestellt. Die durch ihren plastischen Wert bestimmten Formen lassen hier also wie bei Effner die ihnen entgegengesetzte Eigenart der Gesamtfassade unangetastet zur Wirkung kommen: die schwerelose, nach dekorativen, nicht tektonischen Richtlinien konzipierte Ausgestaltung der Wand, deren Dynamik sich nicht wie bei Fischer aus der Masse des Baukörpers heraus entwickelt, sondern auf dem Formenreichtum beruht, der - von Licht- und Schattenwirkungen unterstützt - der Maueroberfläche aufgelegt ist und diese zum Hintergrund werden läßt. Der dekorative Grundzug der Fassade aber bedeutet, daß die Umformung der Bauglieder im Gegensatz zu Fischer hier als Gestaltungsprinzip angesehen werden kann. So beschränkt sie sich auch nicht auf die Pilaster; bezeichnend sind z. B. die Durchbrechung des Dachgebälks und - wie bei Effner - die Fensterverdachungen. Unvergleichbar mit Fischer ist damit zugleich die Rolle der Stuckdekoration: Sie ist nicht nur eine bereichernde Beigabe, sondern verbindet sich organisch mit den Baugliedern und wird zum festen Bestandteil der Architektur.

Erweist sich das Palais Daun aufgrund seines Gestaltungsprinzips bereits als vorbildlich fürs Preysing-Palais, so läßt sich die Abhängigkeit Effners von Hildebrandt auch an den Details ablesen. An erster Stelle sind hier die Fensterverdachungen zu nennen, die - abgesehen von dem einfachen Verdachungstyp, wie ihn das 1. Obergeschoß/Palais Daun zeigt - bei Hildebrandt fast immer reich geschwungen und geknickt, allerdings nur ganz selten verkröpft sind. Dem Preysing-Palais annähernd gleich kommen vor allem die Schneppengiebel des Palais Daun, die dort auch als Kontrast neben rundbogige Verdachungen gesetzt sind. Die Stuckdekoration, die ihnen beigegeben ist (Helm- und Waffenarrangements, im 1. Obergeschoß Köpfe), kehrt, wie wir sahen, bei Effners Palast ebenfalls wieder. Auch die borrominesk ausgestellten Fensterrahmungen verwendet Hildebrandt gern: außer am Mittelfenster des Palais Daun, z. B. bei den Gartenpalästen Starhemberg-Schönburg und Schönborn (273). Auf die Hermenpilaster, die in Wien schon mit den keilförmigen Lisenen des Leopoldinischen Traktes der Hofburg (274) ihre Vorläufer haben, wurde bereits wiederholt hingewiesen. Im Vergleich zum Palais Batthyány ist die Ähnlichkeit mit dem Preysing-Palais beim Palais Daun insofern besonders groß, als die Schäfte hier auch eingetiefte Felder mit Rankenwerk haben. Die Kapitelle stehen den Pilastern der Preysingschen Westfassade nahe.

Auch die Hermenatlanten des Preysingschen Treppenhauses haben bei Hildebrandt Parallelen. Er verwendet sie allerdings nicht freistehend wie Effner, sondern rückt sie an die Wand, so in den Treppenhäusern in Pommersfelden, im Oberen Belvedere und später in Göttweig (275). Im Hinblick auf das Preysingsche Treppenhaus verdienen außerdem die Supraporten in der Sala terrena des Oberen Belvedere erwähnt zu werden. Die Stuckdekoration der nebenstehenden Felder mit Rosetten, Band- und Gitterwerk zeigt schließlich, daß sich die Verwandtschaft Effners mit Hildebrandt auch auf die Ornamentik erstreckt. Zusammenfassend kann also festgehalten werden, daß Hildebrandt für die Phase in Effners Werk, die das Preysing-Palais repräsentiert, den bei weitem wichtigsten Anstoß von außen lieferte. Da es sich bei dem Münchner Palast um Effners Hauptwerk handelt, muß daher entgegen der bisher vorherrschenden Auffassung noch einmal betont werden, daß die österreichische Baukunst, also nicht die französische und schon gar nicht die italienische, den entscheidendsten und folgenreichsten Faktor in Effners künstlerischer Entwicklung darstellt. Die Beobachtungen am Palais Daun haben aber auch gezeigt, daß das Preysing-Palais trotz seiner Abhängigkeit von Hildebrandts Palast als eigenständige Leistung Effners bewertet werden muß. Die höfisch-geschliffene Eleganz des Wiener Palastes bleibt in München unerreicht; in seiner kompositionellen Durchgestaltung und der frischen Urwüchsigkeit seiner Einzelformen aber ist das Preysing-Palais eine originelle Lösung, die ihm in der Kunstgeschichte einen festen Platz zuweist.

ated ANHANG

Abkürzungen:

Arch. nat. : Archives nationales Paris
BHStA : Bayer. Hauptstaatsarchiv
BLfD : Bayer. Landesamt für Denkmalpflege
GehStA : Geheimes Staatsarchiv München
HAA : Hohenaschauer Archiv im Bayer. Hauptstaatsarchiv
StAMü : Stadtarchiv München
StAObb : Staatsarchiv für Oberbayern in München

Anmerkungen:

1) Joseph Sturm, Johann Christoph von Preysing, München 1923
Ders., Die Anfänge des Hauses Preysing, in: Schriftenreihe zur bayer. Landesgeschichte, Bd. 8, München 1931

2) J. E. v. Koch-Sternfeld, Maximilian V. von Preysing, München 1827

3) HAA f. 94a/1. Aus dieser Quelle stammen alle Angaben zur Familiengeschichte, die nicht besonders vermerkt sind.

4) Sturm, Anfänge, S. 4o5

5) Koch-Sternfeld, S. 43

6) Sturm, Anfänge, S. 4o4

7) HAA f. 94a/2: Beschreibung der Preysingschen Wappen vom 3o. 9. 174o mit farbigen Darstellungen des Miniaturmalers Joseph Puecher

8) Siehe Anm. 7

9) Münchner Wappenkalender Jahrg. 19oo, Monat August

1o) Häuserbuch der Stadt München, München 1958, Bd. II, S. 211/12

11) HAA f. 1o3a/79a: Grabinschrift

12) Adolf v. Bomhard, Heimatbuch Prien, Prien 1958, S. 1o2/3, auch die folgenden Angaben

13) Siehe Anm. 7

14) Der Helm der Freybergs war ursprünglich eisern, da goldene Helme nur dem Freiherrenstand verliehen wurden.

15) Häuserbuch München II, S. 321/22. Sturm (Joh. Chr. v. Pr., S. 174) plaziert das Haus aufgrund einer Urkunde, die besagt, daß es gegenüber dem Püttrichkloster liege, an die Stelle der heutigen Hauptpost. Es stand tatsächlich dem Kloster gegenüber, aber nicht in der Inneren (heutigen Residenzstraße), sondern in der Äußeren Schwabinger Gasse. In der Inneren Schwabinger Gasse lag außerdem das Franziskanerkloster, nicht die heutige Hauptpost, dem Püttrichkloster gegenüber.

16) HAA f. 94b/5e: Käuferurkunde

17) Siehe Anm. 15: Häuserbuch

18) Sturm, Joh. Chr. v. Pr., S. 133

19) Alle männlichen Glieder der Linie Preysing-Hohenaschau hießen mit erstem Namen Johann: Der hl. Johannes d. Täufer war der Familienpatron der Preysings (Peter v. Bomhard), Die Kunstdenkmäler der Stadt und des Landkreises Rosenheim II, Rosenheim 1957, S. 498, Anm. 641). Die weiblichen Nachkommen hießen alle Maria, die von den Preysings ebenfalls besonders verehrt wurde.

2o) Mitt. Dr. Peter v. Bomhard, auch die folgenden Angaben über diese Linie

21) HAA f. A 99/54

22) Sigmund Riezler, Geschichte Bayerns, Gotha 1914, VIII, S. 331

23) HAA f. A 99/54; Koch-Sternfeld, S. 49 u. Anm. 31

24) HAA f. 1o3a/79a: Heiratsbrief

25) Mitt. v. Bomhard

26) HAA f. 1o3a/79a: Taufschein

27) Zur Lage und Rekonstruktion dieses Klosters, in dem viele Adlige ihre Begräbnisstätte hatten, bevor es 18o2 abgerissen wurde: Wilh. Kücher, Das alte Franziskanerkloster in München, in: Obb. Archiv 86. Bd., München 1963

28) HAA f. A 1o4/82: eigenhändige Beschreibung Effners,
HAA f. K 372: Kostenaufstellungen von Straub und Poschenrieder für die Arbeiten "nach Herrn Effners verfassten Riss" vom 18.3.1739 bis 2.5.1741,
HAA f. A 1o4/82: Innschrift des Epitaphs.
Nach Mitteilung von Dr. Peter von Bomhard wurde die Gruft in der Annakapelle 1624 von den Preysings erworben. Die Epitaphien wurden im letzten Krieg alle zerstört.

29) HAA f. A 1o1/65 und 94a/1

3o) HAA A 99/54: Verlassenschaft Max' II.

31) HAA f. A 1oo/57

32) Koch-Sternfeld, S. 53

33) HAA f. A 1o1/65

34) Häuserbuch München II, S. 183/4; HAA f. A 61/o 285

35) Johann Stridbeck d. J., Theatrum Der Vornehmsten Kirchen, Clöster, Palläst und Gebeude in Churfürstlicher Residenz Stadt München, Nachdruck 1966, Tf. 14

36) HAA f. A 61/o 279. Der Familie Hörwarth gehörte das Nachbarhaus am jetzigen Promenadeplatz (Häuserbuch Mü II, S. 233/34)

37) HAA f. A 1o4/82

38) Mitt. v. Bomhard u. August Graf Preysing

39) Häuserbuch München II, S. 51

4o) Taufbücher der Münchener Frauenkirche

41) HAA f. A 1o5/89

42) BStB, Handschr.Abt., cod. germ. 5456: Tagebücher Max' IV. v. Pr.

43) Arno Schönberger, Ignaz Günther, München 1954, S. 8o
Es sind die letzten Epitaphien, die Günther geschaffen hat (das Todesdatum der Gräfin ist nachträglich eingesetzt). Beim Luftangriff 1945 wurde die Franziskanerkirche zerstört; das Epitaph Johann Joseph Karls konnte jedoch gerettet werden und befindet sich nun in der Lichtenauer Kapelle der Minoritenkirche (Th. Müller, Ingolstadt, München 1958, S. 26-28).

44) Über Max V.: Koch-Sternfeld, bes. S. 71-76

45) HAA f. 1o3a/79a: Taufschein

46) HAA f. 1o3a/76a: Zeugnisse 17o2-1o

47) Arch.nat. T 153/154

48) HAA f. 94a/1

49) Siehe Anm. 48

5o) Siehe S. 2o

51) HAA f. A 1o4/87a: Ernennungen und Ehrenämter Max' IV. Alle folgenden Daten seiner politischen Ämter stammen aus dieser Quelle.

52) Eduard Rosenthal, Geschichte des Gerichtswesens und der Verwaltungsorganisation Baierns II, Würzburg 19o6, S. 223 u. 251/2

53) Rosenthal, S. 266/7

54) Er war der Erbauer des ehem. Palais Törring in der Residenzstraße in München.

55) Riezler VIII, S. 412

56) Joh. Georg Keyßlers Neueste Reisen durch Deutschland, Böhmen, Ungarn, die Schweiz, Italien und Lothringen. Hannover 1751, S. 51

57) Zitiert bei Otto Seeländer, Graf Seckendorff und die Publizistik zum Frieden von Füssen, Gotha 1883, S. 31

58) Seeländer, S. 7o/1

59) Fritz Wagner, Kaiser Karl VII. und die großen Mächte, 174o-45, Stuttgart 1938, S. 25 mit Zitat Klinggräffens

60) Seeländer, S. 75 gestützt auf Klinggräffen

61) Theodor Bitterauf, Die kurbayrische Politik im siebenjährigen Kriege, München 19o1, S. 17

62) Michael Doeberl, Entwicklungsgeschichte Bayerns, 3 Bde, München 1912 ff.

63) Eberhard Weis, Montgelas' Vater: Janus Freiherr von Montgelas (171o-67), Bayer. General und Diplomat, in: Zeitschr. f. bayer. Landesgesch. 26, München 1963, S. 292/3

64) Joseph Franz Graf Seinsheim (17o7-87) war neben Preysing der einflußreichste Minister nach 1746. Er wurde sein Nachfolger als Obersthofmeister.

65) GehStA Kschw 16oo4: Briefe Preysings an den Kurfürsten

66) Siehe Anm. 42: Tagebücher 1717-63 mit Ausnahme der Jahre 1724, 37, 42, 44, 47, 52, 54 und 62

67) Siehe S. 18

68) Arch. nat. T 153/3o: Instruktion Max Emanuels an den Schatzmeister Comte d'Albert vom 31. 12. 1719

69) GehStA Kschw 16oo3

7o) Siehe Anm. 65

71) HAA f. 1o3a/79a

72) Siehe S. 16

73) Siehe S. 15

74) Mitt. v. Bomhard

75) HAA f. 1o3a/77: Heiratsbrief vom 26. 8. 172o

76) HAA f. A 1o4/82: Epitaphinschrift

77) Tagebuch Max' IV.

78) Tagebuch Max' IV.: Pfarrbücher der Münchner Frauenkirche; HAA f. 1o3/80: Heiratsbrief vom 27. 1o. 1731, Taufschein und Verlassenschaft der Gräfin

79) HAA f. 1o3b/8oc: Briefe des Paters Joh. Nep. Deym und der Gräfin an Max IV. von 1738-46

8o) Siehe S. 16

81) Koch-Sternfeld, S. 7o

82) HAA f. A 61/o 277. Nur die Angaben, die nicht aus dieser Quelle stammen, werden im folgenden gesondert angemerkt.

83) Max Hauttmann, Der Kurbayerische Hofbaumeister Joseph Effner, Straßburg 1913, S. 148

84) Keyßlers Reisen, S. 56: Brief vom 18.6.1729

85) Häuserbuch Mü I, S. 321-3: Residenzstr. 28, Theatinerstr. 27

86) Häuserbuch Mü I, S. 323/4: Residenzstr. 29, Theatinerstr. 26

87) Häuserbuch Mü I, S. 4o6/7: Theatinerstraße 25

88) Klaus Eggert, Friedrich von Gaertner, München 1963, S. 1o1/2

89) StAMü Grundbücher 1574 f. 668, 67o, 672, 8o9, 812 und 1631 f, 222, 223r; Häuserbuch Mü I, S. 318-2o: Residenzstraße 27

9o) Siehe S. 14. - Sturm (Joh. Chr. v. Pr., S. 186) nahm an, daß es sich um ein Anwesen südlich des heutigen Preysing-Palais handelte. Aus den Quellen geht die Situation jedoch eindeutig hervor.

91) Häuserbuch Mü I, S. 297/99; StAMü Grundbuch 1574 f. 7o4r

92) Siehe S. 14

93) HAA f. A 61/o 275: Brief Polixenas an den Kurfürsten

94) Siehe S. 16

95) Siehe S. 16; HAA f. A 1o1/67

96) Auf Münchner Stadtansichten des 17. Jahrhunderts ist der Preysingsche Gebäudekomplex zwar mitunter abgebildet; die Darstellungen sind, von den markanten Bauwerken abgesehen, in den Einzelheiten jedoch wenig zuverlässig. Mit den Quellen, auf die wir uns im folgenden stützen werden, am besten zu vereinen ist der Stich Matth. Merians in der Topographia Bavariae (1644), der an der heutigen Viscardigasse deutlich zwei aneinanderstoßende Häuser zeigt, von denen das östliche niedriger ist als das im Westen. Im Churbayerischen Atlas von Anton Wilh. Ertl (1687) dagegen erscheint an dieser Stelle vereinfachend ein einziges langgestrecktes Gebäude.

97) HAA f. 1o3/74 a Nr. 1

98) Hauttmann, Effner, S. 147, Koch-Sternfeld S. 7o, jeweils ohne Quellenangabe

99) Siehe S. 69

1oo) StAObb HR 112/81: Am 4.9.1727 erwähnt Bernecker in einem Brief an den Kurfürsten "alle an der Hochgräfl. Preysingschen behausung verferttigte arbeith".

1o1) Siehe S. 61

1o2) HAA L 353: Konzessionsabschrift (undatiert); im gleichen Faszikel auch die Abschrift vom 15.12.1738. Die übrigen Angaben zur Kapelle: HAA K 355

1o3) Norbert Lieb, Münchener Barockbaumeister, München 1941, S. 122

1o4) Hundert Jahre Bayer. Versicherungsbank 1835-1935, München (1936, ohne Verf.) S. 24/25

1o5) StAObb Landkr. Rosenheim f. 2o/237

1o6) StAMü Akt Residenzstr. 27 (LBK Nr. 8oo8), Pläne Nr. 12o35/12542 und 1oo43. - Der Akt enthält die Pläne und Korrespondenzen der Lokalbaukommission von 1852 bis 1939. Alle folgenden Angaben, die nicht gesondert belegt sind, stammen aus dieser Quelle.

1o7) Siehe Anm. 1o4. Die Jubiläumsschrift gibt diese Veränderung an, allerdings ohne Datierung und Beleg. Der Erdgeschoßgrundriß von 1852 (StAMü LBK Nr. 8oo8, Plan 1691) zeigt die Fenster jedoch schon in der späteren Breite.

1o8) Sämtliche Fotos vor der Zerstörung zeigen dieses Wappen.

1o9) StAMü LBK 8oo8, Pläne o134o vom Architekten Karl Stöhr. Die Pläne Hauberrissers werden in einem Schreiben der Bank ans Innenministerium vom 22. 3. 191o erwähnt.

11o) StaMü LBK 8oo8, Pläne 15627 vom 18.11.1911 und o8767 vom 15.6.1912. Konrad Weinmayer, Gabriel von Seidl, in: Kunst und Handwerk 1913, S. 268-71 m.Abb.

111) BLfD Akt Preysing-Palais: Kaufvertrag und Korrespondenz des Kultusministeriums

112) StAMü LBK 8oo8, Pläne 459o6 vom 27. 8.1936

113) BLfD Akt Preysing-Palais

114) Material bis 1957: BLfD Preysing-Palais; Erwin Schleich, Der Wiederaufbau des Preysing-Palais in München, in: Deutsche Kunst und Denkmalpflege 196o, Heft 1, S. 129

115) Schleich, Wiederaufbau, S. 129-144: Pläne und Beschreibung des Wiederaufbaus

116) Otto Aufleger/Karl Trautmann, Münchener Architektur des XVIII. Jahrhunderts, München 1892, Tf. 5o

117) BLfD Akt Preysing-Palais

118) Aufleger/Trautmann, Tf. 41-54

119) StAMü LBK 8oo8, Plan 1691: Grundrisse des Erdgeschosses und der drei Obergeschosse

12o) Die ursprünglich vorhandene Durchbrechung der nördlichen Lisene durch schmale Fenster, die heute beseitigt sind, und durch eine auch heute wieder vorhandene Tür im Erdgeschoß soll unberücksichtigt bleiben, da sie nur aufgrund praktischer Bedürfnisse zu erklären ist und nicht aufgrund einer künstlerischen Absicht. Aus der Gesamtkonzeption der Fassade geht klar hervor, daß die Lisene als solche aufgefaßt werden muß, also nicht als halbe Fensterachse.

121) Am heutigen Bau sind beide Balken gleich stark; der Querbalken ist nur dadurch betont, daß er weiter vorspringt.

122) Während das Erdgeschoß am Mittelrisalit heute wieder der alten Form entspricht, sind die Rücklagen hier durch die Schaufensteranlagen völlig verändert. Die Beschreibung richtet sich daher nach Tf. 47 bei Aufleger/Trautmann, wo lediglich das Fenster, das anstelle des Portals erscheint, vom ursprünglichen Zustand abweicht.

123) Siehe S. 38 u. Anm. 1o7

124) Siehe Anm. 119

125) StAMü a.a.O., Pläne Nr. 15627 u. o8767

126) Siehe S. 39

127) Siehe S. 38 u. Anm. 1o6

128) HAA f. A 61/o 277. Undatiert, Zuweisung aufgrund des Schriftbildes.

129) Siehe S. 58

13o) Hauttmann, Effner, S. 149

131) Siehe Anm. 84

132) HAA f. A 61/o 277

133) Siehe S. 31

134) Siehe Raumbezeichnung S. 61

135) Hauttmann, Effner, S. 149

136) Siehe Zitat S. 27 . - HAA f. A 1o1/65: Max IV. übernimmt käuflich 85 Bilder aus dem Nachlaß seines Vaters. Vom Inventar der Hauskapelle abgesehen sind wir über den Verbleib der mobilen Einrichtung des Palais nicht unterrichtet. Einzelne Stücke sind möglicherweise noch in Preysingschem Besitz; ein Spiegel aus dem Palais befand sich bis Anfang der 6oiger Jahre im Besitz der Firma Bernheimer in München (Mitt. der Firma).

137) HAA f. A 61/o 277

138) Siehe S. 36

139) Maßgeblich für die Zuordnung des Entwurfs sind die rundbogigen Fensterabschlüsse. Der Mittelraum an der Westseite hat zwar auch rundbogige Fenstertüren; sie sind aber von denen der Ostseite und des Entwurfs durch die Maßverhältnisse unterschieden.

14o) Hauttmann, Effner, S. 149

141) Im Büro des Rechtsanwalts Dr. Samberger. Die Schnitzereien sind jedoch in schlechtem Zustand und in den unteren Partien teilweise ergänzt.

142) Die Stelle des nördlichen Kamins dürfte ursprünglich ein Ofen eingenommen haben. In der schon zitierten Aufstellung des Hausmeisters (siehe S. 6o u. Anm. (137) heißt es nämlich: "Die Wandt von ersagter Thür" (an der Nordwand) "bis zum Ofen ist brait ... Der Pfeiller vom ofen bis zur Thür, wo

man von disem ins Schlafzimmer hinein gehet, ist brait ... Der andere Pfeiller von obiger Thür bis zum Camin ist brait ...". Auch im Grundriß von 1852 ist anstelle des nördlichen Kamins ein Ofen eingezeichnet. Da das Palais 1899 eine Warmwasserheizung erhielt (siehe S. 38), wurde vielleicht erst zu diesem Zeitpunkt der Ofen beseitigt und durch eine Kopie des vorhandenen Kamins ersetzt. Für diese Annahme spricht außerdem, daß der nördliche Kamin den südlichen nicht, wie es zu erwarten, aber für den Kopisten schwieriger wäre, spiegelbildlich wiederholte, sondern die Seiten beibehielt. So ist es vielleicht auch kein Zufall, daß im Tafelwerk von Aufleger/Trautmann (1891) nur - allerdings seitenverkehrt - der südliche Kamin abgebildet ist (Tf. 54). Ob es sich bei dem eingelassenen Gemälde auf der genannten Abbildung um das ursprüngliche handelt, ist nicht festzustellen; die Fotos von 1944 zeigen ein anderes.

143) Siehe S. 37/38

144) Siehe S. 38

145) Siehe S. 34 . Daß das Appartement zwei Kabinette besaß, geht aus einer Aufstellung Preysings über den Damastverbrauch hervor (HAA f. A 61/o 277).

146) Siehe S. 35

147) Siehe S. 63 ff.

148) Hauttmann, Effner, S. 149

149) Siehe S. 23 , außerdem: HAA K 353

15o) Siehe S. 38

151) HAA f. A 61/o 277

152) Siehe S. 38

153) Bomhard, Rosenheim II, S. 32o

154) HAA K 353: Weihe am 14.11.1738

155) Bomhard, Rosenheim II, S. 333. Bei der neuen Aufstellung wurde oben ein Horizontalgesims mit Rankenaufsatz hinzugefügt.

156) HAA K 353: "anzaig der in meiner hauß Capelln in dem mittern grossen altar kasten eingefasten hl:reliquien" (Aufstellung Max' IV.)

157) Augsburger monatliche Kunstzeitung, Augsburg 1772, S. 58

158) Bomhard, Rosenheim II, S. 334 u. Anm. 639

159) Anton Mayer, Die Domkirche zu unser Lieben Frau in München, München 1868, S. 239

16o) Sturm, Joh. Chr. V. Pr. , S. 186 u. Anm. 132 mit Beleg

161) Bomhard, Rosenheim II, S. 32o, 333/4, 338-4o, 352 u. Anm. 628, 639, 642. Grundlage sind die Inventare von 176o und 1767 (HAA K 352) sowie Verzeichzisse des Niederaschauer Pfarrarchivs.

162) Schönberger, Günther, S. 63/64. Dokumentation bei Fischer-Böhler.

163) Die Unregelmäßigkeit des Grundrisses durch die leichte Schrägstellung der Südwand tritt optisch nicht in Erscheinung.

164) Der Vorhang war ursprünglich um eine kleine Kamintür drapiert, die später beseitigt und durch ein stuckiertes Postament ersetzt wurde, über das der Vorhang herabfällt. (Aufleger/Trautmann, Tf. 53: Kamintür; Fotos von 1944: Postament.)

165) Aufleger/Trautmann, Tf. 51, 52

166) HAA f. 1o3b/8oc. Zuweisung aufgrund des Schriftbildes. Die Beschreibung ist in französischer Sprache abgefaßt. Das Wappenschild ist gezeichnet, die Medaillenkette skizzenhaft angedeutet.

167) Münchner Stadtmus., Maillinger Sammlg. 1/6o3 (1-15); Neuaufl. München 1966

168) Das Titelbild trägt keine Datierung. Als einziges Blatt gibt die Darstellung der Hl. Stiege in der Theatinerkirche eine Jahreszahl an: 1697. Demnach dürfte die Entstehung der ganzen Serie um diese Zeit anzusetzen sein.

169) Aufleger/Trautmann a.a.O.

17o) Eine, wenn auch nicht sehr umfangreiche, monographische Behandlung liegt zwar für das ehem. Palais Törring in der Residenzstraße vor: Helene Voelcker, Das Törring-Palais in München. Ein Beitrag zur Geschichte der kollektiven Bautätigkeit des Rokoko, in: Wiener Jahrb. f. Kunstgesch. VI, 1929, S. 85-1o6. Das Palais, dessen Grundstein 1747 gelegt wurde, gehört jedoch bereits einer späteren Phase an als die hier infrage kommenden Bauten.

171) Richard Paulus, Der Baumeister Henrico Zuccalli am kurbayerischen Hofe zu München, Straßburg 1912

172) Hauttmann, Effner

173) Helene Voelcker, Die Baumeister Gunezrhainer, Diss. MS München 1924

174) Karl Trautmann, Der kurf. Hofbaumeister Franz Cuvilliés, der Ältere und sein Schaffen in Altbayern, in: Monatsschrift des Hist. Vereins f. Oberbayern, IV. Jahrg. 1895, S. 86-136;
Wolfgang Braunfels, François de Cuvilliés. Ein Beitrag zur Gesch. d. künstlerischen Beziehungen zw. Deutschland und Frankreich im 18. Jahrhundert, Würzburg 1938;
Friedrich Wolf, François de Cuvilliés, in: Obb. Archiv, Bd. 89, 1967

175) Hauttmann, Effner, S. 166-171; Luisa Hager, Nymphenburg, Schloß, Park und Burgen, München o.J., S. 53

176) Margarete Baur-Heinhold, Süddeutsche Fassadenmalerei vom Mittelalter bis zur Gegenwart, München 1952, vor allem S. 39-42 u. 79-86;
Karl Trautmann, Die Fassadenmalereien in Alt-München, in: Deutsche Malerzeitung 1894/95, S. 74/75, 82/83, 9o/91, 98/99

177) Gertrud Stetter, Michael Wening, München 1964, Tf. 3. Nach Trautmann (Fassadenmalereien S. 82) war der Fassadenschmuck, wie ihn Wening wiedergibt, bereits 1577 vollendet.

178) Inv. Nr. 4o758. Ausführung in schwarzer Feder, farbig angelegt. Baur-Heinhold, S. 39 m. Abb.

179) Stridbeck 1966, Tf. 7, Stetter, Wening, Tf. 3. Daß es sich hier um Fassadenmalereien handelt, geht - von stilistischen Gründen abgesehen - aus den Wiedergaben insofern eindeutig hervor, als plastisch vortretende Formen (z. B. das Konsolgesims der Fabrica oder die Fensterstürze des Gebäudes am Marienplatz) klar von den flächigen Malereien unterschieden sind. Wann die Fabrica ihre Bemalung erhielt, war nicht festzustellen. Auf jeden Fall aber ist sie wesentlich später anzusetzen als die Malereien des Marienplatzes, und zwar wohl um die Mitte des 17. Jahrhunderts.

18o) München und seine Bauten, München 1912, Abb. S. 89; zu den Bürgerhäusern: S. 115-19 mit Abb.

181) Häuserbuch Mü III, S. 15o-52. Das Gebäude ist heute durch Um- und Anbauten verändert.

182) Hauttmann, Effner, S. 4o

183) Häuserbuch Mü II, S. 59; Trautmann, Cuvilliés, S. 115-118; Braunfels, Cuvilliés, S. 34, 83/84

184) Die Urheberschaft Zuccallis geht aus der Zeichentechnik und der Beschriftung eindeutig hervor. Die Pläne sind alle in brauner Feder mit rosa und grauen Lavierungen ausgeführt. Mit Ausnahme des Fassadenaufrisses sind sie bisher nicht identifiziert worden; aufgrund der Grundstückssituation und der Maßverhältnisse kann jedoch an ihrer Zugehörigkeit zum P. Fugger kein Zweifel bestehen.

185) Trautmann, Cuvilliés, S. 116; Paulus, Zuccalli, Abb. 1o2

186) Paulus, Zuccalli, S. 1oo-1o8

187) Zur Datierung des Palais Fugger-Portia: Paulus, Zuccalli, S. 1o2 u. Anm. 171;Häuserbuch München II, S. 57 u. 59. Das Törring-Palais wurde aus zwei Häusern zusammengebaut. Das erste kam am 12. 3.1691, das zweite am 18. 3.1695 in den Besitz des Grafen Leonhard Simpert von Törring: StAMü Grundbuchextrakt 1728, Kreuzviertel f. 134 und 135. Angaben im Häuserbuch II, S. 37 u. 39, unvollständig. Das Palais Thürheim stellt den Umbau eines Hauses dar, das am 15. 5.1698 von Georg Sigmund Christoph Graf Thürheim erworben wurde: StAMü a. a. O. , f, 133. Im Häuserbuch nicht aufgeführt.

188) Häuserbuch Mü I, S. 286

189) Häuserbuch Mü III, S. 168/169. Die Familie wird hier Ow benannt.

19o) Erich Hubala, Schleißheim und Schönbrunn, in: Kunstchronik X, 1957 S. 349-53 (Resumé des im Münchner Zentralinst. f. Kunstgesch. gehaltenen Referats mit anschließender Diskussion); Erich Hubala, Henrico Zuccallis Schloßbau in Schleißheim, Planung und Baugeschichte 17oo-17o4, in: Münchner Jahrb. d. bild. Kunst XVII, 1966, S. 161-2oo

191) Erich Hubala, Schloß Austerlitz in Südmähren, in: Stifter-Jahrbuch V, 1957, S. 174-2oo

192) Paulus, Zuccalli, S. 77-79

193) Erich Hubala, H. Zuccallis Schloßbau in Schleißheim, a.a.O., S. 19o

194) Stridbeck 1966, Tf. 14

195) Von den Dimensionen und der blockhaften Wirkung des Palazzo Farnese konnte sich Zuccalli, da er wahrscheinlich nie in Rom war und seine Kenntnis römischer Bauwerke daher allein den gestochenen Wiedergaben verdankte, allerdings wohl kaum ein Bild machen.

196) Rudolf Wittkower, Art and Architecture in Italy 16oo-175o, ^{2}1965, S. 122/23, Abb. 67; Rekonstruktion des ursprünglichen Zustandes: Howard Hibbard, Bernini (Pelican Book A 7o1), 1965, S. 18o

197) Nach Hauttmann (Effner, S. 146) sind Effner mit großer Wahrscheinlichkeit weitere Stadtpaläste zuzuschreiben, so die des Grafen d'Albert, des Bürgermeisters von Vacchiery und des Freiherrn Gaudenz von Rechberg. Von diesen Bauten hat sich jedoch nichts erhalten.

198) Hauttmann, Effner, S. 181-185

199) Hauttmann, Effner, S. 166-171; Hager, Nymphenburg, S. 53/54

2oo) Angaben zur Biographie Effners: Hauttmann, Effner, S. 18-23

2o1) Paulus, Zuccalli, S. 178 ff.

2o2) Wolf, Cuvilliés, S. 25-27

2o3) Hauttmann, Effner, S. 67-72; Abb. des alten Schlosses: Anton Wilh. Ertl, Kur-Bayerischer Atlas, Neuaufl. Passau 1968, S. 55; Stetter, Wening, Tf. 12

2o4) Hauttmann, Effner, S. 76-79; Hager, Nymphenburg, S. 18/19

2o5) Das Dach in Nymphenburg war ursprünglich wesentlich höher als heute; es wurde 1826 von Leo von Klenze verändert (Hager, Nymphenburg, S. 79)

2o6) Wie Hager (Nymphenburg, S. 14 u. 19) angibt, sind die Rundbogenfenster in Nymphenburg zwar schon vor Effner (17o2) ausgebrochen worden; ihre endgültige Form muß jedoch aus stilistischen Gründen Effner zugeschrieben werden.

207) Nach Hager (Nymphenburg, S. 11) wurden die Treppen um 1675 unter Zuccalli erbaut. Die Geschichte der Anlage ist jedoch noch nicht geklärt. So machte mich Prof. Hubala auf einen von ihm identifizierten, bisher unveröffentlichten Entwurf aufmerksam, der sich in der Plansammlung des BHStA (Inv. Nr. 8302) befindet. Dabei handelt es sich, wie Hubala feststellte, um zwei Alternativvorschläge für die Treppenanlage an der Gartenseite des Nymphenburger Mittelpavillons: Die rechte Hälfte des Blattes zeigt eine Freitreppe, die dem heutigen Zustand weitgehend entspricht, die linke eine Binnentreppe, die als dreigeschossiger Vorbau von drei x zwei Achsen gestaltet ist und mit einer Terrasse, von einer Figurenbalustrade eingegrenzt, nach oben zu abschließt. Beiden Lösungen ist die Altane von den drei Achsen des großen Saales im Pianterreno gemeinsam. Gemeinsam ist ihnen auch die Verbindung der Neugestaltung der Stiegenanlage mit der Aufstellung und Verwirklichung eines umfangreichen Figurenprogramms, das der Zeichner offensichtlich als wichtigen Teil des Entwurfs ansah und als Hilfsmittel einsetzte, um von den architektonischen Schwächen abzulenken. Eine befriedigende Lösung des Kommunikationsproblems, die aufgrund der Anlage des Pavillons schwierig war, bieten die beiden Vorschläge ebensowenig wie die bestehende Form.

Die Frage nach der Datierung und Zuschreibung des Entwurfs muß einstweilen offen bleiben. Anhaltspunkte liefern zwar der noch fehlende Giebel Dubuts (siehe Anm. 205 u. 208) und vor allem die rundbogigen Fenster der Mittelachsen: Da sie, wie aus der Zeichnungsweise hervorgeht, nicht Bestandteil des Entwurfs sind, also bereits vorausgesetzt werden können, andererseits aber in den Maßen noch nicht mit Effners Fenstern übereinstimmen, bietet sich eine Datierung zwischen 1702 (siehe Anm. 206) und 1715 an. Damit ist jedoch noch nicht gesagt, welcher Planphase das Blatt angehört. Mit Effner jedenfalls, aber auch mit Zuccalli, ist schon der Zeichenstil nicht zu vereinbaren.

208) Siehe Anm. 205. Die Giebel gehen wahrscheinlich auf Effner zurück, da die Wappen erst 1716 von Dubut stuckiert wurden (Hager, N., S. 19)

209) Hauttmann, Effner, S. 80-82; Hager, Nymphenburg, S. 18

210) Siehe Anm. 175

211) Hauttmann, Effner, S. 85-87; Hager, Nymphenburg, S. 24-29

212) Hauttmann, Effner, S. 87-93; Hager, Nymphenburg, S. 30-39

213) Hauttmann, Effner, S. 93/94; Hager, Nymphenburg, S. 40-43

214) Die 15 Ansichten von Nymphenburg und dem Schloßgarten nach Zeichnungen von Matth. Disel, gestochen von J. A. Corvinus, überliefern außer dem "Prospekt des Pavillon oder Pagottenburg genannd" auch ein "Perspektiv dess gegentheils von Pagottenburg so ein Theatrum präsentiert".

215) Aus dem Anm. 214 zitierten Stichwerk: "Badenburg oder Churf. Bad" und "Hinderer Theil des Churf. Badhauses". Die Stiche geben auch die ursprüngliche Fassadendekoration wieder. Die Rundungen des Festsaalvorbaus dagegen sind falsch, nämlich konkav statt konvex dargestellt.

216) Die sparsamen Stuckaturen der Dachauer Fassaden wurden 1717 von Joh. Georg Baader ausgeführt: Hauttmann, Effner, S. 7o u. Anm. 132 (ohne Beleg).
Für die Stuckdekoration der Fassaden des Nymphenburger Mittelpavillons ist der 1716 an den Münchner Hof berufene Charles Dubut archivalisch nachgewiesen: Hager, Nymphenburg, S. 19 u. Anm. 29.
Der Stuck der Pagodenburg (Außenbau) wurde 1768 vollkommen erneuert; die ursprüngliche Dekoration stammte möglicherweise von Wilhelm de Grof: Peter Volk. Guilielmus de Grof (1676-1742) Studien zur Plastik am kurbayrischen Hof im 18. Jahrhundert, Frankfurt 1966, S. 32 u. Anm. 8o
Die Außendekoration der Badenburg, die der Diselstich für die Nordseite andeutungsweise wiedergibt, wurde unter Ludwig I. beseitigt: Hager, Nymphenburg, S. 79. Charles Dubut ist für vier Blumenkörbe aus Blei bezeugt, die für die Dachbalustrade gedacht waren, und außerdem für den Stuck des Festsaals: Volk, de Grof, S. 121, 129/13o. Man wird ihm daher vielleicht auch die Außenstuckaturen zurechnen dürfen.

217) Trautmann/Cuvilliés, S. 11o-13 mit zwei Grundrissen; Braunfels, Cuvilliés, S. 3o-32, 8o

218) Aufleger/Trautmann, Tf. 36-4o. Die Gesamtansicht (Tf. 36), die wir abbilden, ist um die beiden äußeren Achsen beschnitten.

219) Joh. Bapt. Schmid, Joh. Bapt. Zimmermann, in Altbayr. Monatsschrift 2, 19oo, S. 74. Wie beim Palais Holnstein kann der Stuck Zimmermann nur zugeschrieben werden; nicht zuletzt der Vergleich mit den nun gesicherten Stuckaturen des Preysing-Palais erweist jedoch, daß an dieser Zuschreibung keinerlei Zweifel möglich ist.

22o) Es ist allerdings umstritten, ob der Entwurf für die Fassadendekoration des Palais Preysing/Prannerstr. Cuvilliés zugeschrieben werden kann.

221) Hauttmann, Effner, S. 155-165

222) Friedrich Wolf, Wilhelm de Groff (1676-1742), der Dekorationskünstler des Kurfürsten Max Emanuel, in: Oberbayr. Archiv, 9o. Band, München 1968, S. 52-61. Siehe auch S. 85 u. Anm. 2o2

223) Volk, de Grof, S. 25-29
Hauttmann, Effner, S. 68/69

224) Hauttmann, Effner, Tf. I

225) Zitiert nach Volk, Diss. MS Frankfurt 1964, S. 37 (in der hektographierten Fassung von 1966 gekürzt)

226) Volk, de Grof, S. 121 mit Beleg

227) Gerhard Woeckel, Die drei Rokoko-Öfen des Schlossen Augustusburg zu Brühl, in: Alte und moderne Kunst, 8. Jg., 1963, Nr. 7o, S. 2o/21 mit Abb. der Ofen befindet sich im von Effner entworfenen Äußeren Audienzzimmer. Er wurde von J.G. Härtel, mit dem im Beisein Effners der Akkord getroffen wurde, ausgeführt; den plastischen Schmuck schreibt

Woeckel - sicher zurecht - Ch. Dubut zu. Daß Effner den Ofen entworfen habe, hält er allerdings für unwahrscheinlich, weil er nach 1728 bereits "mehr und mehr in das Amt eines Verwaltungsbeamten... gedrängt wurde. So kann dieser Entwurf - mit Billigung und Begutachtung Effners - ebenso gut auf einen unbekannten Künstler aus dem Münchner Hofbauamt zurückgehen, der freilich die sogenannten 'Effner'-Möbel genauestens gekannt haben muß" (S. 21). Ob Woeckels Argumentation überzeugt, soll hier dahingestellt bleiben. Der Ofen steht jedenfalls mit Effners Stil völlig im Einklang.

228) Hubala, H. Zuccallis Schloßbau in Schleißheim (siehe Anm. 19o).
Hubala konnte damit die Ausführungen über Schleißheim von Paulus (Zuccalli, S. 134-156, 161-165, 192-196) und Hauttmann (Effner, S. 1o6-144), die bisher die Grundlage für eine Beschäftigung mit dem Schloßbau bildeten, in wichtigen Punkten ergänzen und korrigieren.

229) Hauttmann, Effner, S. 118;
Luisa Hager, Schleißheim, Amtl. Führer, München 1965, S. 51

23o) Hubala, H. Zuccallis Schloßbau in Schl., vor allem S. 176-183

231) Hauttmann, Effner, S. 115/16, auch die folgenden Angaben. Den Kontrakt mit Zimmermann (BHStA FS Nr. 147 d, Tom. III, Blatt 119-121) datiert Hauttmann fälschlich auf den 6. August.

232) Diese Unklarheit betrifft vor allem auch den Anteil Enrico Zuccallis. Nachdem Effner nämlich, wie Hauttmann berichtet, die Treppe bereits bis zum 1. Podest fertiggestellt hatte, wurde Zuccalli hinzugezogen, der an Effners Modell von 1719 (von Dubut ausgeführt) Mängel bemerkt hatte. Er schloß am 2.1.1723 einen Kontrakt mit dem Steinmetz Matteo ab, der die Pläne nun nach seinen Plänen errichten sollte. Da Zuccalli jedoch anscheinend selber mit dem Ausbau Schwierigkeiten hatte, wurde schon nach kurzer Zeit wieder Effner mit dem Treppenbau beauftragt, der einen geänderten Entwurf und ein weiteres Modell (von Stuber ausgeführt) vorlegte und am 13.5.1723 mit Matteo einen neuen Kontrakt schloß. Entgegen der Annahme Hauttmanns besagen diese Fakten aber noch nicht, daß der Treppenbau nun endgültig Effner überlassen wurde. Wenn dies der Fall wäre, bleibt außerdem die Frage offen, ob damit auch seine Pläne künftig maßgebend blieben. Über die Weiterführung des Projekts in den folgenden Jahren fehlt nämlich fast jede Nachricht. Daß Zuccalli erneut eingriff, ist zwar so gut wie ausgeschlossen: schon deshalb, weil er bereits im März 1724 starb, im gleichen Jahr aber Matteo für die "auf anbefelgung des Churfrtl. Hof Cammer Rhat und Ober Hofbaum. Herrn Effner zu kauffen abgegeben... grüne Marmorsteinene Saullen zum Haubt Stiegen" bezahlt wurde (StAObb HR II f. 19, S. 9, 1724 Nr. 8o). Aus dieser Kostenaufstellung geht aber, da die Zahl der Säulen nicht genannt wird, nicht hervor, ob sie Effners Entwurf von 1723 entspricht oder ob nicht vielleicht doch auf den Zuccallis zurückgegriffen wurde. Der heute bestehenden Treppe nach zu urteilen, die ja mit Hilfe der alten Materialien und damit auch zweifellos nicht unabhängig von

den alten Plänen errichtet wurde, wäre dies keineswegs undenkbar.
Die wichtigste Änderung des Effner-Plans von 1723 gegenüber Zuccallis
Entwurf betraf, wie Hauttmann angibt, die Stützen der Läufe. Die Treppe
sollte (nicht zuletzt aus Gründen der Materialersparnis) leichter werden
und "auf vierzehn statt zwölf Vollsäulen ruhen, wodurch die Zahl der 2/3
Säulen (acht statt zehn) und der Pilaster an den Wänden (neun statt sechs)
verändert wird" (Hauttmann, Effner, S. 116). Heute ruht die Treppe auf
insgesamt zwölf Vollsäulen, acht Zweidrittel- und zwei Dreiviertelsäulen
(durch die Eckstellung in der Treppenkehre); an den Wänden erscheinen im
ganzen zehn Pilaster, von denen auf jeder Seite zwei zu Dreiviertelpilastern
angeschnitten sind. Wenn man die Dreiviertelsäulen, was im Hinblick auf
die Herstellung sinnvoll wäre, den Vollsäulen zurechnet, stimmt die Säulenzahl mit Effners Entwurf überein. Addiert man sie jedoch mit den Zweidrittelsäulen, denen sie ihrem künstlerischen Zusammenhang nach angehören, treffen die für Zuccalli genannten Zahlen zu. Mit Zuccalli lassen sich
aber vor allem die Pilaster leichter in Einklang bringen. Wenn er anstelle
der Dreiviertelpilaster andere Ecklösungen vorgesehen haben würde, blieben, wie angegeben, sechs Pilaster übrig. Effners neun Pilaster dagegen
sind schon deshalb äußerst fragwürdig, weil bei symmetrisch angelegter
Gestaltung beider Treppenseiten eine ungerade Pilasterzahl nahezu unmöglich erscheint. Der heutige Bestand spricht somit eher für Zuccalli als für
Effner. Ein Beweis, daß noch unter Max Emanuel eine erneute Änderung
des Effnerplans von 1723 vorgenommen wurde, ist damit allerdings nicht
erbracht. Die Frage nach dem späteren Verlauf des Treppenbaus muß daher
nach wie vor offenbleiben.

233) Luisa Hager (Schleißh., Amtl. Führer, S. 34/35) schreibt, daß zu Zimmermanns Arbeit offenbar noch Dubut hinzugezogen worden sei, für den
"23 Kapitell und zwei Modell und Form von Gips zu den zwei Hauptfiguren
an der Hauptstiege nach Schleißheim" archivalisch nachgewiesen seien.
Während der Hermenatlant und die Hermenkaryatide unterhalb des oberen
Podests sich ohne weiteres mit Dubuts Stil vereinbaren lassen, bleibt jedoch völlig unklar, auf welche Kapitelle sich diese Nachricht bezieht. Die
angegebene Zahl läßt sich nämlich nirgends unterbringen: Es sind 8 große
Pilaster und 24 kleine, der Kuppeltambour hat 16 Säulen. Auch die Kapitelle
im unteren Teil des Treppenhauses führen, wie wir sahen, zu anderen Zahlen.

234) Hauttmann, Effner, S. 12o; Hager, Schleißh., Amtl. Führer, S. 35

235) Hauttmann, Effner, Tf. XV
Der Vollständigkeit halber sei erwähnt, daß Friedrich Wolf den Entwurf,
wie alle anderen bei Hauttmann abgebildeten und Effner zugeschriebenen
Zeichnungen, für den Maler Nik. Stuber beansprucht: Friedrich Wolf, Der
Künstlerkreis um Joseph Effner, MS München 1963, Archiv ungedr. wiss.
Schriften in der Dt. Bibl. Frankfurt/M., S. 12-14; Wolf, Cuvilliés, S. 25-27.
Stuber soll als "Hintermann Effners" damit auch das Treppenhaus, die
Antecamera und das Billiardzimmer in Schleißheim entworfen haben und

schließlich ebenfalls die Fassaden und das Treppenhaus des Preysing-Palais (Künstlerkreis, S. 25/26). Die Argumentation Wolfs ist allerdings grotesk: Er ist der Meinung, daß derart qualitätvolle Zeichnungen, die selbst die Darstellung der Beichschen Gemälde nicht auslassen, unmöglich von einem Architekten, schon gar nicht von einem "Gärtnergesellen", stammen könnten und daß nur ein Maler, also Stuber, zu solchen Entwürfen befähigt sei. Die Fülle von Architekturzeichnungen - nicht zuletzt aus dem 18. Jahrhundert -, die ein beachtliches zeichnerisches Können der "Nur"-Architekten ausweisen, scheint Wolf unbekannt zu sein. Für die Richtigkeit seiner äußerst tendenziös vorgebrachten Thesen gibt es keinerlei ernstzunehmende Anhaltspunkte.

236) Daß es sich um eigene Planungen Effners handelt, wird zwar nicht ausdrücklich vermerkt; alle Indizien sprechen jedoch dafür. Mit dem erwähnten Modell kann nach den Nachrichten, die wir besitzen, nur das Modell von 1719 gemeint sein, das Dubut "auf Herrn Effners ... geschehene Anschaffung" ausführte (Hauttmann, Effner, S. 115). Denn wenn auch Zuccalli 17o4 bereits drei Modelle hatte anfertigen lassen (Paulus, Zuccalli, S. 163 u. Anm. 256), ist es völlig unwahrscheinlich, daß Effners zweifellos moderneres Modell unter ihm selbst zugunsten eines dieser drei verworfen worden wäre, zumal auch stilistische Gründe eindeutig für Effner sprechen. Was die zeichnerischen Entwürfe betrifft, so wird mit dem Hinweis auf die Ornamentik des Rundstabes, die er noch vorzeichnen werde (Punkt 4), immerhin gesagt, daß er überhaupt entwerfend an der Dekoration beteiligt war. Daß sich diese Tätigkeit jedoch ausgerechnet auf solch ein vergleichsweise unwesentliches Detail beschränkt haben sollte, halte ich für ausgeschlossen. Ich sehe somit keinen Grund daran zu zweifeln, daß die Angaben des Kontrakts eigenen Entwürfen entsprechend von Effner, dem verantwortlichen Architekten, formuliert wurden.

237) Inv. Nr. 4o944. Der Entwurf ist signiert und in brauner Feder mit grauen Lavierungen ausgeführt (Altbayr. Monatsschrift 2, 19oo, Abb. S. 121).

238) Wolf, de Groff, S. 54-56, Abb. 3, 4 u. 9-12. Volk hatte die Frage dieser Zuschreibungen offengelassen: Volk, de Grof, S. 32/33.

239) Hager, Nymphenburg, S. 37 u. Anm. 8o. Auch Hager stellt fest, daß diese Corniche von Zimmermann stammt. Aus ihren Ausführungen geht jedoch nicht eindeutig hervor, ob sich der archivalische Beleg, den sie angibt, auch auf die Namensnennung bezieht oder nur auf die Datierung. Da die Datierung die Erneuerung betrifft, ist es außerdem möglich, daß Zimmermann damals den ersten Entwurf der Hohlkehle wiederverwendete.

24o) Hager, Schleißheim, Amtl. Führer, S. 41 u. 46. In der soeben erschienenen Bearbeitung des Schleißheimführers von Gerhard Hojer sind die Zuschreibungen übernommen.

241) Als ausführender Stuckator könnte vielleicht Giuseppe Volpini infragekommen, der 1716/17 in Fürstenried (u. a. für die Stuckierung des Frontispiz) nachgewiesen ist: Volk, de Grof, S. 14o.

242) Mit Ausnahme des Nymphenburger Mittelpavillons. Wie oben (S. 86) dargelegt, ist dies jedoch auf die besonderen Vorgegebenheiten zurückzuführen, mit denen sich Effner abzufinden hatte.

243) Hauttmann, Effner, S. 11o-112; Hager, Schleißheim, Amtl. Führer, S. 22. Effners Modell von 1725, das von Stuber ausgeführt wurde und heute im Schleißheimer Billardzimmer steht, stimmt bereits im wesentlichen, aber noch nicht in allen Einzelheiten mit der Ausführung überein. Da die Effnersche Bauperiode mit dem Tod Max Emanuels abschloß, wird man die Stukkierung des Mittelteils/Corps de Logis, um die es hier geht, in die Jahre 1725/26 anzusetzen haben.

244) Zur Rekonstruktion der Westfassade: Günther Schelling, Die Instandsetzung der Westfassade des Neuen Schlosses in Schleißheim 1959-1962, in: Deutsche Kunst und Denkmalpflege, 1965, S. 51-61. Schelling (S. 55) ist der Auffassung, daß die eingestellten Pilaster bereits von Zuccalli vorgesehen waren. Erich Hubala (H. Zuccallis Schloßbau in Schl., Anm. 33) weist dagegen - m. E. mit Recht - daraufhin, daß die den Pilastern entsprechende Abarbeitung der vorgemauerten Tuffsteinschicht, auf die sich Schelling beruft, ohne weiteres erst unter Effner vorgenommen worden sein kann. In jedem Fall aber dürfte sicher sein, daß sich die Form der Pilaster mit Zuccalli nicht in Verbindung bringen läßt.

245) Siehe S. 28-3o. Der Entwurf ist um 1721/22 zu datieren. Dieser frühe Zeitpunkt darf im Hinblick auf die erwähnten Innendekorationen insofern nicht irritieren, als sich die genannten Daten ja immer erst auf die Ausführung bezogen. Die Planungen müssen also jeweils entsprechend früher angesetzt werden. So sei nur daran erinnert, daß Effner bereits 1719, ein Jahr nach Baubeginn der Badenburg, den Schleißheimer Schloßbau übernahm, während der alte Preysingsche Gebäudekomplex erst 172o in den Besitz Max' IV. kam. Als die Bauarbeiten am Preysing-Palais begannen, waren der Badenburger Festsaal und die Stuckdekoration des Schleißheimer Treppenhauses seit zwei Jahren beendet, die Südliche Antecamera und der Große Saal bereits in Arbeit.

246) Das einzige Merkmal, das zunächst für Effner ungewöhnlich erscheint, ist das Portal, und zwar einmal, weil er bei seinen ausgeführten Bauten rundbogige Portalöffnungen bevorzugt, vor allem aber wegen der Hineinführung ins 2. Geschoß (die bei der Röteleinzeichnung dann aufgegeben wurde). Diese Art der Portalgestaltung ist für die beiden Gunezrhainer charakteristisch. Eine eng verwandte Lösung, nämlich ebenfalls stichbogige Portale mit hochschwingender, das Gurtgesims fortsetzender Verdachung und geohrter Rahmung zeigt z. B. das nach 1728 umgestaltete Wohnhaus Johann Gunezrhainers am Promenadeplatz, dessen Fassade nach der Zerstörung im letzten Krieg rekonstruiert wurde (Voelcker, Gunezrhainer, S. 31-34; Aufleger/Trautmann Tf. 59). Auch das nach 1726 entstandene Palais Lerchenfeld in der Damenstiftstraße, das Ignaz Gunezrhainer zugeschrieben wird (Voelcker, Gunezrhainer, S. 38/39); Aufleger/Trautmann Tf. 7-9) hat über dem (rundbogigen) Portal ein hochgebogenes Gesims. Über die Analogien in der Portal-

147

bildung hinaus ist die Fassadengestaltung des Preysingschen Entwurfs jedoch weder mit Johann noch mit Ignaz G. zu vereinbaren. Obwohl sich ein starker Einfluß Effners nicht übersehen läßt - Johann arbeitete seit 1715 unter Effner und war ab 1721 Hofunterbaumeister -, entwickelten beide schon früh ihren eigenen Stil. So läßt Johanns Erstlingswerk, der 1723, also gleichzeitig mit dem Preysing-Palais erbaute Gasthof "Drei Mohren" in Augsburg zwar Abhängigkeiten von Effners Palast erkennen (Voelcker, Gunezrhainer, S. 9-1oa; Abb. des ursprünglichen Zustandes: Voelcker, Törring-P., S. 89, Abb. der später verbreiterten, 1944 zerstörten Fassade: Hermann Popp, Die Architektur der Barock- und Rokokozeit in Deutschland und der Schweiz, Stuttgart 1913, S. 196. Voelcker vermutet, daß Gunezrhainer Einblick in die Preysingschen Pläne hatte); es unterscheidet sich von ihm aber sowohl in der Ausbildung der Details, etwa der Fensterverdachungen, die kraftvoller, reicher und bewegter sind, als auch im Verhältnis der Einzelformen zueinander. Während sich im Preysingschen Entwurf bereits die durchgehende Wellenbewegung der ausgeführten Verdachungen ankündigt, werden sie in Augsburg noch - ähnlich wie bei Zuccalli - als additive Reihung wahrgenommen. Auch die einzelnen Gruppen (die Fassade war wie beim Preysing-Palais in Dreiergruppen eingeteilt) sind, ohne verspannt zu sein, neben- oder übereinander dargestellt. Wo es aber (ebenfalls wie beim Preysing-Palais durch die Kapitellgruppe) zu einer Akzentuierung kommt, ist sie wenig überzeugend motiviert. Die Gemeinsamkeit mit Effner beruht somit auf der Übernahme äußerer Merkmale; die künstlerische Gesamtvorstellung dagegen entspringt jeweils verschiedenen Ausgangspunkten. Bei späteren Arbeiten - das gilt für Johann wie für Ignaz Gunezrhainer - wird der Abstand zu Effner, auch wenn einzelne Motive nach wie vor auf ihn verweisen, immer größer. Das zeigen nicht zuletzt die Fassaden, deren Portale wir erwähnten. Johanns Wohnhaus ist weder kompositionell noch in seiner zarten Dekoration, die nun ganz ins Flächige zurückgedrängt ist, mit dem Entwurf oder der Ausführung des Preysing-Palais zu vergleichen. Beim Palais Lerchenfeld lassen zwar die Verdachungen und die ausgestellten Rahmenleisten der Fenster im 1. Obergeschoß den Einfluß Effners nicht übersehen; die Fenster als ganzes aber mit ihren für Ignaz charakteristischen zurücktretenden Bogenfeldern und der kleinteiligen Dekoration sind bei Effner ebenso ohne Analogie wie die spannungslose Gesamterscheinung der Fassade. Wenn somit die Gunezrhainerschen Portale an den Preysingschen Entwurf denken lassen, so dürfte es sich auch hier um eine Übernahme handeln, die jedoch die individuellen Unterschiede der jeweiligen Künstler nicht verwischt.

247) Hauttmann, Effner, Tf. I, XV, XXIX, XXX.- Leider gibt Hauttmann keine Auskunft über die Zeichentechnik, also auch nicht darüber, in welcher Farbe die Entwürfe angelegt waren.
Der offenbar sehr späte Entwurf für eine Galerie (Tf. XXX) konnte bisher nicht identifiziert werden. Den Aufriß (Tf. XXIX) hält Friedrich Wolf (Künstlerkreis, S. 17) für einen Entwurf des Fürstenrieder Mittelsaals. Da die Öffnungsintervalle des Entwurfs mit der Ausführung nicht übereinstimmen, und die alte Ausstattung des Saals mit Ausnahme der - vom Entwurf ab-

weichenden - Corniche nicht erhalten ist, muß dies als Hypothese dahingestellt bleiben.

248) Norbert Lieb, Barockkirchen zwischen Donau und Alpen, München 1953, Abb. 27

249) Vgl. Hermann Bauer, Rocaille, Berlin 1962, bes. S. 74-76

250) Erich Hubala, Renaissance und Barock, Frankfurt 1968, S. 2o7

251) Hans Sedlmayr, Das Gesamtkunstwerk der Régence und des Rokoko, in: Epochen und Werke II, Wien-München 196o, S. 188-93 (Zitat S. 189)

252) Siehe Anm. 25o

253) Hauttmann, Effner, S. 24-37; zu Boffrand:
Jörg Garms, Studien zu Boffrand, Diss. MS Wien 1962;
Louis Hautecoeur, Histoire de l'architecture classique en France, III, Paris 195o, S. 124-14o.
Effner hielt sich von 17o7-15 in Paris auf. Im ersten Jahr wurde er zusammen mit Matthias Disel in der Gartenbaukunst unterrichtet, ging aber dann zur Architektur über. 1713/14 war er unter Boffrands Leitung am Umbau des von Max Emanuel gekauften Hauses in St. Cloud beteiligt. Das Gebäude, das später mehrfach den Besitzer wechselte und schließlich an die Familie Béarn kam, brannte 1871 aus (Paul Cornu, Le Château de Béarn à Saint Cloud, Versailles, 19o7). Es blieb jedoch als Ruine bestehen, bis es vor wenigen Jahren abgerissen wurde.

254) Die Rundbogenfenster pflegt Boffrand - wie später Effner - bezeichnenderweise zu einer Fensterarkade zu verbinden. Beispiel: Hôtel de Seignelay, Paris, 8o rue de Lille (Garms, Boffrand, S. 5/6). Das Motiv, das sich von der römischen Bogenwand herleitet, findet sich zwar in Frankreich häufig, meist jedoch an untergeordneter Stelle und nicht in der entschiedenen Herausarbeitung wie bei Boffrand.

255) Paris, 1 rue Saint-Dominique (Garms, Boffrand, S. 3/4)

256) Vgl. Graph. Sammlg. München, Sammelband Inv. Nr. 1952/19o D, Blatt 2o (aus Folge D). Rudolf Berliner, Ornamentale Vorlageblätter II, Leipzig 1925, S. 325, Abb. 2.

257) Graph. Sammlg. München, Inv. Nr. 1952/19o D, Blatt 16 (aus Folge C). Nach Hilde Schwarz (Das Bandlwerk, Diss. MS, Wien 195o, S. 83/84) ist die Folge C im letzten Jahrzehnt des 17. Jahrh. entstanden, und zwar nach der Folge D, die sie um 169o datiert.

258) Über Entstehung und Verbreitung der Bandwerkornamentik: Hilde Schwarz, Bandlwerk; Baron Ludwig von Döry, Die Mainzer Stuckateure der Bandlwerkzeit, in: Mainzer Zeitschr. 48-49, 1953/4, S. 1o9-152

259) Hauttmann, Effner, S. 95-1o5

26o) Hager, Nymphenburg, S. 34/35

261) Cornelius Gurlitt, Geschichte des Barockstils und des Rokoko in Deutschland, Stuttgart 1889, S. 286
Im Zuge der sich in der 2. Hälfte des 19. Jahrh. zunächst nur langsam anbahnenden positiven Bewertung der Barock- und Rokokokunst ist Gurlitt der erste Kunsthistoriker, der die wissenschaftliche Erforschung der Barockarchitektur in Angriff nahm. So ist es erklärlich, wenn er aufgrund fehlender Vorarbeiten z. B. das Preysing-Palais 2o Jahre zu spät ansetzt (um 174o-5o).

262) Hauttmann, Effner, Anm. 222

263) Braunfels, Cuvilliés, S. 27

264) Hans Sedlmayr, Die europäische Bedeutung Joh. B. Fischers von Erlach, in: Kunstchronik 1957, S. 335

265) Hubala, H. Zuccallis Schloßbau in Schl., S. 19o

266) Siehe S. 82

267) Siehe S. 21

268) Roberto Pane, Andrea Palladio, Turin, 1961, Abb. S. 197 und 247

269) Pane, Palladio, Abb. S. 285 und 246

27o) Wien, Renngasse 4.
Hans Sedlmayr, Johann Bernhard Fischer von Erlach, Wien-München 1956, S. 116/17

271) Wien, Freyung 4.
Bruno Grimschitz, Johann Lucas von Hildebrandt, Wien-München 1959, S. 75-78

272) Heute laufen auch die Fenster des Mezzanin gleichmäßig durch; der Heckenauer-Stich zeigt jedoch an den Rücklagen ovale Öffnungen.

273) Grimschitz, Hildebrandt, Abb. 41, 42 und 5o

274) Bruno Grimschitz, Wiener Barockpaläste, Wien, 1947, S. 2/3, Abb. 3

275) Grimschitz, Hildebrandt, Abb. 85, 127, 152.

Katalog der Entwürfe für das Palais Preysing

Vorbemerkung:
Alle Entwürfe befinden sich im Bayer. Hauptstaatsarchiv, und zwar mit Ausnahme von Kat. 9 im gleichen - jeweils angegebenen - Faszikel. Sie sind bisher unveröffentlicht. Die Frage der Autorschaft habe ich mit Ausnahme von zwei Fällen (Kat. 1 und 3) offengelassen, da ich mich zu eindeutigen Zuweisungen nicht in der Lage sehe. Da die Zugehörigkeit der Entwürfe zur Planung des Palais Preysing jedoch außer Zweifel steht und die Nahmen der beteiligten Künstler durch die Baugeschichte ohne nennenswerte Lücken ermittelt werden konnten, muß der jeweilige Zeichner, soweit Effner selbst nicht infrage kommt, in seinem engsten Umkreis gesucht werden.

1. HAA f. A 61/o 277 (fig. 1)
   Ursprünglicher und geplanter Verlauf der Grundlinie an der Ostseite.
   32,3 x 39,6 cm. Feder in Braun, gestrichelte Überzeichnung rot.
   Beschriftung: "seitten des kleinen gäßls", "hoff seitten".
   Rückseite: "Grund lini meiner in München gegen der Chl. residenz stehenten residenz gegen ermelter residenz seitten, und hinein in das kleine gäßl. Dabey zu bemerckhen das nach der schwartzen lini die grund maur vorhero gestanden: dermahlen aber nach der Rotten aufgefürhet ist".
   Aufgrund der Beschriftung (Schriftbild) von der Hand Max' IV. Graf Preysing.

2. HAA f. A 62/o 277 (Abb. 3)
   Grundrißskizze 1. Obergeschoß. 29,4 x 2o,8 cm. Graphit mit Korrekturen in brauner Feder.

3. HAA f. A 61/o 277 (Abb. 4)
   Entwurf für die Ostfassade. 29,3 x 45 cm. Feder in Schwarz, grau laviert; Portal, Andeutung eines Risalits und Markierungen unter der Grundlinie in Rötel; Bogenandeutung 1o. Achse in Graphit. Entwurf von Joseph Effner.

4. HAA f. A 61/o 277 (Abb. 5)
   Umbauplan Ostfassade mit Andeutung des Treppenhauses. 3o x 42,5 cm.
   Graphit.

5. HAA f. A 61/o 277 (Abb. 6 im Ausschnitt)
   Entwurf für die Stützen des Treppenhauses, Ansicht von Westen. 3o x 42,5 cm.
   Graphit. Ecke rechts unten herausgerissen.

6. HAA f. A 61/o 277
   Entwurf für die Stützen des Treppenhauses, Ansicht von Osten. 29,3 x 48,6 cm.
   Feder in Braun und Graphit. Rückseite von Kat. 7

7. HAA f. A 61/o 277 (Abb. 7 im Ausschnitt)
   Entwurf für die Stützen des Treppenhauses, Ansicht von Osten. 29,3 x 48,6 cm.
   Feder in Braun, grau laviert über Graphit. Vorderseite von Kat. 6.

8. HAA f. A 61/o 277 (Abb. 17)
   Entwurf für die Ostwand des Mittelzimmers Ostseite/1. Obergeschoß (Raum 3o). 39,5 x 54,5 cm. Feder in Braun und Graphit.

9. HAA K 353 (Abb. 16)
Entwurf für den linken Seitenaltar der Hauskapelle. 37,8 x 3o,2 cm. Graphit, grau aquarelliert, Altarblatt rosa. Auf der Rückseite Beschriftung von der Hand Max' IV.: "1738 Altar des hl: Antoni in der Hauß Capelln".

Kontrakt Joseph Effners mit Joh. Bapt. Zimmermann vom 4.8.172o über die Stuckierung des Schleißheimer Treppenhauses (BHStA FS Nr. 147 d, Tom. III, Blatt 119-121)

Auf genedigistes anbefelchen Ihro churfrtl: Drtl: ist anheunt zu endt gesezten dato zwischen dem churfrtl: Schleissheimb: Pau Directorium respective aber titl: Herrn Hof Camer Rath unnd ober Architect Effner an einen, dann den Stockhathor Maister Johann Zimermann anderthen theill, nachfolgenter accord verabredet unnd geschlossen wordten, crafft dessen er Stockhathor Maister die bey dem churfrtl: residenz gepeu Schleissheimb neu angefangene Haubtstieg nach Weisung der ihme vorgezaichneten riss unnd modell mit aller Stockathor Arbeith auf das fleissigist aus zu ziehren sich verobligiert, wie volgt, unnd zwar

1$^{mo.}$ An dennen 3 grossen offenen Pögen, die in den herundern Saal treffen, iedt wedre Archi: Volut: mit einer agraffe zu Decorieren, auch in die ober selbig Pög bis unter das Corniche Raichente 3 taflen bas relev, mit Waffen Spillenten Kindern, dergleichen auch eines gegen den Hof und eines gegen die apartaments mues gemacht werden, zuverförttigen. Die gegen den Hof aber stehente offene fenster unnd gegen yber repetierte Pögen sollen gleichfahls mit obangezognen Pundt oder agraff, die Zwischen Pfeiller aber mit einem verdiefften ovall unnd darumb gehent eingeflochtenen Lorber: und palmen Zweigen geziehret sein.

2$^{do.}$ Solle besagter Stockhathor Maister in eingang der Stiegen unnder den zweyen ramp: oder Stiegen gewölb, auf welch die Stäffl ligen, beederseiths 2 Satyr, ieder einen wohlausgearbeiteten Kragstain understizent, zuverförttigen. Zwischen solchen auch beederseiths ober denen Boeten (deren eine in den herundern Capelln gang leihtet) 2 Kindl, so ein schön geziehrtes vas halten, aufzusezen unnd ober selbigen die veldtung des Stiegen Gewölbs mit einer figur und Crescentrn Ornamenten, die döckh aber des Haupt Balie oder Vorplaz gleichfahls mit ornament unnd eingemengten Figurn nach formb der ihme gegebenen Zeignung zu Decorieren schuldtig sein. Nitweniger

3$^{tio.}$ Das fries unter den Corniche oder Blent, so umb die Poden höche an ausgang der Stiegen gezogen, solle mit ornament besezt, dann auch die auf den herundern Rueplaz findtliche Nich, in welche die Statua des Herculis oder andere figura von marmor zu stehen kommbt. An mithen des Pogen mit einen Kopf, an undern Gesimbsl mit 2 Consoll oder Kragstain, die yberige zwey Ruehepläz aber gegen den Hof und apartament mit Satyr Köpffen und eingeflochtner Wüderhaut nach zaig des modell und vorgewissenen rissen ausgeziehrt wertden. Verners

4$^{to.}$ Soll sowohl die holl khöll des grossen Haubt Corniche mit underschiedlichen Schildtereyen unnd Figurn, der Rundt Staab aber mit Ornament, wie solches vom titl: Herrn Ober Architecto Effner würdt vorgezeichnet werdten, als die darunter stehente 8 Bilaster Capitell vom Compohsit: ord: mit ihrigen gehörigen Laubwerckh auf das fleissigist ausgearbeitet, nitweniger auch die neben dennen Fenster unnd gegen yber repetierten Pögen stehente 24 Kleine Bilaster gleichfahls Compos:ord: mit gehörigen Capitellen versehen unnd die ober bemelten Bilastern stehente gesimbsl iedes mit einem geziehrten Kopff unnd 2 Rosen orniert, ober dennen tachungen aber der mittern 4 Pögen die Churfrtl: Wapen mit Ornament der Fama und Kriegs Ristung, dann ober dennen ybrigen andern Pögen underschiedliche Kriegs: unnd Sügs: trophea aufgericht werden.

5$^{to.}$ ist besagter Stockhathor Maister die in der Volta findliche 4 grosse fenster beederseiths an denen einfassungen mit unterschiedlichen Kriegs armaturen, die ybrige 8 kleinere Fenster aber mit adlers: und greiffs Köpffen zu besezen, verbundten auch deren tachungen mit einer Muschl oder köpf unnd angehengten Laubwerckh, ingleichen sambentliche fenster Gewäng mit leicht erhobenen ornamenten zu Decorieren obligiert.

6$^{to.}$ Der Sockhl unnd dessen underes Brofill unnd Rundstaab, auf welchem die 16 Saullen ober der Volta stehen, solle mit verstengten Laub und Gehäng werckh, dann eingetheilten 16 formierten Leevn Köpffen, ingleichen das ober dennen Säullen stehente Corniche mit ineinander geflochtenen Laubwerckh und 16 kragstainen schönstens geziehrt werden. Yber diss

7$^{mo.}$ obligiert sich offt mentionierter Stockhathor Maister, nit nur allein obig Specificierte, sondern all andere in bemelte haubt Stiegen gehörige Stockathor arbeith, in zeit 6 oder lengst 7 Monnath zuverförttigen und zue völliger perfection zu bringen. Nitweniger auch wo in ein so ander was zu verendtern oder zu vermehrern für gueth befundten würdte, auf jedtmahliges Verlangen titl: Herrn Hof Cammer Rhaat und Ober Architecto Effner zu Contento zu bringen. Hingegen

8$^{vo.}$ Von seithen des churfrtl: Schleissheimb: Pau Directorii ist ihme besagten Contrahenden zuegestandten und verwilliget worden, das aller Anwurff von denen Mauern gemacht, alle Brofill, Gesimbsl unnd Corniches, was einer eingezogene arbeith khann genent werdten, gezogen. Alle materialien, als kalch, mertl, gips, Eisen, negl unnd tradt verschafft, dann zu iedmahlig seinigen Gebrauch, zeit wehrenter Arbeit, zwey handlanger ohne seinig entgeldt zu gegeben werden sollen. Letztlichen

9$^{no.}$ Vor all obig angezeigte ohn Mangl unnd ausstöhlung völlig verförttigte arbeith ist von dem churfrtl: Schleissheimb: Pau Directorio respective aber titl: Herrn Hof Cammer Rhaat unnd Ober Architecto Effner veraccordiert unnd ihme besagten Stockhathor Maister Johann Zimermann 2ooo fl: Sage zway tausent Guldten verreichen zu lassen. Wovon er Contrahent wochentl: 6o fl: die ybrige Summa aber bey volständiger verförttigung der angedingten Arbeith zu erheben haben sollte, versprochen wordten, dessen zu mehreren Urkundt zwey gleichlauthente exemplaria aufgericht unnd einen iedten theil under des andern vörttigung zuegestölt worden.

Titl: Schleissheimb den 4. Aug: 172o

Literaturverzeichnis

Aufleger, O./Mayerhofer, J., Innendekorationen des Kgl. Bayer. Lustschlosses Schleißheim, München 1891

Aufleger, O./Trautmann, K., Münchner Architektur des 18. Jahrhunderts, München 1892

Augsburger monatliche Kunstzeitung, Augsburg 1772

Bauer, H., Rocaille, Berlin 1962

Baur-Heinhold, M., Süddeutsche Fassadenmalerei vom Mittelalter bis zur Gegenwart, München 1952

Berliner, R., Ornamentale Vorlageblätter des 15.-18. Jahrhunderts, Leipzig 1926

Bitterauf, Th., Die kurbayerische Politik im siebenjährigen Kriege, München 1901

Blondel, F., Cours d'architecture, Paris^2 1698

Boffrand, G., Livre d'architecture, Paris 1745

Boll, W., Baukunst des Barock und Rokoko in Deutschland, München 1931

Bomhard, A.v., Heimatbuch Prien, Prien 1958

Bomhard, P.v., Die Kunstdenkmäler der Stadt und des Landkreises Rosenheim, II, Rosenheim 1957

Braunfels, A.E., Barock und Rokoko in Süddeutschland, in: Hist. Ztschr. Bd. 136, Berlin 1927, S. 253-65

Brinckmann, A.E., Barock und Rokoko in Süddeutschland, in: Hist. Ztschr. Bd. 136, Berlin 1927, S. 253-65

Burgholzer, J., Stadtgeschichte von München, München 1796

Chierici, G., Il Palazzo Italiano dal Secolo XI al Secolo XIX. o.J.

Cornu, P., Le Château de Béarn à Saint Cloud, Versailles 1907

Doeberl, M., Entwicklungsgeschichte Bayern,s München 1912 ff.

Döry, Baron L.v., Die Mainzer Stuckateure der Bandlwerkzeit, in: Mainzer Ztschr. 48/49, 1953/54. S. 109-52

Eggert, K., Friedrich von Gaertner, München 1963

Eisler, M., Das barocke Wien, Wien 1925

Ertl, A.W., Churbayerischer Atlas, 1687; Neuaufl. Passau 1968

Frey, D., Johann Bernhard Fischer von Erlach, in: Wiener Jahrb. f. Kunstgesch. 1921/22. S. 93-214

Garms, J., Studien zu Boffrand, Diss. MS Wien 1962

Göbel, H. Das süddeutsche Bürgerhaus, Dresden 1908

Götz, O.,	François de Cuvilliés, Diss. MS Frankfurt 1921
Grimschitz, B.,	Wiener Barockpaläste, Wine 1947
Grimschitz, B.,	Hildebrandt und Fischer, in: Kunstchronik 1957, S. 341-49
Grimschitz, B.,	Johann Lucas von Hildebrandt, Wien-München 1959
Gurlitt, C.,	Geschichte des Barockstiles und des Rococo in Deutschland, Stuttgart 1889

Häuserbuch der Stadt München, hrsg. v. Stadtarchiv München, München 1958 ff.

Hager, L.,	Nymphenburg, Schloß, Park und Burgen, München o. J.
Hager, L.,	Schleißheim, Amtlicher Führer, München 1965
Hager, L., /Hojer, G.,	Schleißheim, Amtlicher Führer, München 1970
Hager, L.,	Instandgesetzte Stuckdecken in Schloß Nymphenburg und ihre Meister, in: Deutsche Kunst und Denkmalpflege 1, 1953, S. 58-62
Hager, W.,	Die Bauten des deutschen Barock, Jena 1942
Hautecoeur, L.,	Histoire de l'Architecture classique en France, III, Paris 1950
Hauttmann, M.,	Der Kurbayerische Hofbaumeister Joseph Effner, Straßburg 1913
Hauttmann, M.,	Münchens Kunstleben im 18. Jahrhundert, MS im Kunsthist. Seminar der Univ. München, 1909/10
Hempel, E.,	Geschichte der deutschen Baukunst, München 1949
Hibbard, H.,	Bernini, 1965
Hitchcock, R.-R.,	German Rococo: The Zimmermann Brothers, London 1968
Hubala, E.,	Schloß Austerlitz in Südmähren, in: Adalbert Stifter Jahrb. V, 1957, S. 174-200
Hubala, E.,	Schleißheim und Schönbrunn, in: Kunstchronik X, 1957 S. 349-53
Hubala, E.,	Henrico Zuccallis Schloßbau in Schleißheim, Planung und Baugeschichte 1700-1704, in: Münchner Jahrb. d. bild. Kunst XVII, 1966, S. 161-200
Hubala, E.,	Renaissance und Barock, Frankfurt 1968

Hundert Jahre Bayerische Versicherungsbank 1835-1935, München 1935

Karlinger, H.,	Bayerische Kunstgeschichte, München 1961

Keller, H.,	Das Treppenhaus im deutschen Schloß- und Klosterbau des Barock, München 1929
Keyßler, J.G.,	Neueste Reisen durch Deutschland, Böhmen, Ungarn, die Schweiz, Italien und Lothringen, Hannover 1751
Kimball, F.,	Le style Louis XV. Origine et évolution du rococo, Paris 1949
Koch-Sternfeld, J.E.v.	Maximilian V. von Preysing, München 1827
Kücher, W.,	Das alte Franziskanerkloster in München, in: Obb. Archiv Bd. 86, München 1963
Lieb, N.,	Münchner Barockbaumeister, München 1941
Lieb, N.,	Barockkirchen zwischen Donau und Alpen, München 1953, ^{3}1969
Lieb, N.,	München, Die Geschichte seiner Kunst, München 1971
Maillinger, J.,	Bilder Chronik der Kgl. Haupt- und Residenzstadt München 1876-86
Mariette, J.,	L'architecture française, 1727, Nachdruck Paris-Brüssel 1927 ff.
Mayer, A.,	Die Domkirche zu Unser Lieben Frau in München, München 1868
Merian, M.d.Ä.,	Topographia Bavariae, 1644, Nachdruck Kassel-Basel 1962
Müller, Th.,	Ingolstadt, München 1958
München und seine Bauten, hrsg. v. Bayer. Architekten- und Ingenieur-Verein, München 1912	
Münchner (Wappen-)Kalender 19oo	
Pane, R.,	Andrea Palladio, Turin 1961
Paulus, R.,	Der Baumeister Henrico Zuccalli am Kurbayerischen Hofe zu München, Straßburg 1912
Pinder, W.,	Deutscher Barock, Düsseldorf-Leipzig (1911)
Popp, H.,	Die Architektur der Barock- und Rokokozeit in Deutschland und der Schweiz, Stuttgart 1913
Ricci, S. de,	Louis XIV und Régence, Stuttgart 1929
Riezler, S.,	Geschichte Baierns, Bd. 8, Gotha 1914
Rittershausen, J.S.v.,	Die vornehmsten Merkwürdigkeiten der Residenzstadt München für Liebhaber der bildenden Künste, München 1788

Röhlig, U.,	Die Deckenfresken Johann Baptist Zimmermanns, Diss. MS München 1950
Röttger, B.H.,	Ecklösungen im Städtebau, in: Kalender Bayerischer und Schwäbischer Kunst, 22, München 1926, S. 10-14
Rose, H.,	Spätbarock, München 1922
Rosenberg, M.,	Der Goldschmiede Merkzeichen, Frankfurt 1922
Rosenthal, E.,	Geschichte des Gerichtswesens und der Verwaltungsorganisation Baierns, II, Würzburg 1906
Sandrart, J.,	Teutsche Academie der Bau-, Bildhauer- und Maler-Kunst II, Nürnberg 1769
Schelling, G.,	Die Instandsetzung der Westfassade des Neuen Schlosses in Schleißheim, in: Deutsche Kunst und Denkmalpflege 23, 1965, S. 51-62
Schleich, E.,	Der Wiederaufbau des Preysing-Palais in München, in: Deutsche Kunst und Denkmalpflege 1, 1960, S. 129-44
Schmid, J.B.,	Johann Baptist Zimmermann, in: Altbayer. Monatsschr. 2, 1900, S. 9-24, 65-123
Schnell, H.,	Der bayerische Barock, München 1935
Schönberger, A.,	Ignaz Günther, München 1954
Schwarz, H.,	Das Bandlwerk, Diss. MS Wien 1950
Sedlmayr, H.,	Johann Bernhard Fischer von Erlach, Wien-München 1956
Sedlmayr, H.,	Die europäische Bedeutung Johann Bernhard Fischers von Erlach, in: Kunstchronik 1957, S. 334-36
Sedlmayr, H.,	Das Gesamtkunstwerk der Régence und des Rokoko, in: Epochen und Werke II, Wien-München 1960, S. 188-93
Seeländer, O.,	Graf Seckendorf und die Publizistik zum Frieden von Füssen, Gotha 1883
Stetter, G.,	Michael Wening, München 1964
Stridbeck, J.d.J.,	Theatrum der Vornehmsten Kirchen, Clöster, Palläst und Gebeude in Churfürstlicher Residenz Stadt München, Nachdruck München 1966
Sturm, J.,	Die Anfänge des Hauses Preysing, in: Schriftenreihe z. bayer. Landesgesch., Bd. 8, München 1931
Sturm, J.,	Johann Christoph von Preysing, München 1923
Trautmann, K.,	Die Fassadenmalereien in Alt-München, in: Deutsche Malerzeitung 1894/95, S. 74/75, 82/83, 90/91, 98/99

Trautmann, K.,	Der Kurf. Hofbaumeister Franz Cuvilliés der Ältere und sein Schaffen in Altbayern, in: Monatsschr. d. Hist. Vereins f. Obb., IV, 1895, S. 86-136
Trautmann, K.,	Aus dem München Kurfürst Max Emanuels, in: Altbayer. Monatsschr. 1o, 1911, S. 73-89
Tyroff, K.,	Wappenbuch des gesamten Adels des Königreichs Baiern I, Nürnberg 1818
Voelcker, H.,	Die Baumeister Gunezrhainer, Diss. MS München 1924
Voelcker, H.,	Das Törring-Palais in München, in: Wiener Jahrb. f. Kunstgesch. VI, 1929, S. 85-1o6
Volk, P.,	Guilielmus de Grof, Frankfurt 1966
Wagner, F.,	Kaiser Karl VII und die großen Mächte, Stuttgart 1938
Weigert, R.-A.,	Jean I. Berain II, Paris 1937
Weinmayer, K.	Gabriel von Seidl, in: Kunst und Handwerk 1913, S. 261-73
Weis, E.,	Montgelas' Vater: Janus Freiherr von Montgelas (171o-67), Bayer. General und Diplomat, in: Ztschr. f. bayer. Landesgesch. 26, 1963, S. 256-322
Westenrieder, L. v.,	Beschreibung der Haupt- und Residenzstadt München im gegenwärtigen Zustande, München 1782
Wittkower, R.,	Art and Architecture in Italy 16oo-175o, 1965
Woeckel, G.,	Die drei Rokoko-Öfen des Schlosses Augustusburg zu Brühl, in: Alte u. mod. Kunst 8, 1963, S. 19-27
Wolf, F.,	François de Cuvilliés, in: Obb. Archiv, Bd. 89, 1967
Wolf, F.,	Wilhelm de Groff, in: Obb. Archiv, Bd. 9o, 1968, S. 52-61
Wolf, F.,	Der Künstlerkreis um Joseph Effner, MS 1963
Zendralli, A. M.,	Graubündner Baumeister und Stukkatoren in deutschen Landen zur Barock- und Rokokozeit, Zürich 193o.

Abbildungsverzeichnis

1. Johann Maximilian IV. Graf Preysing-Hohenaschau. Gemälde von Georges Desmarées, ehem. Kaiser-Friedrich-Museum Berlin (nicht erhalten).
2. München 1687. Kupferstich von Anton Wilh. Ertl.
3. Palais Preysing. Grundrißskizze 1. Obergeschoß. Bayer. Hauptstaatsarchiv.
4. Palais Preysing. Ostfassade. Entwurf von Joseph Effner. Bayer. Hautstaatsarchiv.
5. Palais Preysing. Ostfassade und Treppenhaus. Planungsskizze. Bayer. Hauptstaatsarchiv.
6. Palais Preysing. Entwurf für die Stützen des Treppenhauses (Ausschnitt), Ansicht von Westen. Bayer. Hauptstaatsarchiv.
7. Palais Preysing. Entwurf für die Stützen des Treppenhauses (Ausschnitt), Ansicht von Osten. Bayer. Hauptstaatsarchiv.
8. Palais Preysing. Ostfassade.
9. Palais Preysing. Westfassade.
10. Palais Preysing. Ostfassade, Mittelrisalit, Giebelzone.
11. Palais Preysing. Ostfassade, Mittelrisalit, 1. Obergeschoß.
12. Palais Preysing. Westfassade, Mittelrisalit.
13. Palais Preysing. Ostfassade, Portalzone.
14. Palais Preysing. Süd-Ostecke.
15. Palais Preysing. Ostfassade, südliche Rücklage, 1. und 2. Obergeschoß.
16. Palais Preysing. Hauskapelle. Entwurf für den linken Seitenaltar. Bayer. Hauptstaatsarchiv.
17. Palais Preysing. Raum 3o, Entwurf für die Ostwand. Bayer. Hauptstaatsarchiv.
18. Palais Preysing. Raum 3o, Plafond, Mittelrosette.
19. Palais Preysing. Raum 3o, Plafonddecke.
2o-23 Palais Preysing. Raum 29, Corniche.
24,25 Palais Preysing. Raum 31, Corniche (Süd-Westecke).
26. Palais Preysing. Treppenhaus, 1. Obergeschoß, Nordwand. Supraporte der Mitteltür.
27. Palais Preysing. Treppenhaus, 1. Obergeschoß, Hermenkaryatide.
28. Palais Preysing. Treppenhaus, Blick vom 1. Obergeschoß.
29. Palais Preysing. Treppenhaus, 1. Obergeschoß, Ostwand.

3o. Palais Preysing. Treppenhaus, 2. Obergeschoß, Westwand.
31. Schloß Dachau. Westfassade.
32. Schloß Nymphenburg. Mittelpavillon, Westfassade.
33. Nymphenburger Schloßpark, Pagodenburg. Südseite. Kupferstich von J.A. Corvinus nach Zeichnung von Matth. Disel (Ausschnitt).
34. Nymphenburger Schloßpark, Badenburg. Nordseite. Kupferstich von J.A. Corvinus nach Zeichnung von Matth. Disel (Ausschnitt).
35. München, Paläste Thürheim und Törring. Kupferstich von Joh. Stridbeck d.J.
36. München, Palais Fugger-Portia. Kupferstich von Joh. Stridbeck d.J.
37. München, Palais Au. Kupferstich von Joh. Stridbeck d.J. (Ausschnitt).
38. München, Palais Wahl. Kupferstich von Joh. Stridbeck d.J. (Ausschnitt).
39. München, Palais Piosasque de Non.
4o. Schloß Dachau. Treppenhaus. Schnitt mit Aufriß der Westwand. Entwurf von Joseph Effner. Ehem. Graph. Sammlung München (verschollen).
41. Badenburg. Festsaal.
42. Schleißheim, Neues Schloß. Südliche Antecamera, Nordwand.
43. Schleißheim, Neues Schloß. Treppenhaus, Südwand und Deckenzone.
44. Schleißheim, Neues Schloß. Großer Saal. Entwurf für die Nordwand mit darunterliegendem Vestibül von Joseph Effner. Ehem. Graph. Sammlung München (verschollen).
45. Schleißheim, Neues Schloß. Großer Saal, Südseite.
46. Schleißheim, Neues Schloß. Mittelteil des Corps de Logis, Westfassade. Modell von Joseph Effner. Schleißheim, Neues Schloß.
47. Vorlageblatt. Kupferstich nach Entwurf von Jean Bérain d.Ä. (aus Folge C).
48. Paris, Hôtel Seignelay. Kupferstich von Jean Mariette.
49. Rom, Palazzo Chigi-Odescalchi. Kupferstich aus Sandrart II, 1769
5o. Wien, Palais Batthyány-Schönborn. Kupferstich von J.A. Delsenbach.
51. Wien, Palais Daun-Kinsky. Kupferstich von J.W. Heckenauer.

Verzeichnis der Textabbildungen:

fig. 1: Palais Preysing. Ursprünglicher und geplanter Verlauf der Grundlinie an der Ostseite. Skizze von Max IV. Preysing. Bayer. Hauptstaatsarchiv.

fig. 2: Palais Preysing. Ostfassade. Plan für den Wiederaufbau von Erwin Schleich.

fig. 3: Palais Preysing. Westfassade. Plan für den Wiederaufbau von Erwin Schleich.

fig. 4: Palais Preysing. Südfassade. Umbauplan von Gabriel von Seidl. Stadtarchiv München.

fig. 5: Palais Preysing. Schnitt mit Aufriß der Ostseite des Hofes. Umbauplan von Gabriel von Seidl. Stadtarchiv München.

fig. 6: Palais Preysing. Grundriß Erdgeschoß. Rekonstruktion nach Plänen von 1852.

fig. 7: Palais Preysing. Grundriß 1. Obergeschoß. Rekonstruktion nach Plänen von 1852.

fig. 8: Palais Preysing. Grundriß 2. Obergeschoß. Rekonstruktion nach Plänen von 1852.

fig. 9: Palais Preysing. Grundriß Mezzanin. Rekonstruktion nach Plänen von 1852.

fig.1o: Palais Preysing. Treppenhaus. Schnitt mit Aufriß der Westwand.

Fotonachweis

Bauer, Eugen, Mindelheim: 18-29
Bayer. Hauptstaatsarchiv: 3-7, 16, 17, fig. 1
Bayer. Staatsbibliothek: 49
Bayer. Verw. d. Staatl. Schlösser, Gärten u. Seen: 31, 32, 41-43, 45, 46
Graph. Samm. München: 47
Kunsthist. Seminar d. Univ. München: 48
Stadtarchiv München: fig. 4, 5
Stadtmuseum München: 2, 33-38, fig. 1o
Stiftung Preuß. Kulturbesitz: 1
Verfasserin: fig. 6-9

aus:
Aufleger/Trautmann: 8-15, 3o, 39
Eisler: 5o, 51
Hautmann, Effner: 4o, 44
Schleich: fig. 2, 3

ABBILDUNGEN

Abb. 1

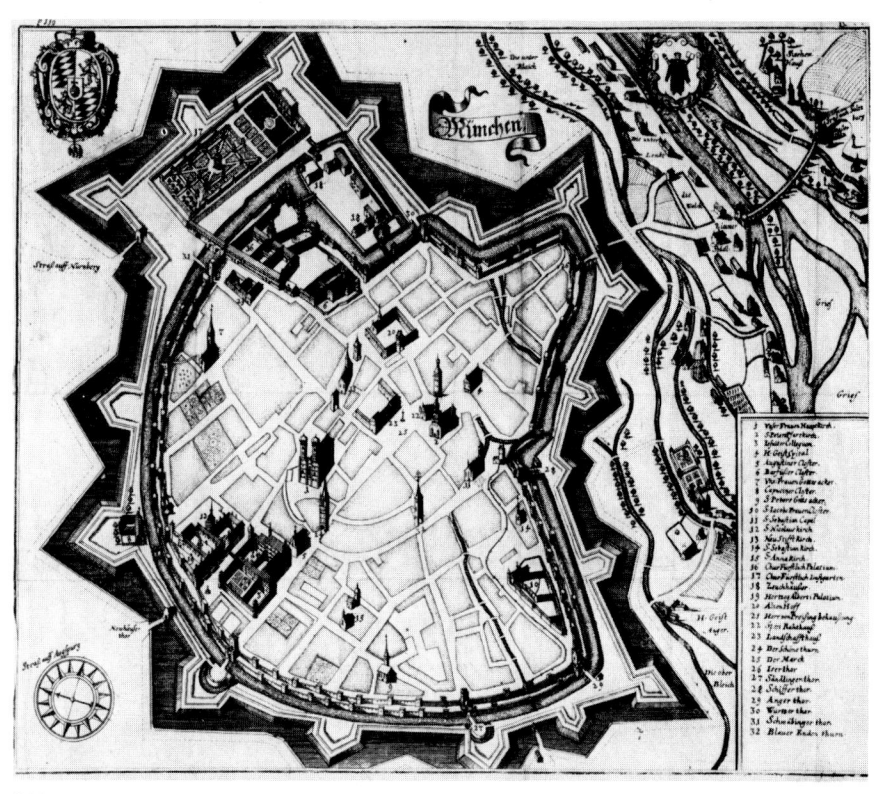

Abb. 2

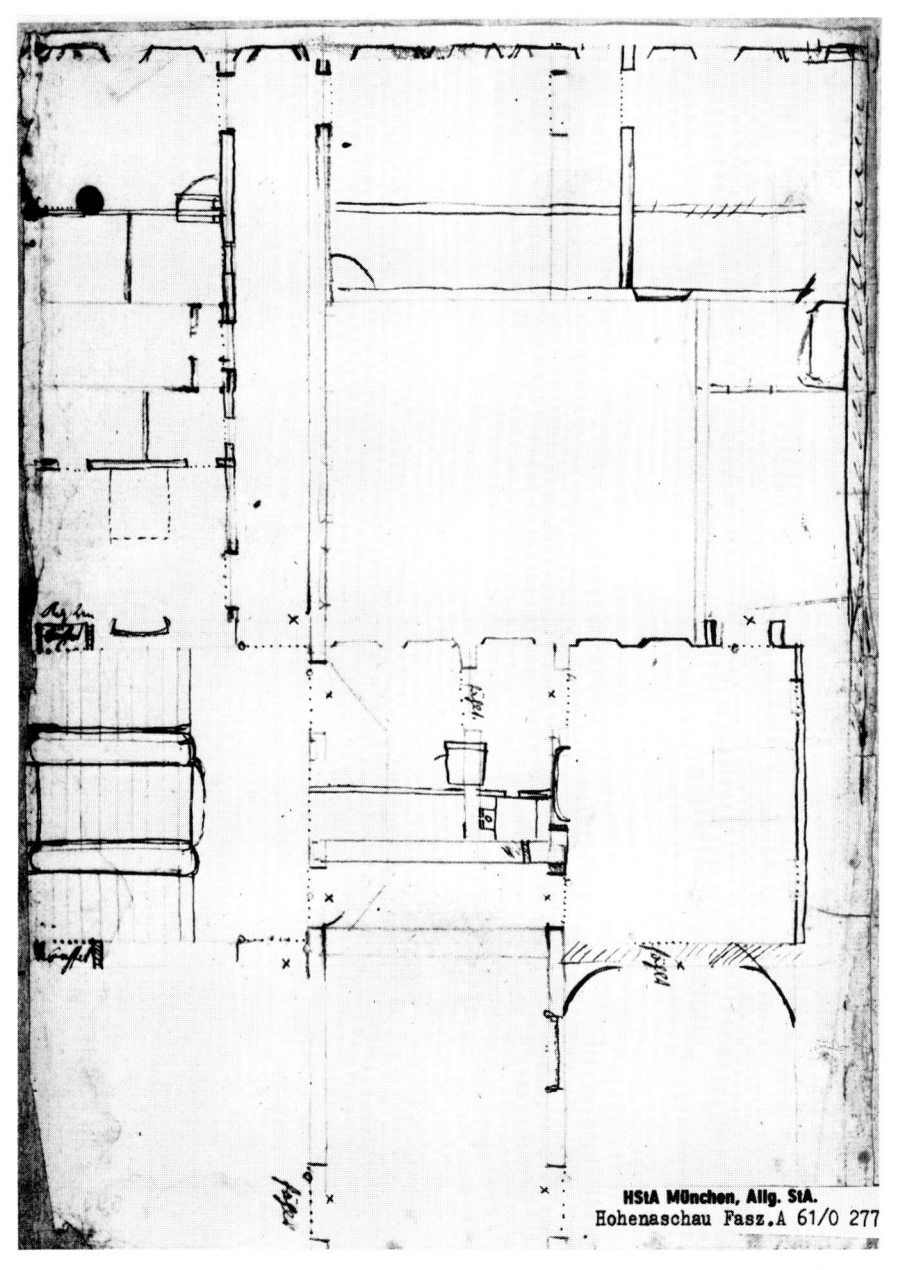

HStA München, Allg. StA.
Hohenaschau Fasz.A 61/0 277

Abb. 3

Abb. 4

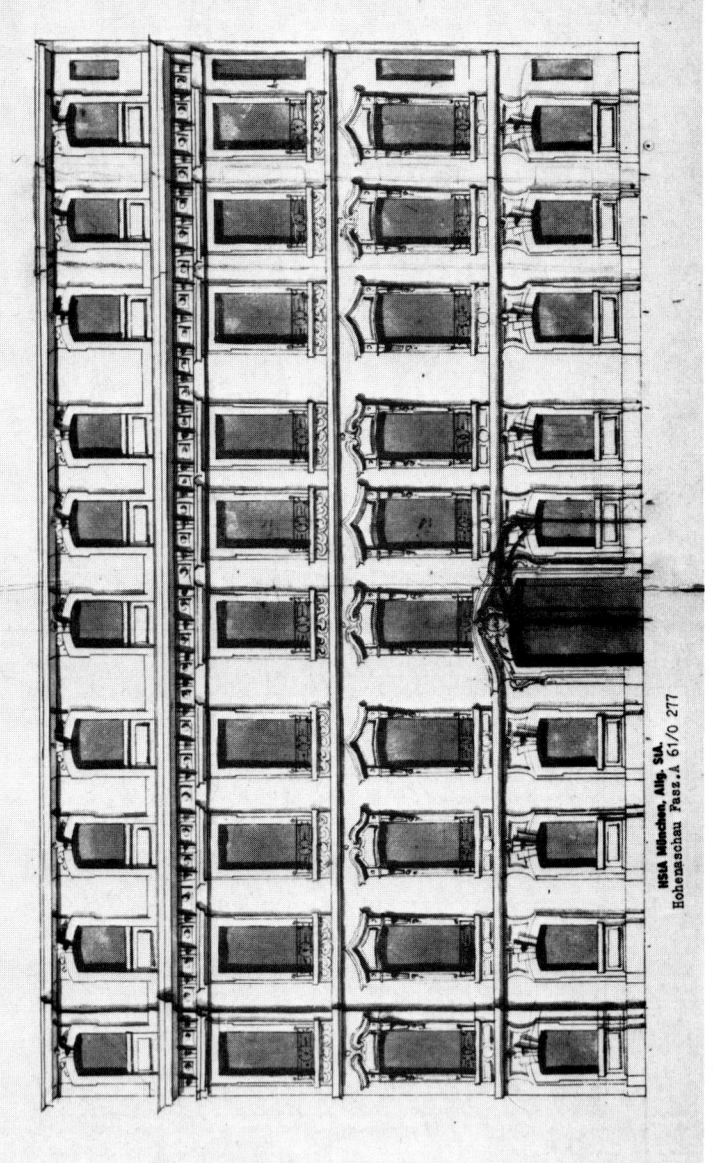

Abb. 5

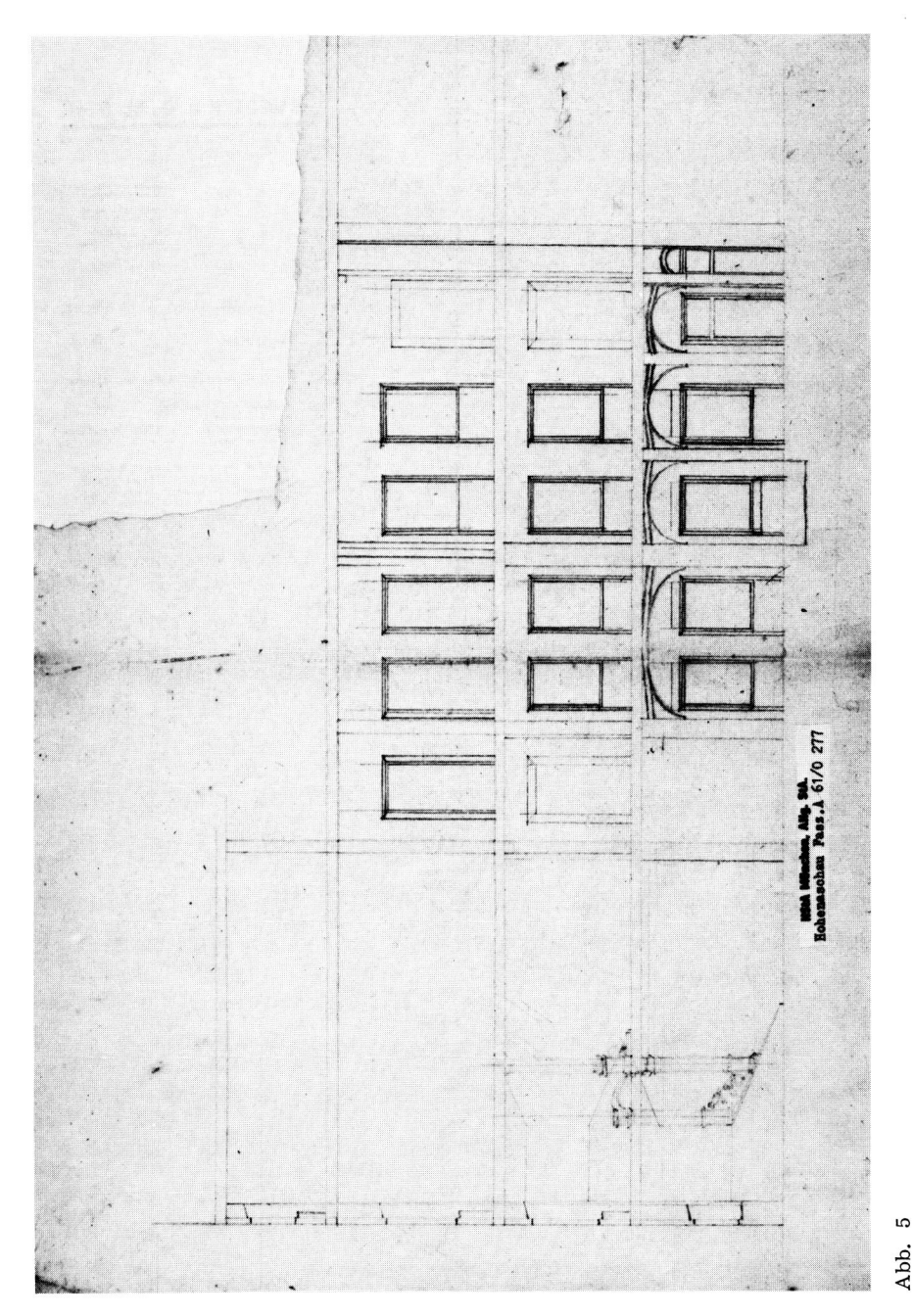

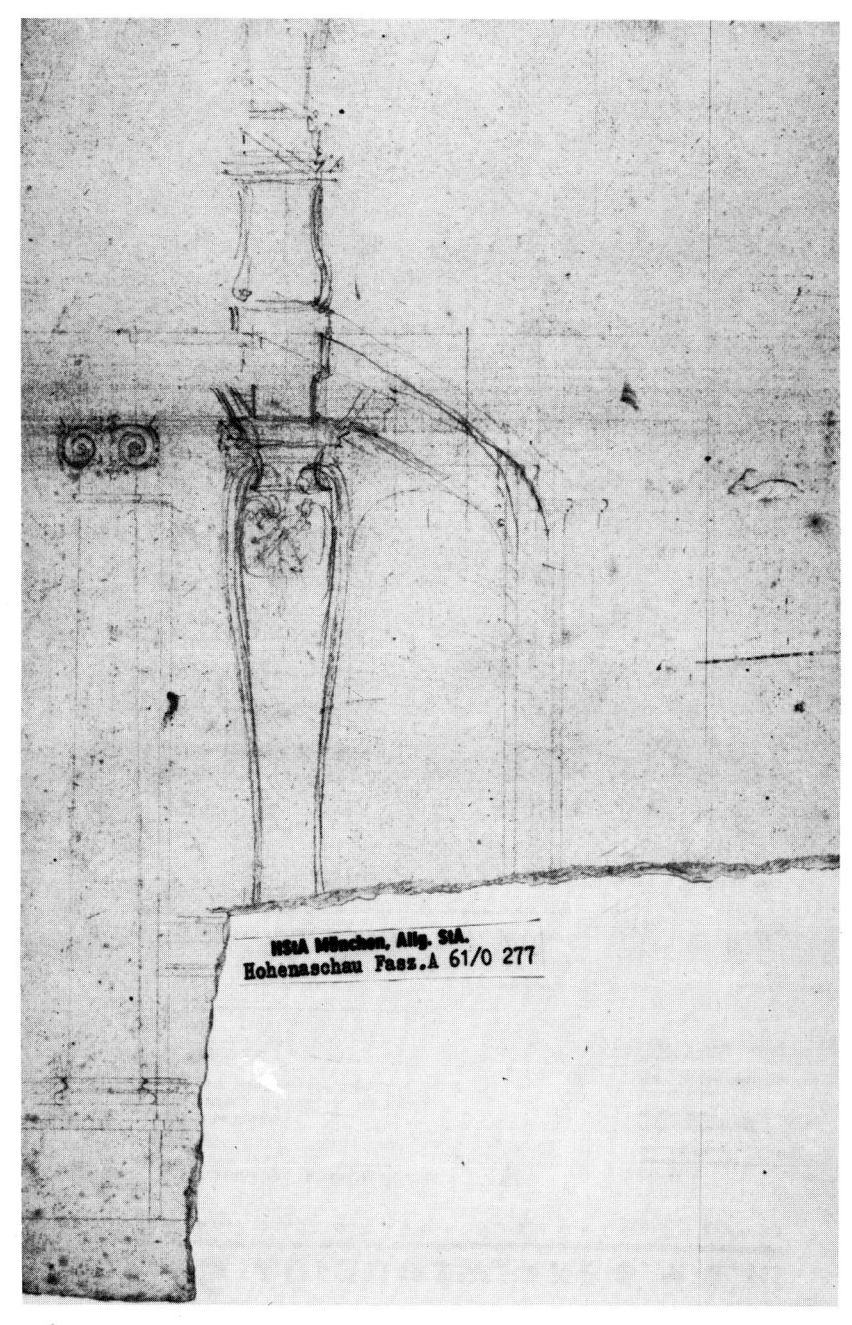

Abb. 6

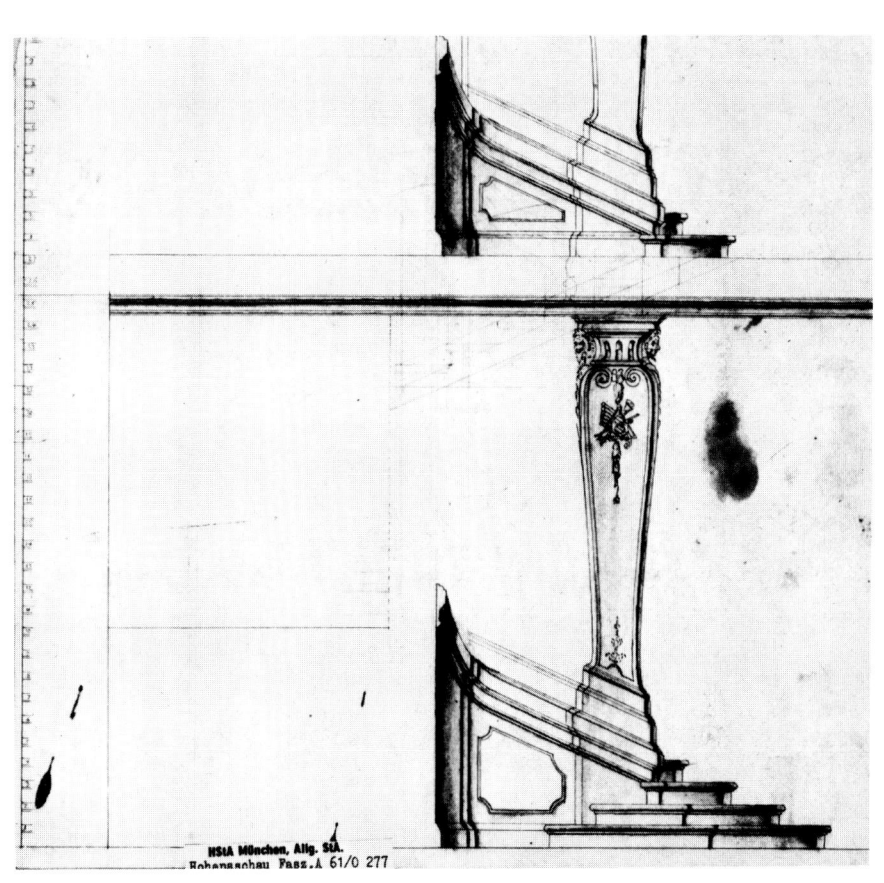

Abb. 7

Abb. 8

Abb. 9

Abb. 10

Abb. 11

Abb. 12

Abb. 13

Abb. 14

Abb. 15

HStA München, Allg. StA.
Hohenaschauer Archiv K 353

aus:
Hohenaschauer Archiv
K 353

Abb. 16

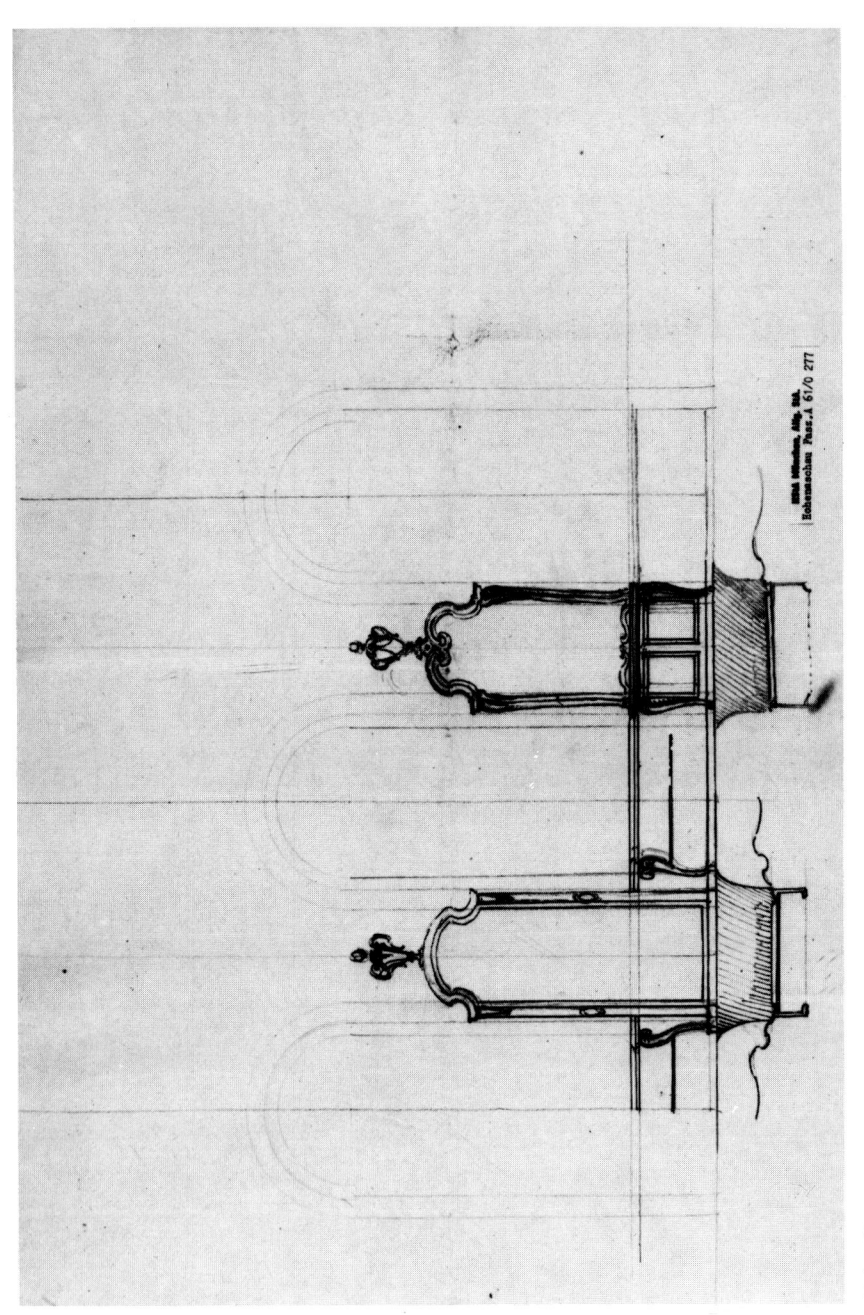

Abb. 17

Abb. 18

Abb. 19

Abb. 20

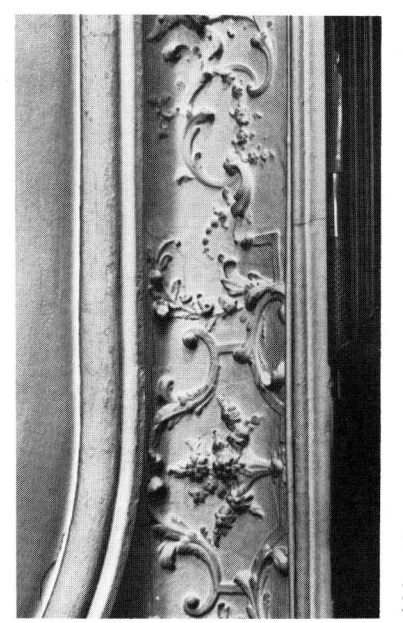

Abb. 21

Abb. 22

Abb. 23

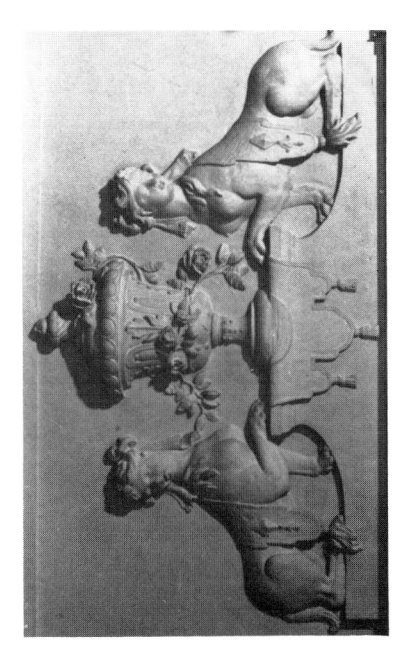

Abb. 24

Abb. 25

Abb. 26

Abb. 27

Abb. 28

Abb. 29

Abb. 30

Abb. 31

Abb. 32

Abb. 33

Abb. 34

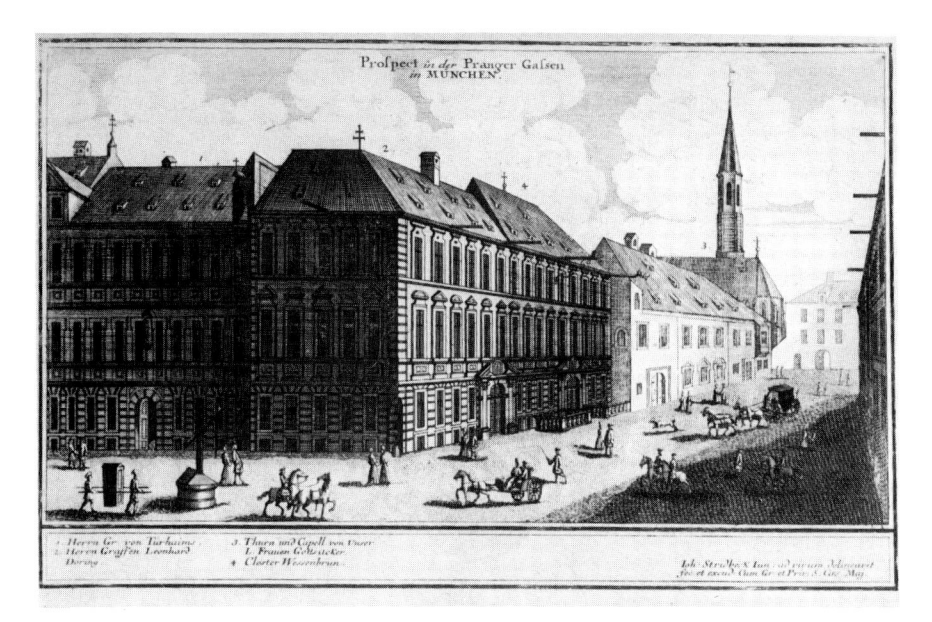

Abb. 35

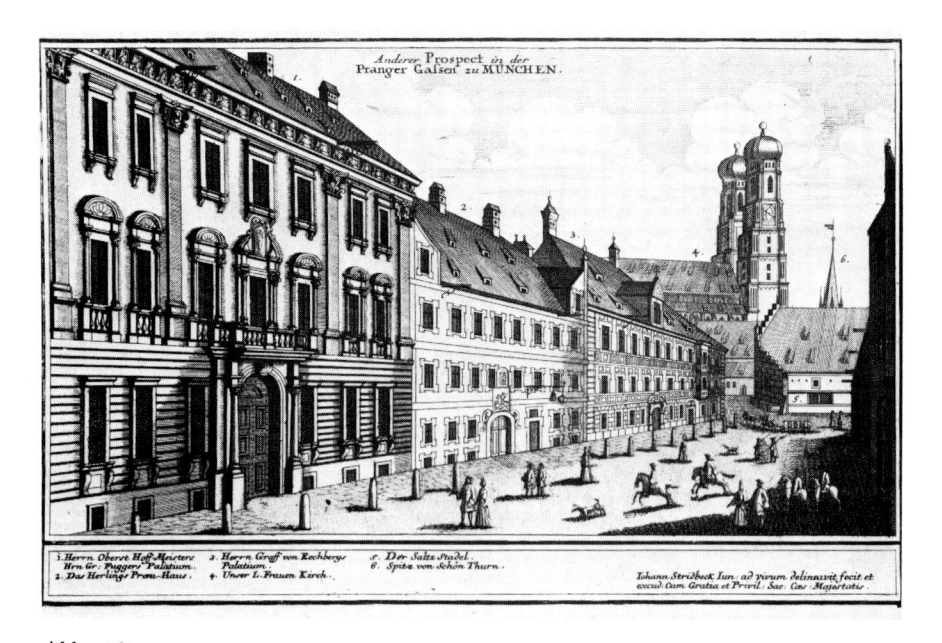

Abb. 36

Abb. 37

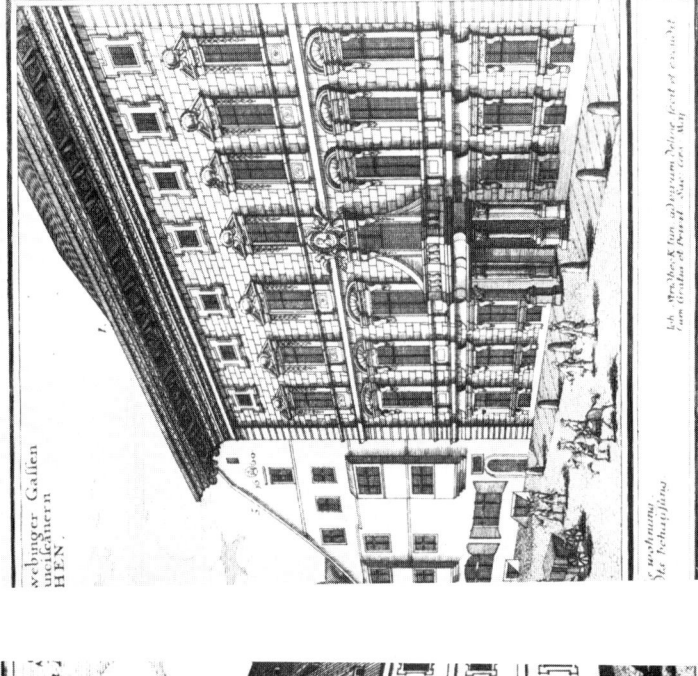

Abb. 38

Abb. 39

Abb. 40

Abb. 41

Abb. 42

Abb. 43

Abb. 44

Abb. 45

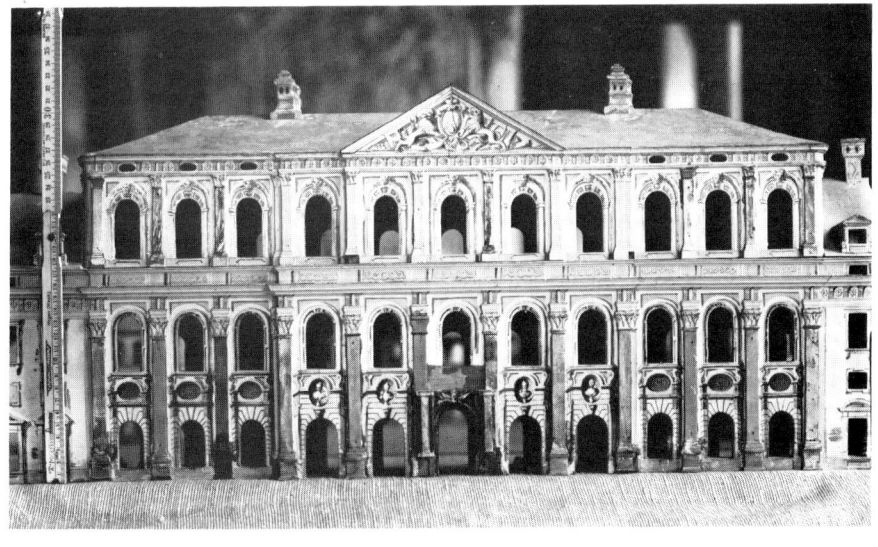

Abb. 46

Abb. 47

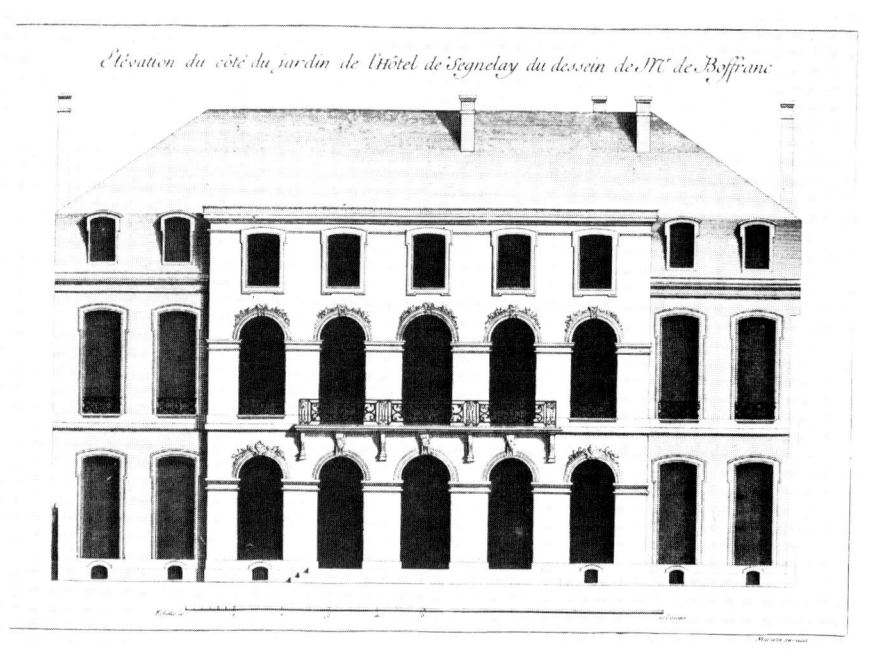

Abb. 48

Abb. 49

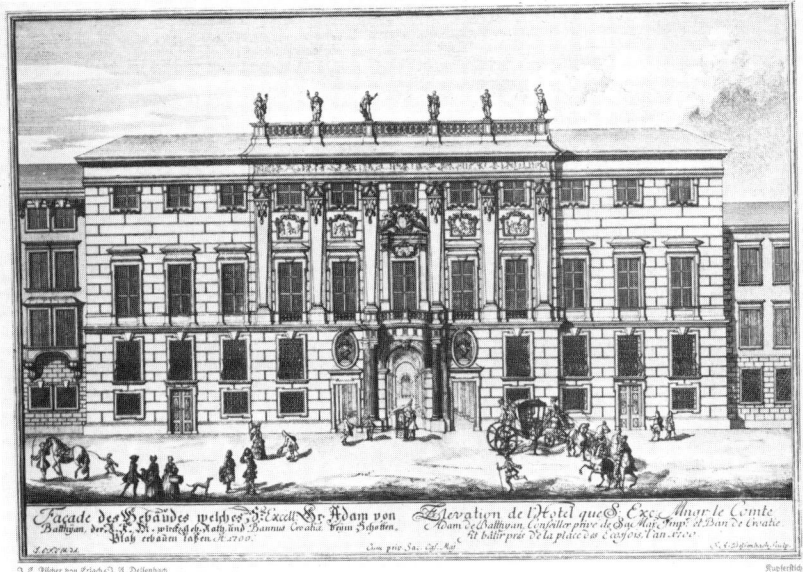

Abb. 50

Palais Batthyany in der Rennegasse um 1715

Abb. 51

Palais Daun 1716